广西高等学校人文社会科学重点研究基地 区域社会管理

CAIZHENG ZHICHU
FAZHIHUA YANJIU

财政支出绩效评价
法制化研究

李 波 ◎ 著

知识产权出版社
Intellectual Property Publishing House
全国百佳图书出版单位

图书在版编目（CIP）数据

财政支出绩效评价法制化研究/李波著. — 北京：知识产权出版社，2019.3
ISBN 978-7-5130-6062-2

Ⅰ.①财… Ⅱ.①李… Ⅲ.①财政支出－经济绩效－经济评价－法律－研究－中国 Ⅳ.①F812.45 ②D922.204

中国版本图书馆CIP数据核字(2019)第020523号

内容提要

本书以法治政府理论及政府绩效评价理论为指导，在借鉴西方发达国家财政绩效评价经验的基础上，以我国当前的评价实践和法制化现状为逻辑起点，系统审视及分析了我国财政支出绩效评价法制化进程中所面对的环境条件与存在的突出问题。

责任编辑：李小娟　　　　　　责任印制：孙婷婷

财政支出绩效评价法制化研究
CAIZHENG ZHICHU JIXIAO PINGJIA FAZHIHUA YANJIU

李波　著

出版发行：知识产权出版社有限责任公司	网　址：http://www.ipph.cn
电　话：010－82004826	http://www.laichushu.com
社　址：北京市海淀区气象路50号院	邮　编：100081
责编电话：010－82000860转8531	责编邮箱：lixiaojuan@cnipr.com
发行电话：010－82000860转8101	发行传真：010－82000893
印　刷：北京九州迅驰传媒文化有限公司	经　销：各大网上书店、新华书店及相关专业书店
开　本：720mm×1000mm　1/16	印　张：16.75
版　次：2019年3月第1版	印　次：2019年3月第1次印刷
字　数：207千字	定　价：69.00元
ISBN 978-7-5130-6062-2	

出版权专有　侵权必究
如有印装质量问题，本社负责调换。

序　言

为贯彻党的十九大报告提出的"全面实施绩效管理"的战略部署，2018年9月1日，中共中央、国务院颁布了《关于全面实施预算绩效管理的意见》（中发〔2018〕34号）（以下简称《意见》），该《意见》要求加快建成全方位、全过程、全覆盖的预算绩效管理体系。应该说，这是指导理论的创新，是回应社会的重大历史突破，也为学术研究和实践探索指明了方向。

财政绩效评价是预算绩效管理不可或缺的组成部分。其中，针对一般预算支出绩效评价在国内已有十多年的探索历史。与财务评价、绩效审计等其他财政监管手段不同，财政绩效评价旨在提高政府公共财政的公信力，或者说有公信力的执行力，是对财政目标的一种纠错、纠偏机制和民主财政的技术工具，重点关注财政决策的科学性和民主性，属于预算民主范畴。评价对象包括资金使用者、管理者和监督者，以及相互之间关系，对应于使用绩效、管理绩效和监督绩效，背后涉及权力关系的制约、优化与调整。显然，推进财政绩效评价，充分发挥评价的导向和激励功能，确保评价结果的有效应用，法制化建设是客观必然。

本书以法治政府理论及政府绩效评价理论为指导，在借鉴西方发达国家财政绩效评价经验的基础上，以我国当前的评价实践和法制化现状为逻辑起点，系统审视及分析了我国财政支出绩效评价法制化进程中所面对的环境条件与存在的突出问题。研究提出观点和建议：一是财政支出绩效评价法制化需要遵循"程序规范、多元主体参与、权责均衡和协调统一"的原则，尤其要正确界定和处理评价权、组织权、实施权和评议权的关系；二是推动全国统一立法，制定"绩效评价法"，在此基础上颁布"财政绩效评价管理办法"，健全法律体系，等等。应该说，这些思考和建议具有重要学理价值和现实意义。

本书的研究涉及法学、财政学和政府绩效评价理论方法，属于跨学科领域研究。在研究方法上，作者将法学的规范分析范式与公共管理量化分析相结合，同时，结合广东等地的财政支出绩效评价实践，将典型案例导入分析问题之中，体现自身的特点。当然，作为先导性、实践性较强的领域，财政绩效评价法制化研究不能脱离体制、文化与技术条件，并且要与现行法律法规相衔接。未来的研究，应围绕"为什么要评、谁来评、评价谁、评什么、如何评"等基本问题，在厘清评价主体、功能定位、责任边界、对象范围基础上，以法制化需求为导向，进一步聚焦问题，增强服务于决策的咨询功能。

受作者之约，是为序。

2018.10.25

目 录

第一章　绪论 // 1

　　第一节　选题背景与意义 // 1

　　第二节　相关概念界定及文献综述 // 4

　　第三节　研究思路、方法与内容结构 // 19

　　第四节　创新与不足 // 24

第二章　我国财政支出绩效评价法制化的理论基础 // 27

　　第一节　法治政府建设理论 // 27

　　第二节　政府绩效评价理论 // 33

　　第三节　财政绩效评价法制化理论 // 39

第三章　我国财政支出绩效评价法制化进程 // 49

　　第一节　我国财政支出绩效评价法制化的阶段划分 // 49

　　第二节　我国财政支出绩效评价的实践探索 // 55

　　第三节　影响我国财政支出绩效评价法制化进程的因素分析 // 62

第四章　我国财政支出绩效评价法制化现状评析 // 73

　　第一节　我国地方政府绩效评价的法律与规章 // 73

第二节　我国财政支出绩效评价的法律法规分析 // 76

第三节　我国财政支出绩效评价法制化现状与特点 // 84

第四节　我国财政支出绩效评价法制化存在的问题 // 92

第五节　我国财政支出绩效评价法制化存在问题的原因分析 // 100

第五章　财政支出绩效评价法制化的体系要素 // 107

第一节　财政支出绩效评价的组织体系 // 107

第二节　财政支出绩效评价的技术体系 // 118

第三节　广东财政支出绩效评价管理办法与指标体系 // 125

第六章　财政支出绩效评价法制化的域外经验及借鉴 // 133

第一节　西方国家财政支出绩效评价法制化经验 // 133

第二节　西方主要发达国家财政支出绩效评价法制化的特点及不足 // 146

第三节　域外经验对中国财政支出绩效评价法制化的启示 // 149

第七章　完善我国财政支出绩效评价法制化的思路与对策 // 157

第一节　财政支出绩效评价法制化的宗旨和原则 // 157

第二节　财政支出绩效评价法制化的定位、模式与进路 // 162

第三节　财政支出绩效评价法制化的内容框架 // 166

结论及讨论 // 181

附录1　中共中央国务院关于全面实施预算绩效管理的意见 // 185

附录2　广东省战略性新兴产业发展LED专项资金绩效第三方评价报告 // 193

后　　记 // 260

第一章

绪 论

第一节 选题背景与意义

一、选题背景

财政是国家治理现代化的基础和支柱。自改革开放以来,财政收入规模以年均 14.3%[①]的增长率不断扩张,与此同时,支出规模持续扩大(平均增长率为 14.8%[②]),收支缺口不断增大,各种深层矛盾日趋显现,社会对深化财政体制改革及提高资金绩效的呼声愈来愈高。鉴于财政收入体量无法承担迅速增加的财政支出,提升支出绩效便成了深化财政体制改革的理性选择。体制内普遍的做法是,通过财政绩效审计实现财政合规性与效益性的审查;但事实上,财政绩效审计并未脱离原有财政审计合规性审查的思维惯性,将审计重点放在财务合规性。有学者认为,现有制度在提供居民所需的最低限度公共服务的同时,受管理型政府行政模式自身限制,很难消除官僚主义、浪费和腐败;而合规性监督是一种依附于政府行政模式的监督,虽然能保证财政资金公共性,但无法解决官僚化的浪费问题。因此,有必要通过有效性监督,即通过财政支出绩效评价[③]为中心的财

---

① 根据《2016 年中国财政统计年鉴》中 1979—2015 年数据计算。
② 根据《2016 年中国财政统计年鉴》中 1979—2015 年数据计算。
③ 以 1988 年国家计委委托中国国际工程咨询公司对第一批国家重点建设项目进行评价为标志,绩效评价正式成为国家有关部门对财政支出进行有效管理的手段之一。自 1995 年起,国家开发银行、交通部、农业部等部门陆续建立绩效评价部门,开展绩效评价相关工作。

政监督实现公共支出的有效性①。

另外，党的十八届四中全会中提出对"依法治国"作出重大部署，强调把法治作为治国理政的基本方式。党的十九大报告提出要"建立全面规范透明、标准科学、约束有力的预算制度，全面实施绩效管理"。绩效评价是全面实施财政支出绩效管理的核心手段，涉及一系列权利义务关系，依据"全面推进依法治国""深化依法治国实践"的战略部署，应完善其法制化建设。事实上，国内在财政支出绩效评价法制化上早已作出尝试。1990年，国家计委颁布《关于开展1990年国家重点建设项目后评价工作的通知》，成为国内财政支出绩效评价法制化的开端。随着对财政支出绩效要求的提高，中央部委先后颁布《中央部门预算支出绩效考评管理办法（试行）》《财政支出绩效评价管理暂行办法》等部门规章，初步实现有法可依，但仍局限于个别部门。2014年，我国修订了《中华人民共和国预算法》（以下简称《预算法》），要求"各级预算的编制需要参考上一年度有关支出绩效评价结果""政府各部门、各单位应当对预算支出情况开展绩效评价"，将财政支出绩效评价持续推向纵深。2018年9月，为解决当前预算绩效管理存在的突出问题，加快建成全方位、全过程、全覆盖的预算绩效管理体系，颁布了《中共中央 国务院关于全面实施预算绩效管理的意见》。尽管如此，针对财政支出绩效评价应当如何实施、具体权利义务应该如何规范等具体的问题，《预算法》并未提及。与此同时，地方政府开展财政支出绩效评价面临法律位阶过低、约束力不强，法律条款不明确，形式主义泛滥，法规出台随意性大、法规"打架"现象普遍，绩效人才不足，评价难以推进等问题。正如郑方辉教授等提出的，财政支出绩效评价缺乏全国统一的法律及行政法规保障，尤其是第三方评价实施，依据是财政部门文件，无法完全消除评价委托—代理关系中的道德风险及可能滋生的腐败②。凡此种种，都直接或间接地说明，当前提高财政支出绩效评价法制化水平有充分的现实需求。

在全面推进依法治国的大背景下，立足于新《预算法》开展财政支出绩效评价并推进财政支出绩效评价法制化，具有现实紧迫性与必要性，也是突破财政

---

① 马国贤. 财政监督将进入嬗变阶段[J]. 财政监督，2008（7）：9-10.
② 郑方辉，廖逸儿，卢扬帆. 财政支出绩效评价的理念、体系与实践[J]. 中国社会科学，2017（4）：84-108.

困局、深化法治政府建设、提高法制绩效、发挥法制效益的重要路径。本研究意在于此。

二、研究意义

财政支出绩效评价法制化研究有显著的理论意义和现实意义。

（一）理论意义

其一，为财政支出绩效评价法制建设的探索提供前瞻性的研究。众多研究表明，我国当前财政支出绩效评价之所以流于形式，未能发挥实质效用，应部分归因于法制不健全。尽管已有学者提出"财政支出绩效评价法制化"这一命题，但学界却很少对其进行深入的研究。本书通过对该命题的有关论著、国内财政支出绩效评价法制化现状、国外财政支出评价法制化的完善经验等进行梳理，为进一步开展财政支出绩效评价法制化研究提供前瞻性的理论观点，对进一步深化有关研究具有一定的理论价值。

其二，丰富法治政府建设理论。党的十八届四中全会以来，法治政府成为法学、公共管理学等领域学者研究的热点。作为法治政府理论的组成部分，财政支出绩效评价法制化肩负着推进绩效评价改革的重任，涉及评价主客体间权责关系、法制化内容等方面的探讨。这些都离不开学者全方位对财政支出绩效评价及其法制化研究。本书选取财政支出绩效评价法制化作为研究对象，探讨其来龙去脉、国内外的不同路径和经验，摆脱我国财政支出绩效评价法制化遇到的困境等，将在政府绩效评价、政府管理法制化等方面丰富法治政府理论。

（二）现实意义

其一，为财政支出绩效评价实践提供制度保障。科学地完善财政支出绩效评价的法制体系可以为评价实践提供充分的法制依据，实现评价工作有法可依。但作为我国法制体系的组成部分，财政支出绩效评价法制建设目前并不完善，除了个别地市（如哈尔滨市、青岛市、杭州市等）之外，各省市在财政支出绩效评价立法上基本采用部门办法或暂行办法的形式，法律位阶过低直接导致财政支出绩效评价难以形成制度性与规范性的约束，也导致评价工作的开展随意性较大。实际上，就如何使财政支出绩效评价法制化，国内外早有成功的先例可循，但学界很少对其进行深入和系统的探讨。对财政支出绩效评价法制化进行研究，能为制定有关法律提供重要参考，进而形成制度保障。

其二，避免资金目标偏离，提高财政支出的绩效。国外实践已经表明，绩效评价应在财政支出的管理和使用中体现衡量绩效、发现问题、确定责任、进行绩效反馈以及实现绩效改进等功能。但由于我国财政支出绩效评价法制化建设的滞后，在传统的权力本位思想的影响下，财政支出绩效评价在"实时监控、实时纠偏纠错和预期预估"的名义下存在异化为"上级政府控制下级政府的理性工具"[1]的风险，以致有关主体产生"不求有功，但求无过"的思想，反而对财政支出的绩效产出产生了负面影响。推进评价法制化，能够以法律手段将财政支出绩效评价的评价过程、评价手段、评价目的等确定下来，一来防止地方政府与基层政府对于财政支出绩效评价进行误读与滥用而导致的资金目标偏离；二来法律具有强制力，对于落实评价结果应用、发挥财政支出绩效评价的功能、提高财政支出绩效也有较强的促进作用。

第二节　相关概念界定及文献综述

一、相关概念界定

（一）财政支出

财政支出也称为公共财政支出，译为"Government Expenditure"（政府支出）或"Public Expenditure"（公共支出），前者偏重指政府为履行其职能而产生的支出，后者偏重强调支出的公共性。在西方国家的语境中，这两个词组一般被理解为同义词而交替使用，本研究也采用这种理解。

---

[1] 郑方辉，廖鹏洲. 政府绩效管理：目标、定位与顶层设计 [J]. 中国行政管理，2013（5）：15-20.

本书所指"财政支出",是指在市场经济条件下,政府为履行相关职能、提供公共产品和服务、满足社会共同需要而支出的财政资金。它既包括预算内支出(经济建设支出、科教文卫体等事业发展支出、国家管理费用支出、国防支出、各项补贴支出和其他支出),也包括预算外支出(因特定目的而未纳入预算管理的支出)。从规范角度来看,财政支出是指政府为依法履行职能而产生的所有支出的总和,反映政府职能及其范围;从实证角度来看,财政支出是指政府活动所产生的全部支出的总和,反映的是政府活动范围和效果。应研究所需,本书采用实证角度的财政支出的概念。

（二）政府绩效评价

在英语中表示"绩效"的单词为"performance",始用于 16 世纪,初始意义为完成一项承诺或履行一项义务。几经演化,在牛津现代高级英汉词典中,"performance"的意思为"执行""履行""表现""成绩"。汉语中的"绩"主要指成绩、业绩;"效"主要指效果、效益,包含价值判断。"绩效"一词最早出现在后汉初,《二十四史》中说,曹操表彰袁谭投到曹营之后,作了很多的工作,有"袁其绩效"的记载。自 20 世纪 30 年代开始,"绩效"这一概念就出现在西方国家的公共行政管理领域。因为领域区隔和主观视角等原因,对绩效的内涵,西方管理学界曾一度出现过"绩效结果说"、"绩效行为说"和"绩效能力说"等不同观点。如墨菲(Murphy)给绩效下的定义是"绩效是与一个人在其中工作的组织或单元的目标有关的一组行为";伯纳丁(Bemardin)等认为"绩效应该定义为工作的结果,这些工作结果与组织的战略目标、顾客满意感及所投资金的关系最为密切";亚洲开发银行的萨尔瓦托·斯基亚沃·坎波(Salvatore Schiavo-Campo)认为,绩效是一个相对的概念,实质上不仅包含外部效果,也包含内在的努力程度,往往可以通过投入、过程、产出和结果来描述;Hay-McBer 咨询公司及其总裁斯潘塞(Spencer)则提出了"绩效即能力"的观点。[①]

受新公共管理思想的影响,学术界普遍认为政府绩效至少包含效率(efficiency)、效益(effectiveness)、经济(economics)三方面的内容,即所谓"3E"

---

① 徐倩. 绩效评价[M]. 北京:中国标准出版社,2008:77.

理论。为强调公平，学者福林提出了"4E"概念，也就是在"3E"的基础上加上公平性（equity），这成了政府绩效内涵的基本共识。在实务界，也有国家政府及组织从实证出发定义了政府绩效评价。如1983年公布的《英国国家审计法》（*National Audit Act*）中将其定义为检查某一组织为履行其职能而使用所掌握资源的经济性、效率性和效果（3E）情况；1997年出版的《美国标杆管理研究报告》将其定义为绩效评估是评价达到预定目标的过程，包括资源转化为物品和服务（输出）的效率、输出的质量（提供给顾客的效果，顾客的满意程度）和结果（与所期望目的相比项目活动的后果），以及政府在对项目目标特定贡献方面运作的有效性等[1]。

基于上述学说，本书语境下的政府绩效评价是评价主体依照一定的标准和程序，参照既定的绩效目标，对政府整体、部门或政策等的绩效进行效率性、经济性、效益性、公平性等方面的综合性测量与分析，以确定成绩、发现问题，并提出改进建议的过程。

（三）法制化

法制是指以法律制度为基础，包括法律组织及其运行机制在内的法的整体。[2] 它从静态、动态、依法办事的角度去理解。静态的法制"泛指国家法律和制度"[3]，包括宪法、法律、行政法规、部门规章、地方性法规和地方政府规章。动态的法制是由立法、执法、司法、守法，以及对法律施行情况的监督等环节构成的。部分学者将其与系统论结合，称为"法制系统"或"法制系统工程"等。"依法办事"角度的法制，即"有法可依、有法必依、执法必严、违法必究"。在《辞海》中，"化"解释为"转变成某种性质或状态"。[4]

"法制化"指的是将原本尚未实行法制建设或法制不健全的一个国家或地区变成法律系统、法律意识和法律实践齐备的有机体系的过程。"法制化"包括静态和动态，偏重动态。静态上，"法制化"通常是一个国家或地区的法律制度建设的目标形态，具有稳定性和系统性。动态上，"法制化"体现法制现代化的一个过程，

---

[1] 范柏乃. 政府绩效评估的理论与实务 [M]. 北京：人民出版社，2005.
[2] 卓泽渊. 法治国家论 [M]. 北京：法律出版社，2008：72.
[3] 《中国大百科全书》编辑部. 中国大百科全书·法学 [M]. 北京：中国大百科全书出版社，1984：114.
[4] 《辞书》编辑部. 辞海 [M]. 上海：上海辞书出版社，1989：545.

具有阶段性、多变性、零散性和局部性。事实证明,"法制化"的动态属性表现得更为强烈,它是实现法的价值的能动实践。其含义有三层:第一,把零散的法规、意见、通知、办法等,经过立、改、废,形成规范化的、稳定的法律制度;第二,法律由普遍性规范经过执法、司法、守法与法律监督,转化为与生活密切相关的、可用的法律制度;第三,冲破人治的不确定性的桎梏,实现法治,体现法的价值。财政支出绩效评价法制化就是通过法律、法规将与评价有关的内容固定下来,使实践有法可依。本书由于篇幅所限,难以完整阐释三层含义下的财政支出绩效评价法制化,而主要以法制化的第一层含义为出发点来进行阐述。

二、文献综述

(一)国外研究综述

1. 财政支出绩效评价

财政支出绩效评价的研究始于20世纪初,彼时处于传统财政模式时期。财政支出绩效评价的形式主要表现为合法合规性审计。如里德利(Ridley)和西蒙(Simon)的《市政工作衡量行政管理评估标准的调查》《管理行为——管理组织决策过程的研究》等,其研究重点在于如何评价和提高政府行政效率。

随着凯恩斯主义的盛行,西方多国政府加强了对社会经济生活的干预,此时的财政支出绩效评价形式主要表现为绩效审计。主要文献有威廉·P·伦纳德(William P. Leonard)的《管理审计》、尼尔·C·丘吉尔(Neil C. Chuchill)和李蔡·M·赛尔特(Richard M. Cyert)的《管理审计学》、詹姆士(James)的《经营审计问题》、罗伯特(Robert)的《经营审计是什么》,阿里(Ali)的《经营审计指南》等。这些论著主要介绍了有关绩效审计的定义和实务,暂未形成完整的理论架构。

新公共管理运动兴起之后,财政支出绩效评价的有关研究明显增多,研究的维度也呈多样化。这些研究涉及财政支出绩效评价的指标体系、类型划分、功能作用、方法选择等维度。如普罗姆昌德(Premchand)在《公共支出管理》一书中,以制度设计、预算执行、绩效评价等角度为切入点对财政支出作了系统研究。艾伦·希克（Allen Schick）以美国的财政支出绩效评价的法律体系为依托，结合美国20世纪60年代在财政领域遇到的困难进行了经验总结：财政管理者的运作自由，是在发达国家构建了可靠的控制制度后得到的。芬克豪泽（Funkhouser）研究了美国政府的绩效评价体系，得出了美国的政府绩效评价体系由硬性指标和软指标构成的结论，并进一步探讨了评价体系的内涵和外延。Julnes将财政支出绩效评价分为针对收益、结果进行评价的类型，针对项目影响进行评价的类型，针对支出过程进行评价的类型。贝恩（Behn）提出，通过财政支出绩效评价可以达到了解有关情况、评价、控制下级，辅助预算决策制定，提高财政支出效率及效益等目的。肖恩（Sean）通过研究公共教育支出绩效评价的经验，认为应在对组织机构特征进行分析的基础上来选择评价方法。

2. 财政支出绩效评价法制化

19世纪以来，西方国家要求国家财政支出"取之于民、用之于民"。英国宪法学家戴雪在《英宪精义》中提出了"全国岁入须有法律的命令方可动用"，要保证政府依法使用人民所缴纳的税赋"有赖于极完备的监督及审计制度"[①]，首次提出了财政支出法制化。德国社会政策学派的先驱谢夫勒（Albert Schaffle）在《赋税论》和《赋税政策原理》中，主张"国家必须依据宪法制定财政预算与决算，并把它看成为履行国家提供物质数据和服务或维持这种服务所必不可少的货币与支出手段"[②]。布坎南（Buchanan）也认为，财政宪法"是约束政府的征税权和支出权的手段"[③]。在哈耶克（Hayek）看来，"经济活动的自由，原本意指法制下的自由，而不是说完全不要政府的行动"；他还指出，"一个功效显著的市场经济，乃是以国家采取某些行动为前提的"[④]。

随着社会的不断发展，公众对财政支出的要求上升到了经济性、效率性、效益性和公平性。由此，财政支出绩效评价最先在西方国家发展起来。为规范好财政支出绩效评价中各主、客体的权利和义务，西方各国开展了较为深入的理论研究，积极开展了法制化实践。

---

① 戴雪. 英宪精义 [M]. 雷宾南，译. 北京：中国法制出版社，2001：349-450.
② 毛程连. 西方财政思想史 [M]. 北京：经济科学出版社，2003：122.
③ 布坎南. 宪政经济学 [M]. 冯克利，等，译. 北京：中国大百科全书出版社，2004：184-193.
④ 哈耶克. 自由秩序原理 [M]. 邓正来，译. 北京：生活·读书·新知三联书店，1997：281.

在各自的法律体系中，西方各国明确了绩效评价工作在整个财政资金使用及监督过程中的作用，阐明了评价工作必须采用的规则、程序、评价内容和方法、评价的组织方式，规范了有关主、客体的权利义务关系。通过对法律地位的强化，不断推动财政支出绩效评价的有效实施，进而完成了财政预算管理上的两个转变，即预算拨款由传统的按收入拨款转为按绩效拨款，从过去对预算的重过程管理转变为重结果管理。可以说西方各国的财政支出绩效评价都是在法律框架指导和约束下进行的。其中，又以英国和美国最为典型。

英国在财政支出绩效评价方面起了带头作用，在始于20世纪七八十年代的行政改革浪潮中，公共组织绩效评估受到极大的重视。它成了撒切尔（Margaret Hilda thatcher）夫人政府克服官僚主义、提高行政效率的一个重要抓手。1979年开始的"雷纳评审"（rayne scrutiny program）就是对政府机关和公共部门经济和效率水平的全面评估和测定，它为撒切尔夫人行政改革蓝图的设计和有效实施提供了基础。1980年，环境大臣赫塞尔廷（Michael Heseltine）率先在部门内部建立了部长管理信息系统（management information system for ministers）。它集绩效评估和目标管理于一体，旨在为部长提供全面的、规范化的信息。1982年，撒切尔政府公布了著名的"财务管理新方案"（financial management initiatives），要求政府的各个部门树立浓厚的"绩效意识"。1983年英国第一个系统的绩效评估方案由卫生与社会保障部首先提出。该方案包括近140个绩效指标，服务于卫生管理部门和卫生服务系统的绩效评估。[1] 1989年英国财政部发行了《中央政府产出与绩效评估技术指南》，对绩效评估机制的建立和完善进行业务和技术指导。在有关部门的努力下，英国公共组织绩效评估逐渐走上了普遍化、规范化、系统化和科学化的道路。

正如托马斯·P·劳斯（Thomas P. Lauth）在论文《美国州政府的绩效预算》中指出的那样，如何从财政和法律上控制财政支出一直是美国政府预算的重点。为了达到这个目标，美国较早在财政支出领域引入了绩效评价，并构建了完善的

---

[1] 王雁红. 英国政府绩效评估发展的回顾与反思[J]. 唯实，2005（6）：48-50.

法制体系。该法律体系主要由《美国政府审计准则》[①]、《联邦政府生产率测定方案》(1973)和《政府绩效与结果法案》(1993)组成[②]。

此外,加拿大和澳大利亚等国也建立了完善的财政支出绩效评价法律体系。加拿大的财政支出绩效评价法制体系包括:《绩效评价政策》(1977)、《绩效评价指南》(1981)、《联邦政府和部门绩效评价工作标准》(1989)、《绩效检查条例》(1994)、《对绩效评价的研究》(2000)、《加拿大政府绩效评价政策和标准》(2001)、《部门战略规划和预期结果》(2001)等[③]。上文把绩效评价的范围最终扩大到对政府各部门的政策和计划进行评价,强调以结果为基础和导向的管理模式,努力使绩效评价深植于政府各部门管理工作本身。澳大利亚财政与管理部在1997年度预算报告中引入目标和产出结构,1998—2000年连续颁布了《辨析目标和产出》《澳大利亚政府以权责发生制为基础的目标和产出框架审查指南》和《目标与产出框架》,指导各部门运用目标与产出理论编制年度预算报告及其年度绩效评价报告。

(二)国内研究综述

1.财政支出绩效评价法制化存在的问题及后果

国内研究者在涉及财政支出绩效评价法制化的研究中均指出,国内缺乏统一的绩效评价法律依据和保障。理论上,在法律层面,对财政支出绩效评价的原则性规定应在《预算法》《审计法》及《绩效评价法》等相对应的法律条文中得到体现。但目前,实际情况与理论预期还存在较大差距。正如郑永生、廖立云指出的那样,目前各地开展的绩效评价工作主要是依靠各级财政部门制定的评价办

[①] 第一部《美国政府审计准则》制定于1972年,根据绩效评价的发展不时进行修订,美国现在执行的是2007年版。《美国政府审计准则》界定了绩效审计,规定了审计内容,奠定了绩效审计现场作业准则(第七章)和绩效审计报告准则(第八章)的基础。该准则的制定和施行,对美国问责办公室和各级政府审计工作的规范化和现代化,以及政府绩效审计形成了强而有力的推动作用。《联邦政府生产率测定方案》是有关部门制定的3000多个绩效指标的依据,成了劳工统计局分析各政府部门工作绩效的数据来源,有力地促进了公共组织绩效评价的系统化、规范化和常态化。《政府绩效与结果法案》构建了一个绩效预算的流程,即设定财政支出绩效目标→编制绩效预算→预算执行→财政支出绩效评价→比较绩效目标和实施成果,其目的在于提高联邦政府的工作责任心和绩效。该法案还同时要求政府各部门每年向国会提交年度绩效报告。

[②] 李晔. 美国政府审计的启示与借鉴[EB/OL].(2017-06-14)[2018-05-15]http://www.audit.gov.cn/n6/n41/c17516/content.html.

[③] 崔凤梅. 地方财政支出绩效评价存在的问题及建议[J]. 金融经济,2010(6):62.

法和相关部门规章,迄今为止还没有出台全国统一的关于绩效评价的法律。[①]法律的缺失导致评价中出现了以下一系列的问题。

一是影响财政支出绩效评价工作的推行。薛桂萍指出,国内各地所进行的财政支出绩效评价工作,其主要制度依据是本地有关政府部门制定的方法和制度,但这些方法和制度并不统一,具有鲜明的地域性。这不仅对各地财政支出绩效表现的横向比较造成了很大困扰,而且使得这项工作在全国范围内无法开展,反过来又影响了这些地方性的方法制度的有力执行。[②]李少光和尹宝成认为,现在我国财政支出绩效管理的法制化程度低,在绩效评价的标准、组织实施程序、跟踪等方面都没有明确的规定,使得绩效评价的推行不利。[③]

二是影响财政支出绩效评价的权威性和规范性。法制统一是法治国家的基本标准。[④]郭亚军和姚爽、崔风梅指出,我国公共支出绩效评价法制建设不完善。财政部制定的财政支出绩效评价办法约束力有限,各评价办法要求不尽相同,造成绩效评价工作中无法可依,工作开展不普遍、不规范。[⑤][⑥]宋桂红从宏观上对我国财政支出绩效评价监督的法律体系作了定性判断,认为目前我国财政绩效管理主要依靠行政力量自上而下地推动,各地方虽然根据自己的实际情况制定了各种管理制度,但还缺乏统一的规范和指导,更没有上升到法律的层面加以贯彻执行。存在缺乏对地方各级政府预算绩效管理的要求、部门绩效管理职能不明确等问题。[⑦]潘石、王泽彩和陈学安均指出,迄今尚未出台全国统一的有关财政支出绩效评价工作的法律法规,使我国财政支出绩效评价工作缺乏法律约束和制度保障。由于财政支出绩效评价工作体系不健全,缺乏法律规范,不仅使财政支出绩效评价工作流于形式,而且影响了财政支出绩效评价工作的权威性。[⑧][⑨]杨德敏在研究促进就业专项绩效评价的过程中,也发现了类似的问题。他发现就业促进

[①] 郑永生,廖立云. 我国财政预算支出绩效考评存在的问题与对策[J]. 财会月刊,2011(1):51.
[②] 薛桂萍. 西方国家财政支出绩效评价实践的启示[J]. 财会通讯,2011(12):156.
[③] 李少光,尹宝成. 对创新财政支出绩效评价的探讨[J]. 现代农业,2012(5):58.
[④] 张文显. 法理学[M]. 北京:中共中央党校出版社,2002:93.
[⑤] 郭亚军,姚爽. 公共支出绩效评价研究综述[J]. 地方财政支出研究,2010(1):46.
[⑥] 崔风梅. 地方财政支出绩效评价存在的问题及建议[J]. 金融经济,2010(6):61-62.
[⑦] 宋桂红. 推进财政支出绩效评价的几点建议[J]. 中国财政,2011(3):76.
[⑧] 潘石,王泽彩. 关于推进我国财政支出绩效评价改革的建议[J]. 经济纵横,2006(3):25.
[⑨] 陈学安. 建立我国财政支出绩效评价体系研究[J]. 财政研究,2004(8):18.

财政支出绩效评价缺失法律层面的规定，评价机构、评价内容、评价标准不明确，导致评价结果约束力不强，缺乏可操作性，影响了促进就业的效果。①

三是制约财政支出绩效评价效率和效果。许梦博和许罕多指出，因为目前我国在财政支出绩效评价方面没有一部统一的法律，所以中央与地方之间、部门之间、项目之间很难进行纵向和横向的比较，制约了中央和地方财政运行效率。②刘伟、张泽荣指出，缺乏有针对性的制度规范，相关理论和实践不足，基础较为薄弱，科学化程序不足，使财政支出绩效评价仅仅停留在对部分项目财务指标的检查和效果的评价上，而对财政资金的使用效益评价监督不足。③马志敏指出，财政支出绩效评价缺乏法律约束和制度保障，有关工作在各地的开展，主要依靠各级财政部门制定的各类具体财政资金的绩效评价办法，主观随意性大，不可避免地出现违背法律法规的违法行为，影响了财政支出管理的效果。④

四是影响财政支出绩效评价的公平、公正性。董玉明指出，有关财政绩效监督方面的法律资源处于缺位状态，没有国家层面的正式的行政法规和地方性法规，主要是政府部门的规范性文件。因而各地有各地的实施标准，影响了财政绩效评价的公平和公正。⑤陶清德指出，我国政府绩效评价理论研究和实践偏重技术化，轻视法化，没有形成对政府具有强制约束力的规则系统，导致绩效评价沦为干部人事调整的工具，或者财政分配上的形式依据。⑥

2. 完善财政支出绩效评价法制化对策

一是修改现有法律法规，使之具备规范财政支出绩效评价有关事项的能力。鉴于预算法在财政监管领域中的重要作用，学术界普遍认为，应将绩效评价的理念融入预算法中。如冯鸿雁、杨玲等提出要加快法制化建设步伐，要在预算法、审计法等法律中增加有关绩效评价的内容，加强对财政支出管理的约束力，强化支出绩效评价手段，为今后开展财政支出绩效评价工作奠定必要的法律

---

① 杨德敏. 促进就业的财政法保障研究 [M]. 北京：中国政法大学出版社，2010：306.
② 许梦博，许罕多. 关于我国财政绩效管理问题的思考 [J]. 经济纵横，2007（9）：27-28.
③ 刘伟，张泽荣. 构建财政支出绩效监督指标体系的思考 [J]. 经济与管理，2006（5）：51.
④ 马志敏. 财政支出绩效评价浅析 [J]. 经济研究导刊，2009（29）：111.
⑤ 董玉明. 我国财政绩效评价政策与制度的理论和实证研究 [J]. 财税法论丛，2009，10：163-164.
⑥ 陶清德. 法制化：当前我国政府绩效评价制度化的关键步骤 [J]. 甘肃理论学刊，2014（1）：116.

基础。[①][②] 罗胜建议，当条件成熟时，在修改的《预算法》中将部门绩效评价作为强制性措施加以推行，为今后实行部门绩效预算创造条件。[③] 杨文平建议，在《预算法》《审计法》等法律中增加绩效管理的要求，加强对财政支出管理的约束力，明确全国财政资金支出绩效评价工作规则、工作程序、组织方式及结果应用等。[④] 王娅萍建议，将财政支出绩效评价相关的内容写入《预算法》或《预算法实施条例》。[⑤] 董玉明等学者进一步提出了绩效评价融入《预算法》的具体内容。应要求中央和地方各级政府在制定年度预算编制方案时，应当明确要求财政资金的所有使用项目和单位均需就财政资金的绩效目标进行预先的评估，并明确该绩效目标将在财政资金使用的中期或后期展开评价工作，同时明确财政资金使用单位相应的法律责任，以便促使财政资金使用单位不断致力于提高财政资金绩效目标制定的科学性。[⑥] 宋桂红建议，在预算法等相关法律法规中，明确部门的绩效管理职能，保障我国财政支出绩效评价走上制度化、规范化的道路。[⑦] 傅光明认为，我国财政绩效相关法律立法的关键在于加强对财政绩效的考评，将上一年绩效考评的结果作为当年预算编制的依据。[⑧] 从更微观的视角，针对高等教育财政绩效不高的问题，李东澍提出，在法律规制上引入协商拨款制度、政府与高校围绕教研合理配置教育财政资源、绩效评价和公众参与同财政支出相结合、为办学合作和资源共享提供制度保障等对策。[⑨]

二是专门制定新的专门性法律法规对财政支出绩效评价进行规范。持这种观点的学者相对而言占多数。新制定法律法规的主要内容包括考评机制、工作规则、程序、组织方式和结果应用等，形式包括行政规章、试行条例、地方规章等。陈学安认为，首先就是要制定"财政支出绩效评价办法""财政支出绩效评价方法选择及工作程序""财政支出绩效评价指标设置及标准选择""财政支出绩

---

① 冯鸿雁. 财政支出绩效评价体系构建及其应用研究[D]. 天津：天津大学，2004：71.
② 杨玲. 财政支出绩效评价的制度分析[J]. 中州学刊，2007（3）：85.
③ 罗胜. 浅谈稳步推进财政支出绩效评价工作[J]. 改革与战略，2007（3）：131.
④ 杨文平. 完善财政资金支出绩效评价初探[J]. 现代商业，2008（15）：180.
⑤ 王娅萍. 完善财政支出绩效评价的对策[J]. 山西财税，2008（10）：25.
⑥ 董玉明. 我国财政绩效评价政策与制度的理论和实证研究[J]. 财税法论丛，10，2009：179.
⑦ 宋桂红. 推进财政支出绩效评价的几点建议[J]. 中国财政，2011（6）：76.
⑧ 傅光明. 建立财政绩效管理法律　深化财税体制改革[N]. 中国财经报，2013-08-13（002）.
⑨ 李东澍. 高等教育财政支出绩效不高的成因分析及其法律规制[J]. 法制与经济（中旬），2013（01）：91-94.

效评价结果应用"等一系列统一的制度规范,明确全国财政支出绩效评价工作规则、工作程序、组织方式及结果应用,并对相关行为主体的权利和义务进行界定。①李友志认为,首先要在借鉴外国经验和总结我国实践的基础上制定纲要性的"财政评价办法",明确财政评价的目的和原则、工作规则和程序、组织方式及结果运用等,并对相关行为主体的权利义务进行明确界定。然后,随着各项评价具体工作的开展,再讨论制定相应的具体实施办法和细则,从而逐步建立起整套财政评价的制度规范,实现财政评价工作有法可依。②卢静提出,要逐步建立有关财政支出绩效评价的法规,包括"评价准则""评价办法""评价工作程序"等。③马国贤建议,中央政府要对预算项目绩效考评制度专门立法,各地方政府因地制宜出台相关的预算项目绩效考评与管理的规章制度,确保绩效评价有章可循,从而为预算支出绩效考评提供法律约束和制度保障。④任静在研究西方国家绩效评价改革路径与经验的基础上,提出我国的绩效评价改革必然需要以法制化建设的方式来推进。我国应尽快研究制定具有主导意义的单行法规,保证绩效评价改革的透明、公开、规范化和制度化,力求相关法律法制建设与绩效评价同步发展。⑤郑永生、廖立云建议,应建立健全统一的法律保障体系,构建以财政部门为主导的多元化绩效考评机制。⑥连华、刘旭通过研究国外先进经验,认为西方国家的法制化经验对我国具有较好的借鉴意义,应立足于我国国情进行学习吸收,进而构建具有中国特色的财政支出绩效评价法律体系。⑦单晓敏认为,法律法规的制定和实施需要一个较长的时期,当前切实可行的方案是通过试行的条例来发挥对财政支出绩效管理的法律约束,试行过程中不断完善和调整,最终形成符合实际的财政支出绩效管理法律。⑧

三是提出财政支出绩效评价法制化路径。刘剑文认为,鉴于目前财政权责

---

① 陈学安. 建立我国财政支出绩效评价体系研究 [J]. 财政研究, 2004 (8): 19.
② 李友志. 论财政评价:通向有效财政管理的基本途径 [J]. 财政研究, 2004 (4): 59.
③ 卢静. 论财政支出绩效评价体系之构建 [J]. 现代财经:天津财经大学学报, 2005 (5): 17.
④ 马国贤. 推进我国财政绩效评价之路径研究(下) [J]. 行政事业资产与财务, 2010 (3): 13.
⑤ 任静. 依托质量管理体系推进财政绩效评价工作 [J]. 人口与经济(增刊), 2010: 64.
⑥ 郑永生,廖立云. 我国财政预算支出绩效考评存在的问题与对策 [J]. 财会月刊:理论版(下), 2011(1): 51.
⑦ 连华,刘旭. 公共财政支出绩效评价的国际借鉴与启示 [J]. 宏观经济管理, 2012 (4): 82.
⑧ 单晓敏. 完善我国财政支出绩效管理的研究 [D]. 苏州:苏州大学, 2013.

的失范格局，突破口应在落实全国人民代表大会作为权力机关的重要作用，特别是要明确人大的财政收入立法权、预算监督权和财政收支划分权。未来，应在改革中逐步建立健全财政法律体系，并在条件成熟时推动财政法定原则入宪。[①]杨佳妮认为，我国财政支出绩效评价法律建设应当采用渐进式的发展模式，并提出了三步走的建议：第一步，将绩效评价纳入政府预算管理的核心内容；第二步，将外部监督机制引入政府预算过程；第三步，从国家层面制定"财政支出绩效评价法"。[②]李波、张洪林在对我国财政支出绩效评价法制化进行必要性、可行性分析的基础上，提出了财政支出绩效评价法律体系、制度体系、程序体系、法制机制体系协同推进的法制化建设进路。[③]

3. 对财政支出绩效评价法制化内容的研究

首先，宏观视角下的法制化内容。宏观视角的研究一般从创立新的法律着手，阐述法律所应包含的内容。财政部财政科学研究所课题组从规范地方工作的角度出发，建议尽快出台"财政支出绩效评价条例"（以下简称条例），作为全国财政支出绩效评价的纲领性文件，指导各地财政支出绩效评价工作。条例应明确地方财政支出绩效评价的主体对象原则、方法、分类指标体系和结果应用等内容，并对各行为主体的责任、权利、义务进行界定和规范。在此基础上配套出台财政支出绩效评价方法、工作程序、结果应用等系列规定。[④]杨玲提出要研究制定一系列统一的制度规范，理顺从中央到地方各级财政部门的绩效评价机构设置。[⑤]孙君涛提出，拟建立的制度规范，应明确财政支出绩效评价工作规则、工作程序、组织方式及评价结果应用等，并规范好相关行为主体的权利和义务关系。[⑥]杨佳妮认为，财政支出绩效评价的法制化应涵盖以下内容：一是评价主体制度，包括确立领导机关，建立第三方评价机制，引入公共评价理念和发挥审计

---

① 刘剑文. 论财政法定原则：一种权力法治化的现代探索 [J]. 法学家，2014（4）：19-32，176，177.
② 杨佳妮. 财政支出绩效评价法治化初探 [J]. 法制与社会，2013（1）：190.
③ 李波，张洪林. 财政支出绩效评价法制化建设 [J]. 华南理工大学学报（社会科学版），2015（1）：76-79.
④ 财政部财政科学研究所课题组. 健全地方财政支出绩效评价体系的建议 [J]. 中国财政，2006（8）：52-53.
⑤ 杨玲. 财政支出绩效评价的制度分析 [J]. 中州学刊，2007（3）：85-86.
⑥ 孙君涛. 对当前财政支出绩效评价的思考 [J]. 中州学刊，2008（6）：92.

部门的作用；二是评价客体制度，包括对各级政府实施综合评价，对预算审核部门和财政资金使用单位实施总体绩效评价和对财政支出项目实施个体绩效评价；三是评价标准制度，包括经济效益、社会效益和生态环境效益；四是评价程序制度。[①]肖京认为，在当前国家治理现代化的背景下，财政预算的法治化问题显得尤为重要。基于预算法、经济法与宪法的双重法律属性，财政预算法治化就是要分别在宪法层面和经济法层面加强财政预算法律制度完善。从立法的角度来看，在宪法和经济法的框架体系内，探索国家治理现代化的财政预算法治化路径，应当是我国今后财政立法工作的努力方向。[②]

其次，针对微观视角的财政支出绩效评价法制化内容。一般从主体视角出发，重点阐述当前亟须法制化的具体内容。

一是要确立评价机构的法律地位。王晟指出，应在法律上树立绩效评价的主体权威性与独立超然性，使评价主体有法定评价权，并且排除其受到的任何行政权力干扰。[③]徐倩、吕承超认为，我国需要借鉴先进国家的经验和做法，借助立法的力量推动政府绩效评价。从法律上树立绩效评价的权威性，绩效评价机构在政府部门中应具有相应的地位，享有调查、评价有关公共部门活动的权力，不受任何行政或个人的干扰。[④]王雁提出，财政部门要被强力授权，树立财政监督的权威，加强对重点、热点、难点问题事前、事中、事后的全程监督，一旦发现失范行为，要及时阻止或立即停止对该部门的拨款，同时将情况通报给政府及人大，追究该部门及有关当事人的责任，只有对有违法行为的政府部门及有关当事人追究法律责任之后，财政部门才能够恢复对该部门的拨款。[⑤]

二是要明确权利义务及责任。陈学安提出，要建立健全有关法律规定，对项目具体执行行为和各有关责任人实施有效制约和监督。[⑥]姚凤民在归纳国外财政支出绩效评价经验的基础上指出，我国当前的法律法规尚未对评价方法作出有

---

① 杨佳妮. 财政支出绩效评价法治化初探[J]. 法制与社会，2013（1）：191-192.
② 肖京. 国家治理视角下的财政预算法治化[J]. 法学论坛，2015（6）：118-124.
③ 王晟. 财政支出绩效评估：困境、阐释与展望[J]，财政研究，2008（10）：37
④ 徐倩，吕承超. 制约我国政府绩效评价的难点问题探析[J]. 宁夏大学学报（人文社会科学版），2010（5）：170.
⑤ 王雁. 公共财政支出绩效评价体系的构建[J]. 西北师大学报（社会科学版），2011（7）：126.
⑥ 陈学安. 建立我国财政支出绩效评价体系的设想[J]. 中国财政，2003（10）：10.

力的支撑和保障。因此，应加强财政支出绩效评价方法的保障，细化指标体系规定，约束评价主体和评价机构，对违法违规行为作出制裁与处罚的规定。[①]马志敏认为，应对全国财政支出绩效评价工作规则、工作程序、组织方式及结果应用等进行清晰的法律界定，明确相关行为主体的权利和义务，提高绩效评价工作的权威性。[②]郭亚军和姚爽提出，要对绩效评价的范围、操作程序、实施主体、指标设置、评价结果应用等作出具体的制度性规定，对一些具体公共支出领域的绩效评价办法予以细化，规范公共支出绩效评价工作。[③]薛桂萍在分析了西方国家的有关法律制度后认为，我国要顺利开展财政支出绩效评价有关工作，应从法律的层面上对绩效评价工作的各个方面进行清楚的界定，让绩效评价在执行中有章可循，同时还要加强法律的刚性约束力，使评价结果投入实际应用。[④]

三是明确结果应用。陈学安认为，有必要研究和制定财政支出绩效评价工作结果的应用管理办法，对评价工作结果的运用目的、范围、程序、权限等作出具体规定，以指导和规范全国的实践。不仅如此，公共投资管理部门还要结合各自的特点，研究制定本部门成果运用的具体实施办法，为提高新上项目运营质量，加强项目管理、监督和考核提供参考依据，也为今后同类项目建设提供经验参数。[⑤]宋桂红提出，要通过绩效评价结果与政府目标管理考核的结合，逐步建立起有效的激励与约束机制。此外，还要积极探索建立绩效评价结果通报制度和绩效评价信息公开发布制度，加强对各部门支出的监督，增加政府公共支出的透明度，提高依法行政水平。[⑥]

（三）研究现状简评

国外学者对财政支出绩效评价及其法制化的研究已有较长的时间，其研究建立在成熟的市场经济和现代行政管理制度上，研究对象涵盖了财政支出绩效评价的作用、方法、类型等方面，法制化的依据、形式和内容等方面，取得了较为

---

① 姚凤民. 财政支出绩效评价——国际比较与借鉴[J]. 财政研究, 2006 (8): 78.
② 马志敏. 财政支出绩效评价浅析[J]. 经济研究导刊, 2009 (29): 111.
③ 郭亚军, 姚爽. 公共支出绩效评价研究综述[J]. 地方财政支出研究, 2010 (1): 47.
④ 薛桂萍. 西方国家财政支出绩效评价实践的启示[J]. 财会通讯, 2011 (12): 156.
⑤ 陈学安. 建立我国财政支出绩效评价体系的设想[J]. 中国财政, 2003 (10): 10.
⑥ 宋桂红. 推进财政支出绩效评价的几点建议[J]. 中国财政, 2011 (3): 76.

丰富的理论成果，构建了较为完善的法律制度体系。以这些研究为基础，西方国家在财政支出绩效评价实践中较好地解决了评价主体和方法的选择、评价客体的选定、评价指标体系的设计、评价结果的运用等问题，有力地支撑了财政支出绩效评价工作的开展。也正是基于这种全面深入的研究，西方国家的财政支出绩效评价有较为完善的法律体系作支撑，具有较高的法制化水平。部分学者也总结提炼了西方国家财政支出绩效评价法制化的先进经验，并介绍给发展中国家。

国内学者近些年来也对财政支出绩效评价及其法制化给予了足够的重视，研究成果呈逐年增多的趋势。这些研究大多从经济学或行政管理学的视角出发，以财政支出绩效评价的技术研究为重点展开研究，在组织体系、指标体系、方法体系、技术体系、报告体例等方面进行探讨，也取得了较为丰富的成果。还有部分学者认真梳理、介绍了西方国家财政支出绩效评价及其法制化的历程及经验，并据此对我国的财政支出绩效评价及其法制化提出了有关建议。

总体上看，涉及我国财政支出绩效评价法制化的研究成果已有较大的存量，且呈现逐年增多的趋势。理论界的部分研究建议也得到了立法实践的回应。如在2014年修正后的《预算法》中，已要求各级预算的编制须"参考上一年预算执行情况、有关支出绩效评价结果"，同时要求"政府各部门、各单位应当对预算支出情况开展绩效评价"。而由于种种原因，已有的研究也存在一些局限，如下所述。

一是法学研究视角的缺失。已有研究大多从经济学或管理学的视角出发，这些研究以财政支出绩效评价的技术为重点，主要探讨如何优化组织体系、指标体系、方法体系、报告体例等技术性问题，所涉及的法制化部分只是附带产出。研究提出的对策建议要么是泛泛地提出要创制新的法律，要么就是把有关内容融入现行法律。这种非专业的研究视角造成了财政支出绩效评价法制化研究流于表面，呈现碎片化的态势，缺乏研究深度。

二是研究方法及依托学科理论较为单薄。一方面，已有研究要么是在理论层面对财政支出绩效评价的法制化展开探讨，要么是通过介绍西方国家的经验为我国做借鉴，真正来源于实务界、基于具体的绩效评价实践的实证研究还不多见。另一方面，财政支出绩效评价的法制化属于经济学、管理学、法学等学科的交叉范畴，已有的研究一般采用单一学科的研究方法，缺乏综合性、系统性，在研究所提出的建议一般是针对现存的问题进行就事论事的查漏补缺，拟解决的都是具体的、技术层面的问题。但是，法制化问题牵一发动全身，如果只关注具体的问题，则有可能顾此失彼，造成具体法条间的互相矛盾。

三是研究内容局限于"法律化"。已有研究只涉及了财政支出绩效评价的法制化中如何"法律化"，针对"有法可依"的问题，且研究所提出的"法律化"原因均来自外在的实践压力（包括社会公众的压力），忽视了内在的法理动因。至于如何"有法必依、执法必严、违法必究"，则鲜有涉及。

可见，我国财政支出绩效评价法制化刚刚起步，迫切需要理论研究创新。在笔者看来，一是应采用多学科的综合性研究视角。财政支出绩效评价法制化不仅是一个法律问题，也是经济问题和管理问题。如果局限于单一视角研究，难免有失偏颇，造成研究的片面性。在今后的研究中，必须多个视角多管齐下，进行综合性、系统性的研究，力求在研究中达成多个视角的最大公约数。二是理论联系实际，重视实证研究。法律与实践有着不可分割的密切关系。财政支出绩效评价具有很强的实践性。在具体实践探索中，会遇到什么样的法律问题，如何用法律去解决问题，这些问题并非理论探讨就可以预见和解决的，有赖于实践检验。因此，我国财政支出绩效评价法制化研究，必须贴近实践，服务于实践。三是将绩效评价过程中关联主体执法、守法纳入研究视野。法制化有着丰富的内涵和外延，法律化只是其中的一部分，执法、守法也是需要进一步研究的课题。

第三节　研究思路、方法与内容结构

一、研究思路

本书出版的目的是厘清我国财政支出绩效评价法制化现状，并提出合理化建议。围绕这个目的，笔者在本书中将按以下思路进行论述：首先，交代研究的背景，阐明研究的必要性。对已开展的研究和已取得的成果进行梳理，明确现有研究在财政支出绩效评价法制化方面存在的不足，作为本书论述的着眼点。

其次，构建财政支出绩效评价法制化的理论框架。财政支出绩效评价的法制化，关系到法律体系的构建，有关权利义务的规范、程序的确定和评价主体客体的选定等方方面面。如果只从一种理论、一个学科的视角出发，有关研究难免顾此失彼、挂一漏万。因此，笔者将综合法学、财政学、公共管理学等学科的理论（主要是法治政府理论、政府绩效评价理论和财政支出绩效评价法制化理论），力图构建一个科学合理的综合理论支撑体系。基于已构建的理论框架，进一步地，本书将对我国财政支出绩效评价及其法制化的历程进行回顾、对现状进行述评。一方面，对财政支出绩效评价的立法现状进行梳理，阐述有关法律及相关规定；另一方面，对财政支出绩效评价法制化内容有关体系的现状，包括组织体系、指标体系、技术体系等进行梳理，也包括影响财政支出绩效评价法制化的影响因素分析。在上述研究的基础上，发现我国当前财政支出绩效评价法制化存在的问题，并通过已构建的理论框架对问题的成因进行综合分析。"他山之石，可以攻玉"，本书亦将介绍英国、美国、澳大利亚等西方国家财政支出绩效评价法制化的经验。以英国、美国、澳大利亚为代表的西方国家有较长的开展财政支出绩效评价的历史，已有较为丰富的理论与实证研究，财政支出绩效评价法制化水平较高，因而其法制化的内容、形式、路径等各方面的经验值得我国参考。最后，综合国内财政支出绩效评价法制化问题成因以及国外法制化经验，本书试图提出我国财政支出绩效评价法制化的合理性建议。这些建议包括我国财政支出绩效评价权利义务的划分和规范、程序的确定、结果应用的强化、法制化的路径等方面。

综上所述，本书的论述思路如图 1-1 所示。

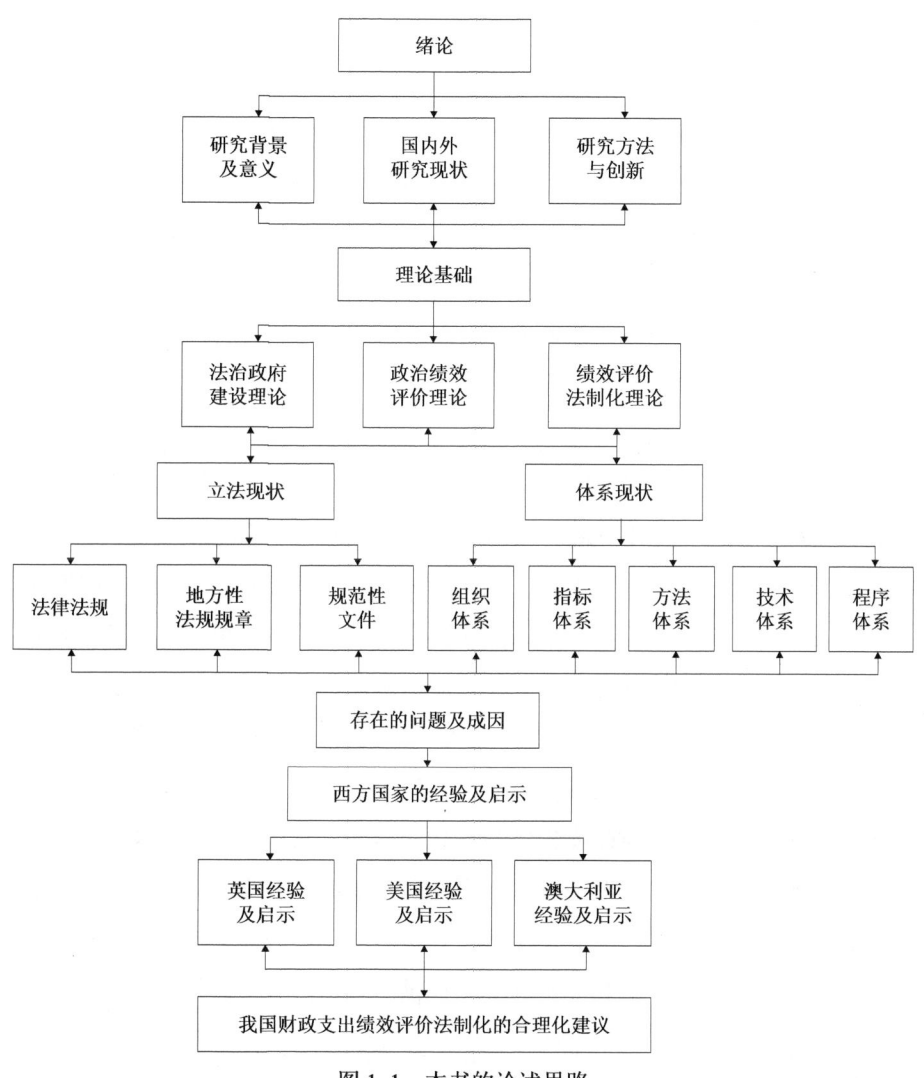

图 1-1　本书的论述思路

二、研究方法

（一）文献分析法

文献分析法主要指通过对所收集文献资料（包括图书、期刊、学位论文、科学报告、档案等）的研究，形成对研究对象的科学认识的方法。本书通过数据库、搜索引擎等信息技术查阅有关学术论文、学位论文、专著等文献，把握国内外学者对财政支出绩效评价及其法制化研究的前沿。通过对文献进行综合分析和内化，以财政支出绩效评价法制化为逻辑起点，构建包含法治政府理论、政府绩效评价理论、财政支出绩效评价法制化理论等理论在内的理论框架。在此基础上，再通过进一步的文献检索与分析，获得西方财政支出绩效评价法制化经验，结合我国的实际情况，从财政支出绩效评价法制化的现状、问题等层面，对我国财政支出绩效评价的法制化展开理论与实践方面的深入探讨与反思。

（二）历史分析法

历史分析法，即承认客观事物是发展、变化的，有些事物的出现，总是有它的历史根源。因此，使用这种方法分析矛盾或问题时，要追根溯源，弄清矛盾或问题的来龙去脉，把事物发展的不同阶段加以联系和比较，有助于提炼经验和把握事物发展的方向，弄清其实质，揭示其发展趋势。本书第二章梳理了财政支出绩效评价法制化的理论基础，包括法治政府理论、政府绩效评价理论与财政支出绩效评价法制化理论的理论脉络，比如理论的提出、理论的发展与理论现状等，为下文讨论财政支出绩效评价法制化内容提供基本的理论框架。第三章回顾了自新中国成立以来我国财政支出绩效评价及其法制化的历程，并将其划分为新中国成立至改革开放之前、改革开放后至20世纪末和21世纪以来三大阶段，这为我们进一步认识当前我国财政支出绩效评价法制化阶段、归纳出我国财政支出绩效评价法制化存在的问题和分析其成因提供了依据。

（三）比较分析法

比较分析法也叫对比分析法，是指通过实际情况与参考系的对比来显示两者差异，了解经济活动的成绩、不足与改进方向的方法。绩效评价发轫于西方。英国、美国、澳大利亚等国经过较长时间的财政支出绩效评价实践和法制化建设，已经具备了较高的法制化水平。虽然中国与英国、美国、澳大利亚等国国情迥异，但在财政支出绩效评价法制化领域仍存在着一些相通的规律。本书通过专门的章节梳理西方国家财政支出绩效评价的方法、路径及经验，并将其与中国财政支出绩效评价的有关情况进行比较，找出共通之处，为我国财政支出绩效评价的法制化提供有益经验。在本书第六章中，笔者通过对英国、美国、澳大利亚的财政支出绩效评价法制化经验进行总结，反思西方国家财政支出绩效评价法制化问题与困境所在，作为中国财政支出绩效评价法制化的借鉴。

（四）实证研究法

实证研究法是指通过观察、实验或调查来获取客观材料，从而总结出事物的本质特征和发展规律的方法。本书主要采用实地考察结果及深度访谈记录进行实证。财政支出绩效评价现已成为各级政府的重要工作，部分省（自治区、直辖市）已成立了专门机构承担有关职责。通过与职能机构工作人员进行深度访谈，可以了解到财政支出绩效评价的组织、实施、结果应用、材料提供等权利义务是否有充分的法律依据，在实践中还有哪些权利义务需要用法律加以规范。采用半结构化的深度访谈法，通过面对面或即时通信工具进行访谈。访谈对象包括评价的组织者、实施者、被评价单位负责人等。而基于部分第三方财政支出绩效评价项目，笔者获取了与财政支出绩效评价相关的第一手资料。笔者通过与基层政府官员访谈，加深对财政支出绩效评价法制化的影响与不足之处的认识。同时，为加深对财政支出绩效评价本身的理解，笔者参与了诸如广东2012年"十项民生实事"及广东省若干基层政府财政支出绩效评价过程，这些经历都为本书的撰写提供了丰富、翔实的实证素材。

三、内容结构

本书紧扣我国财政支出绩效评价法制化这一主题，按照立论、理论构建、现状分析、经验借鉴和完善建议的逻辑顺序展开论述。

第一章，绪论。主要介绍选题的背景与意义、核心概念、文献综述、研究思路、研究方法、内容结构以及创新与不足。

第二章，我国财政支出绩效评价法制化的理论基础。财政支出绩效评价的法制化，涉及法治政府理论、政府绩效评价理论和财政支出绩效评价法制化理论等。对这些理论的缘起、发展与理论现状进行阐述，厘清上述理论与财政支出绩效评价法制化的内在联系，将其作为财政支出绩效评价法制化的理论根基。

第三章，我国财政支出绩效评价法制化进程。详细回顾我国自新中国成立以来的财政支出绩效评价及其法制化的历程。以有关标志性事件为标准，划分为1949—1977年、1978—1999年与2000年至今三个阶段。在此基础上，对影响财政支出绩效评价法制化的因素进行探究，厘清我国财政支出绩效评价法制化的历史脉络与推进法制化的关键所在。

第四章，我国财政支出绩效评价法制化现状评析。梳理我国与财政支出绩效评价有关的现行法律，归纳我国财政支出绩效评价的立法现状、特点并发现问题，进而剖析问题背后的成因，作为优化财政支出绩效评价法制建设的主要依据。

第五章，财政支出绩效评价法制化的体系要素。根据现行法律法规和管理体制解构我国现有的财政支出绩效评价体系，包括财政支出的组织体系、技术体系、指标体系等，从而比对已构建的理论框架，对我国财政支出绩效评价存在的问题进行筛查，分析问题产生的深层原因。

第六章，财政支出绩效评价法制化的域外经验及借鉴。西方国家在财政支出绩效评价的实践上开展得较早，法制化程度较高。主要剖析英国、美国、澳大利亚三国财政支出绩效评价法制化的经验，基于中国国情，阐述西方经验为我国财政支出绩效评价法制化提供的经验。

第七章，完善我国财政支出绩效评价法制化的思路与对策。在前文研究的基础上提出完善法律法规、进行专门立法等，推进财政支出绩效评价法制化的路径选择，建议要完善立法体系、评价机制、评价程序等。

第四节　创新与不足

一、可能的创新之处

首先，研究方法上将法学的规范分析范式与公共管理量化分析相结合，体现跨学科的研究特点，比方说，对现有财政支出绩效评价法规评价采用量化评价。

其次，结合了广东等地的财政支出绩效评价实践，将典型案例导入问题分析中，具有较为明显的实证性特点。

最后，本书涉及的财政支出第三方绩效评价是一个新领域，法制化研究具有一定的先导性和迫切的实践需求。财政支出绩效评价的法制化是建设民主财政、法治财政的不可或缺的，本书论述的内容只是一个新开端。

二、不足之处

财政支出绩效评价是财政支出绩效管理的主要内容，更是政府绩效管理的重要组成部分。如果把财政支出绩效评价法制化与政府绩效管理结合起来，会使本书的论述显得更为深入和丰满。财政支出绩效评价法制化的重要目的之一在于推进财政支出绩效评价的法制化。较之于法制化，法治化拥有更加深刻的内涵和更加丰富的外延，与财政支出绩效评价在政府管理中的应用具有更加紧密的关系。但由于笔者学识和本书篇幅所限，本书的论述暂不涉及这两个领域。

第二章

我国财政支出绩效评价法制化的理论基础

法治财政是我国法治政府建设长期以来所追求的目标,法治政府建设离不开财政支出评价法制化,财政支出绩效评价法制化也是法治政府建设的内在要求和重要组成部分。理论上,财政支出绩效评价法制化的理论基础不仅源于政府绩效评价理论,更需要法治政府建设理论的支撑,两者具有重要启示意义。在此基础上,还需针对目前财政支出绩效评价法制化理论进行系统梳理,作为展开进一步研究的基本前提。

第一节 法治政府建设理论

依法治国方略是我国发展的必经之路,要践行此方略就必须增加政府的公信力、树立政府的权威,有效的方法就是开展法治政府建设。国务院2004年发布的《全面实施依法行政纲要》(以下简称《纲要》),提出"合法行政、合理行政、程序正当、高效便民、诚实守信、权责统一",作为推进依法行政工作的基本要求,相应的"效能政府""责任政府""有效政府""服务政府""阳光政府""诚信政府"就是《纲要》中对于法治政府建设目标的基本理解。[1]财政支出绩效评价法制化则是法治政府的内在要求。下面将主要从效能政府、责任政府和控权政府三个方面展开论述。

---

[1] 杨小军,宋心然,范晓东. 法治政府指标体系建设的理论思考[J]. 国家行政学院学报,2014,01: 64-70.

一、效能政府

所谓效能一般是指为达到组织目标的程度，或者期望完成组织具体任务要求的质量和效率。效能通常是用来测量组织绩效的重要尺度，效果、效率和效益等方面则构成衡量效能的具体维度。效能政府就是运用各种管理和科学技术的工具、方法和制度，充分调动政府内部人员的工作积极性，发挥其主观能动性和创新活力，达到提升政府整体运行效能的目的。[1]换言之，效能政府可以促使政府工作人员的办事效率和工作能力的大幅度提升，同时行政成本得到合理控制，所提供的公共服务质量优化，并且确保政府职能得以有效发挥。现代法治政府必须通过运用一些具有创新性的、更加切合实际要求和更加有效率的行政方法与公共政策来管理公共事务和解决问题，才能改变政府目前存在的一些相对低效的现状。实践中，常常提及的政府简政放权、政府购买服务等就是效能政府建设的具体体现。

一般而言，法制政府建设对于效能政府要求不仅局限于效率提升和成本降低，而是有更深层次的考量。首先，效能政府要求政府始终在公共事务的处理中发挥领导性作用。在效能政府建设过程中，政府必须明确自身的职责所在，关注相关法制制度完善，保证权力运行的规范性，确保效能政府建设在合法性方面的公信力，将依法行政意识贯彻到政府工作的每一环节中，提高行政管理效率。无论如何，从根本上要做到的是让公众必须对政府行为信服，才能进行政府效能建设的进一步改革。其次，要处理好效能政府建设中的市场化尺度。政府效能提高的措施很自然是市场化和资本运作等。政府职能有选择性地通过多次的协商讨论作出让渡，将相关部分职能交与市场自动调节，可以达到打破政府内部所固有的一些制约条件，进而使政府效能得到提高。因此，效能政府建设确要通过市场手段使一部分的政府管理职能发挥作用，这也是我国政府正在大力推行简政放权过程中提升政府效能的改革初衷。但这并不意味着政府职能交付给市场就会使效率必然提高，因而要求政府能够深入地在各个方面作出合理评价且法制化。市场化往往导致效率成为最大追求目标，在公共领域效率与公平是矛盾统一的。[2]

---

[1] 金艳荣. 提升行政执行力，塑造效能政府 [J]. 行政与法，2006（10）：10-11.
[2] 张治水. 论经济法的公平与效率 [D]. 郑州：河南大学，2010.

从效能政府与财政支出绩效评价关系来看,绩效可以理解为成绩和效果,效能本质上就是一种效果的体现。财政支出绩效评价不仅包括多种评价手段,同时它也是一种制度措施和管理手段,可以在公共管理领域很多方面发挥作用,故政府效能是财政支出绩效评价的重要评价方面。从某种意义上讲,法治政府建设的根本目的就是提高政府效能,开展财政支出绩效评价则是衡量和提高政府效能的一种有效方法。可以说,财政支出绩效评价法制化是效能政府建设的内在要求。一方面,效能政府建设需要依托财政支出绩效评价法制化作为制度保障。效能政府所涵盖的并不只是财政上的内容,但肯定也不会完全脱离财政。政府效能建设成效很多方面都体现为财政支出绩效改善,因此政府效能成为财政支出绩效评价的重要方面,也是财政控制的一个关键点。各级政府如何配置财政资金以及财政资金利用率等都透露出其效能政府建设水平。另一方面,效能政府建设又能够促进财政支出绩效评价的优化。财政支出绩效评价作为一种解决财政问题的手段和制度,其目的是促进政府效能水平提升,若在效能政府建设过程中发挥成效,便需要财政支出绩效评价法制化。或是说,财政支出绩效评价在效能政府建设中也会发现评价系统中存在的不足,能够进一步优化评价体系。总而言之,效能政府建设需要财政支出绩效评价法制化才能更有成效,政府效能提高也必须财政支出绩效评价法制化,在这个层面上两者是相互促进的。

二、责任政府

一般而言,责任即岗位或职务范围内应该履行的义务,如果没有合理、尽职地履行这些义务或由于失职导致严重负面后果,还应当承担因这些过失所引发的惩罚。责任政府是指政府对选民、立法机关及执政党负责,并负责地行使人民赋予的公共权力,努力回应并满足公民的公共需求的一种政府行政模式。责任政府也包含了制裁和控制政府各种不负责行为的机制。[1] 责任政府的本质在于实现政府公共权力与其责任的对等,在政府的公共权力与公民权利之间保持平衡性,将政府对公共权力的限制以及对公民权利的维护统一结合起来,在一整套相关制

---

[1] 张成福. 责任政府论 [J]. 中国人民大学学报, 2000, 14 (2): 75-82.

度的指导下追究和制裁各种违纪渎职行为，实现政府对"公民负责、为公民施政"的根本宗旨。责任政府建设过程中要求政府工作人员必须具有强烈的责任意识和高度的责任感，敢于为公共利益负责，不回避公共管理问题，真正发挥政府职能部门的作用。同时，对责任履行不到位的失职行为应有相应的监督追究机制和有效的技术手段，促使责任承担者积极履行义务。

责任政府建设必须明确政府的权责关系、强化政府责任理念以及构建完善的责任追究制度。首先，在公共管理系统中，虽然政府与其他社会组织直接或间接地共同行使公共权力，但政府利用公共财政提供了绝大多数公共服务，因此也必须承担相应责任。虽然政府是公共管理的主体和核心，但政府必须明确其责任和权力是有限的。[①]责任政府要能够通过放权和授权等方式处理好政府、市场和社会的关系，以及处理好权力与责任的关系。其次，责任政府涵盖了政府运营应该高效便捷、工作人员应该勤政廉洁等价值取向。真正做到"权为民所用，情为民所系，利为民所谋"，以人为本、以民为先，这样的政府才能视为负责任的政府。政府部门和公务员行使公共权力时树立正确的绩效观，并在政府内部形成责任驱动机制。最后，政府责任落实必须构建合理的责任追究问责机制，明确界定各级政府、政府职能部门以及政府与企业、社会、市场之间的责任分工，避免因责任不明导致出现问责"真空"，使政府部门及其工作人员切实负起责任，切实增强维护公共利益的责任意识。

为此，责任政府需要强化财政支出绩效评价及其法制化，究其原因包括以下几个方面：第一，财政支出绩效评价可以提高责任政府的时效性，强化政府相应的责任，让政府对财政资金使用的后果负责，加快责任政府建设进程。同时，在财政支出绩效评价问责过程中，明晰的财政资金使用绩效也有助于检验资金使用目标的完成情况。若资金的管理和使用存在问题，也可根据绩效评价结果明确政府各部门所应承担的责任。第二，责任政府也需要财政支出绩效评价的科学化，提高财政支出绩效评价的有效性和可预期性。财政支出绩效评价只有按照相对标准化的评价指标体系，运用科学规范的方法，对政府履行职责过程及结果从财政资金运用角度作出客观公正的系统性评判，才能使责任政府运行规范化。

---

① 刘文祥，郑翠兰. 区域公共管理主体间的核心关系探讨 [J]. 中国行政管理，2008（7）：92-95.

第三，财政支出绩效评价法制化便于责任政府落实过程中收集相关工作的统计资料、会计资料和工作记录等，减少各级政府不合规行为，有利于使政府财政支出与收入清晰，问责到各政府相应部门。第四，财政支出绩效评价有利于提高责任政府的经济性。现在我国责任政府构建过程中存在许多问题，未能真正使政府对权力行使的后果负责，其中缺乏针对责任政府组建合理的财政支出绩效评价制度是重要原因之一。这就导致了各政府部门在减少资源投入和行政过程中降低成本等方面缺乏统一规定的评定程序和标准。所以，需要完善财政支出绩效评价的法制化，以形成一个统一、权威、全面的评价机制，从而有利于提高责任政府的经济性。

三、控权政府

控权政府简单来说就是政府公共权力能够得到控制。控权是对政府超越法定的权力范围和边界的行为进行限制，对其可能产生的违法行为进行预防性的约束。控权的目的是防止行政权力的扩张和侵权。从历史渊源来讲，控权政府的来源是有限政府，它是由有限政府的发展演变而来的，其建立在保护公民权利和防止政府滥用权力的基础上。[①] 早在古希腊就出现对公共权力进行限制的思想，但发展到现在仅强调有限政府已经不适合现在法治政府的定位。从法律渊源上讲，控权政府来源于西方的行政法，行政法实质上也是政府控制法，其主要作用是控制政府的行政权力，借此保障公民的合法权益不受侵犯。当然，对于控权政府来说，要控权就要先有权，即要先被授权。没有权力的政府，无法保证公民的合法权益，无法让社会进一步发展。政府无权势必会造成无为，无为政府不是一个合格的政府。但是授权并不意味着权力无约束，而是授予政府应有的权力。然后对政府在权力行使的过程中超越法定的范围和边界进行限制，并对其可能产生的违法行为进行预防性的约束。

控权理论并非是完全消极对抗，它认为国家的权力与公民的权利此消彼长，特别是随着现代社会经济和科学技术的发展，近代不但公民权利的范围由政治领

---

① 朱福惠. 从限权到控权：宪法功能发展研究 [J]. 现代法学，1999（5）：13-16.

域扩展到经济和社会生活领域，同时国家机关在管理经济和社会生活方面的权力也在逐步扩大。但是，在一定的控制下，政府权力的扩大反而是对公民权利的保护。政府不仅在宏观调控方面起着重大作用，在公民权利的宪法保护上也有不小作用。比如国家对管理教育、扩大教育投入，是公民受教育权实现的前提；国家机关依法进行环境保护设施的建设、对破坏环境的行为进行制裁，是公民环境权实现的前提；通过行政立法，保护弱者以及某些特定的权利主体。

然而，如果缺乏合理的制度机制约束，政府及其工作人员就不可能自觉有效地控权。这是因为，从人性角度而言，只有很少部分的人在权力和利益面前能很好控制自己，所以控权政府构建需要外部制衡力量。[①]首先，法律是控权不可或缺的制度化制衡力量。法律对于控制权力，是一个很重要的方面。控权要遵循"法无明文即无权"，明确的法律条文会让一部分存在越权冲动的人慑于法律的权威而止步。我国目前的行政法规还不够完善，要持续推进法制化建设，不给别有用心之人钻漏洞的机会。对那些敢于突破权力边界的人，则可以依法追究责任，以达到控权的目的。我国具有长期的人治传统，官本位思想浓厚，加之我国行政权力运行的特点，使权大于法的现象还一定程度的存在，依法控权任重道远。其次，合理有效的权力监督机制。我国设有对政府行使权力进行监督的机构，比如说监察委就是监督政府工作人员在行使政府权力时不超出自己行使的权力范围，控制政府的权力。此外，人大是国家权力机关，政府要受人大监督，对人大负责。但在我国现实法治环境中，公检法时常受到政府的影响，不可能完全独立于政府部门，这样也就不能让公检法有效地监督政府工作。人大作为最后的权力制衡机关，往往无法做到有力监督。同时，西方国家法治传统以及孟德斯鸠的三权分立制度并不完全适用于中国控制政府权力，并且本来监督政府的有关部门也会受到政府影响，就无法保障政府的权力不被滥用。

完善政府控权法律制度以及政府权力监督机制，使政府部门更好地控制权力，为人民服务。财政支出绩效评价法制化不仅可以有效控制政府权力，减少政府侵犯公民权利的行为，减少政府官员的贪污腐败，更能够使对于政府的控权从被动变为主动，更好实现政府职能和财政支出目标。财政支出绩效评价要

---

① 陈魁. 论对政府行政权力趋腐性的规避[J]. 前沿, 2003（9）: 163-165.

实现控权目的需要设定绩效目标和评价标准，核实和审定基础资料，使财政账面更加清晰明了，减少政府机关或个人滥用权力和渎职贪污的行为。具体而言，财政支出绩效评价法制化可以发挥如下作用：评估政府行政目标的正确性；确定目标与现实之间的差异程度，为纠偏决策提供依据；分析产生问题的原因，提出合理的建议。在评价过程中，政府责任明确，所以也就能够更好发挥控权作用。在问题发生时，因为财政支出绩效评价可以检验任务目标的完成情况，使政府不能推卸责任；反之也不能污蔑政府不作为，使控权政府在财政支出绩效评价过程自然得以体现。显然，控权政府构建亟须我国财政支出绩效评价形成法律化制度。

总体而言，随着我国市场经济体制和法治环境日益完善，政府工作重心逐步向宏观调控、社会治理、公共服务和市场秩序维护等方向转变，"效能政府"、"责任政府"和"控权政府"等相关法治政府建设理论对于财政支出绩效评价法制化的理论支撑作用更加凸显，财政支出绩效评价法制化也将成为推进法治政府建设的重要手段。

第二节 政府绩效评价理论

近年来，政府绩效评价在我国逐渐兴起，各类政府绩效评价实践在不同地区实施，成为推动服务型建设的重要力量。政府绩效评价理论涉及多个学科，属于学科交叉的产物，是财政支出绩效评价法制化的重要理论渊源。此处将主要从政府绩效评价的民主行政、结果导向和公众参与三个方面的评价理论展开论述。

一、民主行政

民主行政主张社会公平性、代表性、回应性、参与性和社会责任感，是最重要的行政价值，而民主价值观和政治伦理规范又是一切行政价值的基础。[①]民主行政本质上是一种制度化的行政模式，而公共管理领域是行政部门与公众直接发生交互作用的领域，因而，这个领域的民主最能体现民主行政的特征。[②]其实质是以人民为权力中心，而政府作为人民的委托代表履行权力的同时为人民服务，并且政府的行政行为受人民的监督，这也是防止政府失灵的需要。在更高层面上讲，民主行政既包括制度上的民主——制衡与分权的机制，也包括了主体上的民主——公民对政府管理事务的参与。[③]民主行政主张在公共事务的治理中采用政府、公民、企业和第三方等在内的合作模式，在多主体间进行平等、自由的沟通与合作下实现多方共同目标。通过民主行政的模式使政府对社会的治理有了合法性，也使政府行政人员的社会责任意识得到强化，抑制了官员腐败的发生。民主行政的制度保障是权力的分化，权力得到多方制约是权力不被滥用的基础；民主行政的实现途径是公民的行政参与，公民通过合法途径参与政府事务的管理；民主行政的基本要求是政务公开，政务的公开保障了公民的知情权，也是公民行使监督权的前提。

民主行政在政府绩效评价理论中是指与行政系统外部有关联的民主行政模式，即强调的是行政系统外部的公众参与到行政事务的管理中，重视充分发挥公众参与行政管理的作用。从政府绩效评价理论来看，民主行政的具体内涵包括：第一，政府管理过程程序化。程序的价值就在于它为公众参与公共行政提供了法定渠道，使公众从普通的被管理者转化为管理参与者，进而实现公众对公共管理过程的参与。第二，民主行政重视公共利益。民主行政理念促使行政官员基于公众利益从长远的观点来考量决策的利弊得失，而不只将眼光局限于短期个人利益上；不是只站在个体或部门位置来衡量与决策。第三，公共管理更加透明化。民主行政最重要的是透明和开放，知情权本身就是公众的基本权利，也是公众行使其他权利的基本前提。民主行政要求有公民的广泛参与，公共治理过程中除了要使行政官员掌握相关的有效信息并进行决策，也需要满足公民的知情权，从而调动公民积极参与。总体来看，民主行政要求政府本身就应成为得到公民普遍认可

[①] 魏娜. 公民参与下的民主行政 [J]. 国家行政学院学报, 2002（3）: 19-22.
[②] 栾凤廷. 论我国民主行政的基本框架 [J]. 北方经贸, 2006（8）: 52-53.
[③] 徐增辉. 民主行政浅析 [J]. 行政论坛, 2002（1）: 13-14.

并可以参与其中的公共机构。民主行政本质上是法治领域的民主精神在公共行政领域的延伸，其与民主法治具有同一性，强调公民参与，对于提升政府绩效有不可忽视的作用。

政府绩效评价将民主行政作为评价理念具有必然性。政府绩效评价通常需要对政府行为预期目标的实现程度作出评判，但本质上仍然是人们理性自觉意识中的反思精神的体现。[1]民主行政理念使政府绩效评价不仅注重效率、效果、质量等方面的分析与判读，而且要关注公众满意度。随着民主行政理念在政府公共管理过程不断强化，民主行政在政府绩效评价的实践和应用中被赋予越来越多的含义。第一，民主行政理念使政府绩效评价过程更加具有合法性，即民主行政理念下的政府绩效评价促使公权力直接接受公众检验，同时也使公众得以更加有效地参与政府决策之中。第二，政府绩效评价强化了社会公众对民主行政的需求。行政运行机制的基础也将发生重大变化，公众参与到政府绩效评价中，对政府绩效改进的作用会越来越明显。第三，政府绩效评价的根本目的是促使政府有效履行职能。民主行政理念可以促使公众利用政府绩效评价途径更加清楚地了解政府绩效，并可以以此形成对政府部门及人员的问责压力，进而实现公众的监督和制约，从而倒逼政府注重完善公共服务的质量和水平。第四，民主行政最大化保障公众参与。公众参与有利于改进政府绩效评价的质量：体现政府绩效的本质内涵，是政府绩效评价信息的基本来源，是评估主体多元化的现实要求，同时有助于提升公民参政素质、参政能力，也有利于从整体上改善政府绩效。

二、结果导向

结果导向是政府绩效评价理论中最核心的评价理念之一。它强调无论经济效益、社会效益抑或是公众满意度等政府行政绩效，都要符合结果导向的要求。从结果导向的角度去考虑政府绩效问题是基于预期客观事实，更加关注使命和组织目标的实现程度，着眼于公共产品的实际社会效果。结果导向所针对的或者说

---

[1] 高卫星. 民主行政视域下的政府绩效评估刍议 [J]. 江汉论坛，2015（2）：70-74.

有别于传统行政管理实践的是两大倾向，即"投入导向"和"规则导向"。[①]结果导向意味着政府部门的管理活动应着眼于结果，而不是投入的全过程，绩效的优劣主要从最终的结果而非投入或是直接产出来评判。政府绩效评价的开展，以结果为导向的绩效指标体系为指引，力图纠正规则导向及其所伴随的"过程取向的控制机制"。简单的说，结果导向更加重视结果而非重视过程，其要求政府决策和行政过程中应关注实施后能够得到什么、有什么收益、对公众有什么好处。

在公共管理过程中，政府需要根据自身职能职权、行政生态环境和现有的行政资源来确定公共管理的具体目标和行为。政府绩效评价本质上是政府管理的特定领域或者说是特定的管理工具，其目的在于评价公共管理的结果是否与既定目标相匹配，引导、促进公共管理行为与预期结果相向而行。在美国学者唐纳德·英伊尼汉（Donald Moynihan）看来，目标特征和管理授权两方面相互匹配、互为支撑，共同构成结果导向绩效评价的完整图景。结果导向通过直接影响政府绩效评价指标体系可以达到的管理效果具体表现为：第一，目标特性和绩效评价的重点选择。在绩效评价中，首要环节是目标体系的确立，目标体系包括使命、战略目标、绩效目标等多个层次。在整个目标体系的确立中坚持结果导向，即不以产出或投入为目标，而是注重效果，这一目标也应用于绩效评价之中。第二，管理授权和基于结果的责任机制。管理授权意味着责任机制的重大变化，上级不再热衷于规则和过程控制，而是根据绩效目标特别是预期结果实现状况进行激励和问责。有了结果导向的绩效评价体系作为目标指导，政府工作人员的行动的开展也有了合理性依据，这也使结果指标的设计不仅适应行政目标，而且也符合社会客观环境的需要。[②]可以说，结果导向在政府绩效评价中的应用更符合政府绩效管理逻辑，主要表现为目标特性和绩效评价的重点在于授权管理和基于结果的责任机制。

在政府绩效评价应用中，结果导向理念具体涉及了以下内容：第一，结果导向以政府工作人员的工作绩效为基础，是衡量政府工作人员最终工作绩效的评价方法。结果导向为工作人员预设了一个基本的工作标准，并将凝结了工作人员

---

① 周志忍. 当代政府管理的新理念[J]. 北京大学学报（哲学社会科学版），2005，42（3）：103-110.
② 周志忍. 为政府绩效评估中的"结果导向"原则正名[J]. 学海，2017（2）：15-25.

劳动过程的工作结果与这一明确的标准相比较，从而评估政府工作人员绩效。第二，由于政府工作完成的具体过程和方法存在着多种可能，结果导向评价标准对此就非常适用，其侧重于工作结果，忽略过程性变量和客观环境因素，强化工作人员重视结果的倾向，营造政府对结果负责的绩效氛围。第三，结果导向把竞争机制引入公共服务部门，把政府工作人员个人的工作结果作为绩效考核依据会提高个人之间的竞争意识，彼此之间相互协作和相互作用，有利于整个政府组织工作绩效的提高。第四，结果导向绩效评价可能缺乏有效性，由于政府工作人员绩效的多因性，工作人员的最终工作结果不仅取决于其个人的努力和能力等因素，也取决于宏观的经济环境和微观的工作环境等因素，结果导向是否能够在特定情况下有效实施也有待检验。第五，结果导向为工作人员提供如何改进工作绩效的目标指导。

三、公众参与

公众参与理论的先驱安斯坦（Arnstein）认为："公众参与是一种公民权利的运用，是一种权力的再分配，使目前在政治、经济等活动中，无法掌握权力的民众的意见在未来能有计划地被考虑"。[1] 高森（Garson）与威廉（Williams）则提出："公众参与，是在方案的执行和管理方面，地方政府提供更多施政回馈的渠道以回应民意，并使民众能以更直接的方式参与公共事务，以及接触服务民众的公务机关的行动。"[2] 公众参与可以说是公共行政民主化的重要内容，也是公众实现其对于政府行政期望的有效途径。从某种意义上讲，公众参与等同于政治参与（political participation），即"公民自愿地通过各种合法方式参与政治生活的行为"[3]。事实上，公众参与不仅仅局限于公众政治参与，还包括多方面的内容，诸如公共利益、公共事务管理等。在这些方面，公众参与可以保证政府行为更加科学合理，也是行政机关提高运行效能的内在要求。公众参与使政府在决策过程

---

[1] Arnstein, Sherry. A Ladder of Citizen Participation[J]. Journal of American Institute of Planners, 1971(35): 25-31.
[2] Garson G D, Williams J O. Public A dminis.tration: Concept, Reading, Skill[J]. Bost Publon, Massachusetts: Allyn & BacnInc, 1982（1）: 3.
[3] 任贤胜. 政治参与调控：转型时期的透视 [J]. 社会科学研究, 1996（6）: 10-14.

中，以及政策制定和执行方面能够为公众提供参与渠道，使公众以更直接的方式影响政府行为，以提供更多渠道让公务机关回应民意、服务公众的行动。从法律角度而言，公民参与权也是法律赋予公民的一项非常重要程序性权利，也是保障公民实质性权利实现的重要手段。

广义上的公众参与涉及政治过程、立法过程以及行政过程。在政府绩效评价过程中，公众参与主要指在评价过程中引入利益相关者，让其就行政行为涉及的利害关系或公共利益发表意见、作出评判和表达诉求，从而提升政府行政绩效。目前，我国部分地方在政府绩效评价实践中，已经注意将行业专家、社会公众作为评价主体，特别是将公众满意度作为重要内容纳入政府绩效评价。我国政府绩效评价过程中引入公众参与主要具有的优势：第一，具体导向性。中国共产党对我国各项事业发挥领导核心作用。相对而言，公民参与政府绩效评价可以在更微观层面针对政府行为表达民意。第二，现实针对性。人大作为国家权力机关需要政府向其负责，而且也是政府绩效评价的权威主体，但人大评价结果主要是按相关程序对于组织或个人授权，并不具备明显的针对性。政协发挥参政议政和民主监督作用，但也主要是在宏观上对于政府运行思维和行为方式施加影响。相对而言，公众参与政府绩效评价可以使公众依据自身切身感受对政府公共服务质量进行评判，而且不仅可以针对政府部门，甚至可以针对政府部门工作人员，更具现实针对性。第三，外部评价性。一般而言，由于政府内部工作人员具有了解政府具体运行情况、便于收集绩效信息等优势，以其作为评价主体可以使政府绩效评价的程序更为简洁，降低评估成本。但由于评估主体与评估对象之间关联性较强，容易基于自我认同心理和共同利益驱动，造成评价偏差或有失公正。相对而言，公民参与政府绩效评价本质上属于一种外部评价模式，本质上属于一种"异体评价"，由于同评价对象不存在直接的利害关系，因此更能够站在客观立场上对事实真相作出客观反映。

公众参与作为政府绩效评价的重要组成部分，是增强政府绩效评价合法性的主要途径，也是改善政府绩效评估的有效手段。通过公民参与可以使政府绩效得到更加公平、合理和客观的评价，也会使绩效评价本身更加具有合法性和正当性。首先，公众参与能促进政府绩效评价指标体系的进一步完善。公众对政府工作和行为享有知情权、参与权与监督权，对政府的绩效评价也最有发言权。无论是在法律上还是在道义上，公众都有权利参与到政府绩效评价过程中。在评价之初主要表现为公众通过合法的方式参与到政府绩效评价指标体系的确立过程中，即政府广开言路，提供多种渠道，积极吸取公众的意见和建议，充分发挥公众作用，从而建立起一套科学完整的、公众满意的政府绩效评价指标体系。其次，公众是政府绩效评价的重要主体之一，在绩效评价过程中能发挥重要作用。政府绩效评价主体包括系统内的机关和系统外部的公众，其中机关的评价应属于政府内部评价主体，而公众评价属于外部评价。相比较下，系统外的评价更具客观性和更具有说服力。因此，公众的满意度一直以来是衡量政府工作绩效的重要尺度，是政府绩效评价的重要评价主体之一。[①]最后，公众参与政府绩效评价结果应用的实质性监督。公众可以在政府绩效评价过程中发挥监督作用，防止评价过程弄虚作假，更可以对评价结果的应用发挥持续性监督作用，从而提高政府绩效评价的科学性、规范性，以及政府绩效评价公众参与的实效性。此外，公众对政府绩效评价结果应用监督也是对整个评价工作反馈环节的持续完善。政府在反馈的基础上，对今后的工作作出相应的调整和安排，进而提升政府绩效。

总而言之，正确理解政府绩效评价基本理论是推进我国财政支出绩效评价法制化的前提和基础，只有在财政支出绩效评价法制化进程中充分反映政府绩效评价理念，才能真正有助于提升我国财政支出的绩效，实质性促进法治政府建设。

第三节　财政绩效评价法制化理论

公共财政配置直接关系到经济调节、市场监管等政府职能的实现。这就要求在财政支出过程中实现资源配置优化，公共服务成本合理以及社会福利最大化，因此经济性、效率性、效果性和公平性成为衡量财政支出绩效的重要尺度。

---

① 郑方辉，雷比璐. 基于公众满意度导向的地方政府绩效评价 [J]. 中国特色社会主义研究，2007（3）：47-52.

财政支出绩效评价可以及时有效地发现财政支出过程中出现的失范行为，提高财政支出绩效。理论上，财政支出绩效评价法制化是保证公共财政绩效的重要手段。

一、财政支出法治化

公共财政是与市场经济相适应的财政类型，它与法治有着密不可分的关系，现代市场经济与法治关系紧密，"法治是以商品经济即市场经济为基础的"[①]，"现代市场经济作为一种体制的根本游戏规则就是基于法治的规则"[②]。财政法治化指的是财政收支领域中所有主体都要遵守法律，各种权利义务关系都必须通过法律进行规范和调整。为财政相关活动立法是实现财政法治的基础环节，它为财政法治化提供制度、构建制度框架。同样，财政支出绩效评价法制化将对财政支出绩效评价主客体的权利和义务、财政支出活动的程序和财政支出违法行为等法律关系作出明确规定。财政支出绩效评价也需要法治保障，否则财政支出绩效评价将缺乏有效制度约束，不仅导致财政支出绩效评价缺乏可持续性，而且评价权力的滥用也可能威胁其公平性，毕竟"公共财政制度是建立在一系列严格的制度规范基础上的"[③]。

我国现行市场经济条件下的公共财政制度与计划经济时期的生产建设型财政也有所区别。经济基础决定上层建筑，在当下社会主义市场经济蓬勃发展的大背景下，市场化从根本上也要求将中国财政运行格局纳入法制轨道，按照现代公共财政的规则和理念运作，做到"取众人之财"去"办众人之事"。理论上，现代公共财政的"本质职能"是提供公共产品和服务，包括纯公共产品和准公共产品，其"衍生职能"还包括弥补市场失灵的缺陷，用政府生产理论来说是私人生产的缺陷和效率损失。因此，现代公共财政是以公共产品提供最大化满足社会需要为基本目标，政府是公共财政分配和运用的主体。市场经济的条件下，要求政府需要按照市场规律有效分配财政资源，确保可以有效提供合理规模和数量、达

---

① 张文显. 法理学 [M]. 4版. 北京：高等教育出版社, 2011：88.
② 钱颖一. 市场与法治 [J]. 经济社会体制比较, 2000 (3)：1-11.
③ 高培勇. 中国财政体制改革——奔向公共化的中国财税改革 [M]. 北京：经济管理出版社, 2008：234.

到一定服务质量的公共产品,其最终衡量标准就是财政绩效是否最大化。公共财政支出不仅要达到上述目的,而且在要实现财政资源有效配置、公众收入分配差距合理,以及发挥稳定经济发展等多重作用。

财政支出法治化的根本导向是确保公共财政的公共性,即以满足社会公共需要、实现社会共同目标作为财政分配的主要目标和工作重心,着眼于为整个社会提供公共产品和服务。例如政府作为公共财政的主体需要提供社会治安、环境保护、公路修建等公共产品或服务。财政支出绩效评价的运用则有助于实现构建公平合理的再分配机制,实现政府职能,在总需求和总供给不协调的情况下,运用宏观的经济政策手段促进经济稳定增长,并且通过财政手段还可以调节社会收入分配、缩小贫富差距、促进社会更加和谐。在社会主义市场经济发展的大环境下,政府作为经济调节和市场监管主体,拥有相对应的公权力,但也不能强行干预市场竞争、打乱市场秩序、阻碍市场经济的发展,所以要把握好政府与市场的关系。一方面,政府要构建市场资源配置的基础机制,以寻求生产力的最大解放;另一方面,政府要以社会总体效益为根本目的,利用公共财政提供公共产品和服务作为的基本方式,通过提供满足社会需求的公共物品,为市场的有序运转提供必要的制度保障和物质基础。

财政支出绩效评价法制化也是财政支出法治化的内在要求。如上所述,现代公共财政要求实现财政支出的民主化、科学化、法制化。但从我国现行财政制度来看,财政收支行为并不规范,现实中财政相关立法虽然已经将财政收支规范于公共财政框架之下,在一定程度达到了满足全社会公共需求且具有公共性,使全体社会成员的切身利益与财政收支直接挂钩。但公共财政在管理运行上还需要公开性、透明性、完整性以及事前预算、事后监督作为基本管理制度,财政支出绩效评价法制化正是要解决我国财政支出目前存在的事后监督不足等问题。从财政支出在社会主义市场经济体系中的地位和作用来看,它是受市场约束和规范的财政,市场运行离不开法律的约束,财政支出也必须在法治的框架下发挥作用。所以,市场经济体制也需要公共财政趋向法治化,财政支出绩效评价法制化必然成为题中之义。

完善我国财政体制及运行状况必须向法治化迈进。经过若干年的努力,我国的财政支出法治化取得了一定成效，但依然不尽完善，现有的法律法规与财政支出的管理形式并不完全契合。特别是针对财政支出绩效的监督基本流于形式，法定的日常监督措施及主体难以及时有效地进行监督，因社会公众尚未培育出普遍的监督意识、渠道不通畅、信息不对称等主客观因素而没有很好地成为强而有力的监督主体。此外，我国财政支出透明程度低，部分财政资金管理使用不规范，难以达到财政支出的预期效果，相关财政责任追究手段滞后，甚至不够科学，都导致我国财政支出绩效难以充分发挥。改革和完善我国财政体制和运行状况，财政支出绩效评价及其法制化成为现实的必然选择。"正是通过法律形式，依靠法律手段，社会公众才得以真正决定、约束、规范和监督政府及其财政的活动，才确保了政府的行为必须遵循市场和资本的根本要求，才确保了政府的公共活动必须符合私人的根本利益。"[1]

财政支出绩效评价法制化能促进财政支出法治化。根据民主化、科学化、法治化的要求，建立一个以公民权利平等、政治权力制衡为前提的规范的公共财政支出绩效评价机制，有助于公共财政立足于全社会公共利益，民主、科学、合法地提供公共产品。其关键在于以法制为基础，推动财政支出绩效评价法制化，确保全部财政收支更加合理、透明，使财政支出绩效置于全体社会成员的监督之下。通过财政支出绩效法制化促使公共财政在"取众人之财"的过程中合理合法、在"办众人之事"的过程中能够满足社会公共需要与法治政府的双重需要。可以说，法治政府的基本要求是职能科学、权责法定、执法严明、公开公正、廉洁高效、守法诚信，财政支出绩效评价法制化也强调用权科学合理、公开公正和守法合规，这同法治政府建设的要求是一致的。

二、财政管理科学化

财政管理科学化是现代公共财政的重要内容。通过采用定量与定性方法相结合的管理模式，来发现财政支出管理和使用过程中的不足，进而采取有针对性的改进和优化措施，促使财政支出绩效改善，大幅提高财政管理水平。财政管理

---

[1] 张馨. 公共财政论纲 [M]. 北京：经济科学出版社，1999：234.

第二章 我国财政支出绩效评价法制化的理论基础

科学化是在市场经济条件下,公共财政使用提升、财政资金改善的必然要求。在当代社会,财政支出与社会公众的关系日益密切,直接影响公共福祉、个体收入、民生改善和经济稳定等多个方面,财政管理水平成为影响公共财政效能发挥的直接因素。自20世纪90年代中期以来,我国政府在财政管理领域已经采取了诸多改革,近年来更是明确提出财政管理科学化目标,旨在进一步优化公共财政管理基础。一般而言,财政预算、国库集中支付和财政支出绩效评价共同构成"三位一体"的公共财政管理体系,是推进财政管理科学化的重要手段。[①] 财政预算是现代公共财政基础性制度之一,特别是新预算法要求财政预算应该力争做到完整细致,公开透明,科学合理,执行严格,确保财政预算的科学性。《国库收入管理办法》、《收入退库管理办法》和《财政资金支付管理办法》等法律法规也为国库集中支付奠定了法律基础,这些法律法规不仅使我国财政支付方式逐步与国际接轨,而且规范了财政资金核算程序,建立健全了财政资金支付监督约束机制,从法律层面明确了国库集中支付制度相关部门各自的职责权限。相对而言,目前财政支出绩效评价还缺乏相应的法律法规,这使我国"三位一体"的公共财政管理体系尚不能充分发挥应有作用。这也进一步体现了财政支出绩效评价法制化的迫切性。

在我国经济社会发展新形势下,必须针对政府财政相关体制进一步深化改革,促使财政管理更为科学化,确保财政支出全程规范有序、合理适度和合法合规,这就催生需要构建更为体系化的财政管理的激励—约束机制和问责制度,财政支出绩效评价法制化因此更显迫切。理论上,我国必须完善财政支出时采用的客观标准和计算依据,从而减少财政支出分配的盲目性,采用国际上通用的财政支出绩效评价方法替代现行的会计合规性审查,能够有效提高财政支出效益、增加财政支出的透明度、进一步提升财政管理科学化程度。新预算法也在多处强调了"绩效评价",诸如预算编制要参考"有关支出绩效评价结果";人大出具预算审查报告,要就"提高预算绩效"提出意见和建议等。[②] 可以说,实施财政支出绩效评价绝不是财政部门的"独角戏",财政支出绩效评价应纳入

[①] 钱巨炎. 加强财政支出绩效评价推进财政管理科学化精细化 [J]. 中国财政,2009(17):31-32.
[②] 杨颂. 第三方参与财政专项资金绩效评价研究 [D]. 北京:中国财政科学研究院,2016.

国家立法体系、进行"顶层设计",以提升财政支出绩效评价法律支撑层次,确立事前、事中、事后均能够合理衔接财政管理法律体系,强化财政支出绩效和责任意识。

财政管理科学化的内在要求是追求公平与合理,促进和谐有序的财政法治,财政支出绩效评价则是财政管理科学化在财政支出领域的技术工具。随着我国公共财政预算与收支方面的工作不断发展,要保持政府财政预算与收支的可持续性,就必须从财政支出绩效评价入手对政府财政支出作出科学合理的评价,促使政府提高财政支出绩效、编制更为科学合理的预算,以及保持财政支出公开透明。财政支出绩效评价对于财政管理科学化作用主要体现在:财政支出绩效评价指标体系的设置不仅要体现合规性,更要体现价值导向。绩效评价可以促使财政资金的分配围绕绩效目标合理使用,避免由于过度强调合规性导致财政支出绩效大打折扣,同时绩效评价可促使财政支出以结果为导向,不仅有利于监督,而且可以明确各个环节资金使用单位的责任,并通过整体评价使财政资金充分发挥应有作用。通过绩效评价也可以使财政支出再分配和使用等环节的问题得到充分暴露,从而增强对财政支出绩效不佳的成因及其相关影响因素的审视,并且采取公众参与方式达到促进财政支出公开透明化的目的。此外,绩效评价还有助于政府提高财政资金管理和使用中的以民为本的意识。财政资金本质上是广大社会公众资金归集的结果,因此政府分配财政资金必须从公众利益最大化出发,不能仅凭政府行政人员的主观意愿作出判断。财政支出绩效评价强调满意度导向实质上更加符合新公共管理理论所强调的"顾客导向"理念,从而将政府与公众的关系更为合理地设置。通过绩效评价可以收集公众意愿,促使政府在管理和使用财政资金的过程中能够从公众实际需求出发,更加科学合理地设定财政支出的绩效目标。本质上,财政支出绩效评价能克服由于信息不对称或制度缺乏灵活性而导致的政府部门之间以及政府与社会公众沟通协调不足的问题,从而使财政绩效评判更为公正合理,避免规制过多所导致的财政支出低效问题。

无论从国际上财政支出绩效评价的推行方式来看,还是从目前国内财政支出绩效评价实践探索来看,财政支出绩效评价的作用都是非常明显的,"少花钱,多办事"已经成为财政支出绩效评价最为显著的成效。财政支出绩效评价作为财政管理科学化的一种新手段,是财政管理理念的进步。但目前我国全面实施财政支出绩效评价的法制条件还不完全具备,因此要进一步发挥财政支出绩效评价的作用就必须强化该领域的立法工作。我国财政支出绩效评价起步较晚,相对于西方发达国家已经成形的比较完备的财政支出绩效评价体系而言,我国财政支出绩效评价法制化还有诸多问题亟待解决。其主要体现为:第一,财政支出绩效评价理念还未牢固树立,"重分配,轻管理;重支出,轻绩效"的思想还在一定程度上存在,资金使用部门对绩效评价工作普遍缺乏足够重视;第二,财政支出绩效评价方面的法律法规不够完善,特别是根本性法律制度体系尚未建立,职能部门出台的相关管理办法还不具有权威性,不能够对财政支出绩效评价发挥强有力的保障、支撑作用;第三,绩效评价尚不能满足全过程的财政管理科学化的要求,财政资金绩效目标编制不够细致,事前、事中评价仍没有实质突破,大多数事后评价结果应用不足或者公开程度较低,公众参与渠道不通畅。这些问题的解决需要财政支出绩效评价尽快推进,从而使其促进财政管理科学化的作用得到充分体现。

三、财政监督具体化

财政监督贯穿于各国财政管理活动的全过程,其范围通常覆盖了财政预算编制、预算执行、决算审计等整个财政管理过程。西方发达国家财政监督的法律法规已经比较完善,且立法层次高。[1] 通常西方发达国家会在宪法层面设置财政监督的条款,从而确立起财政监督较高的法律权威,并在此基础上构建相应的法律法规体系,对财政监督进行系统化规范。值得关注的是,一般而言,关于财政监督主体、工作程序等方面也都有相对具体的规定,使财政监督真正有法可依。从西方发达国家财政监督制度来看,最大的特色在于财政监督机构的相对独立性,以及建立包括立法机关、审计机关、政府部门和社会公众等多层次立体型的监督体系,并且科学的法律体系使各监督主体既各司其职又彼此协调,从而发挥协同作用。各国在注重财政监督的全面性之外,更加侧重于财政支出监督,并且注重以绩效为核心。财政支出绩效监督不仅包括一般意义上财

---

[1] 唐红李. 国外立法型财政监督与我国财政监督的完善 [J]. 财政监督, 2016 (9): 36-39.

政资金使用效益的经济效益、合规性监督，还包括社会效益和生态效益等多个维度的监督。①

构建独立监督制度可以从根本上形成有效的权力制衡机制，但实际上独立监督制度并不适用于我国现实的财政管理机制，我国财政监督机制既不同于美国立法机关主导的形式，也不是完全由政府部门主导。我国现行的财政监督机制属于复合型制度，在执政党的统一领导下，政府内部承担了财政监督的主要任务，同时人大也有针对政府财政管理监督的权力。我国这种"立法+行政"的复合型财政绩效监督制度具有较高的效率，但是也存在一些问题，诸如人大对财政的监督不够有力，政府内部财政监督往往容易流于形式化。根据国外已有且可借鉴的经验，在我国现行财政管理制度框架之中，要有效解决在财政绩效监督中所面临的问题，就需要建立完善财政支出绩效评价法律体系，从而促使财政支出全过程都能够建立起有效财政监督机制。在事前财政支出绩效评价监督下可以增强财政预算编制的科学化和民主化；在事中财政支出绩效评价监督下可以对于预算执行实施实时监控和及时纠错；在事后财政支出绩效评价监督下可实现财政支出绩效结果得到科学合理的评价，从而逐步完善财政监督体系。

我国要提升财政支出绩效评价监督层次，有效发挥财政支出绩效评价的监督功能，实现对财政资金运行情况全过程、全方位的监督，并进行分析评价和绩效考核，财政支出绩效评价法制化已成为财政监督工作的当务之急。②财政支出绩效评价法制化可以使财政监督更为具体化，例如美国的《政府绩效与结果法案》、加拿大的《政府绩效评价政策和标准》等都明确财政绩效管理在整个财政资金使用及监督过程中的作用，从绩效评价目标、评价标准、评价内容、评价流程、评价维度和评价方法等层面，明确了各绩效评价中主体的职能和责任。可以说，这样的法律法规为财政支出绩效评价提供了非常具体的标准和规范，诸如评价主体如何选择评价方法，如何设置科学合理的指标体系，以及按照何种评价原则和标准针对财政支出的运行过程及效果进行客观、公正的衡量等。通过法制化可以进一步强化有关部门牵头组织财政支出绩效评价工作的权威性，可以将第三方参与财政支出绩效评价工作制度化，并且可以将人大和审计部门的财政监督资

---

① 赵学群. 绩效评价和绩效预算研究述评 [J]. 财政研究, 2010 (9): 76-79.
② 杨体军. 中国财政监督的理论研究和实证分析 [D]. 长春: 吉林大学, 2007.

源加以整合,增强财政支出绩效评价的监督作用。法制化的完善,也便于利用法律机制有效解决财政支出绩效评价过程各类冲突,防止财政资金不当使用甚至侵害公共利益,确保公民监督财政的权力得到充分尊重和维护。更为重要的是,财政支出绩效评价法制化还可以使人大对财政绩效的监督权落到实处,切实发挥国家权力机关对政府财政支出及其效益的有效监督;可以进一步发挥第三方评价的作用,增强了财政支出绩效评价的专业性、客观性和公正性,提高了政府公信力;促使各级政府机关更加注重财政支出的经济性、效率性和公平性,更好地实现既定财政支出目标,切实改善公共部门的服务质量。

总之,从财政支出法制化、财政管理科学化和财政监督具体化多个理论维度来看,财政支出绩效评价法制化可以改变目前我国财政支出绩效评价工作零碎、缺乏独立性和权威性的现状,将使财政支出绩效评价向着规范化、制度化和法制化迈进,真正建立起科学而有效的财政监督约束机制,把财政支出的重点引导至公众最关注的领域,提高财政支出的绩效。

本章小结

财政支出绩效评价法制化涉及法学、经济学、财政学和管理学等多个学科领域的理论,理论基础分析将为进一步构建合理的法制化内容体系提供支撑。法治政府建设理论、政府绩效评价理论和财政支出绩效评价法制化理论从不同路径为财政支出绩效评价法制化提供了理论支撑。法治政府建设理论主要回答了为什么要推进财政支出绩效评价法制化的问题,即效能政府、责任政府和控权政府是法治政府建设的需要,本质上是现代法治精神和依法治国方略的内在需要。政府绩效评价理论从技术角度为财政支出绩效评价如何法制化提供了基本的价值导向,只有明确民主行政、结果导向和公众参与等评价理念,才能充分把握财政支出绩效评价法制化的根本性质和主要内容。财政支出绩效评价法制化理论在法治政府建设理论和政府绩效评价理论相互融合的基础上,从财政支出法治化、财政管理科学化和财政监督具体化三个维度对财政支出绩效评价法制化展开理论探讨,从而进一步明确我国财政性绩效评价法制化的研究目标和基本方向。

第三章

我国财政支出绩效评价法制化进程

我国正处在一个剧烈的转型时期中,在经济上表现为从计划经济向市场经济转型,在社会上表现为从传统农业社会向现代工业社会转型,财政支出绩效评价的法律法规也在此大背景下不断产生和发展。本章通过对我国财政支出绩效评价法制化发展历程进行回顾和梳理,厘清财政支出绩效评价法制化脉络,从而为理解财政支出绩效评价法制化的关键与要点提供基础。

第一节 我国财政支出绩效评价法制化的阶段划分

绩效是财政支出的价值追求。在不同的历史条件下,人们对绩效有不同的理解。从1949年至今,国内对财政支出绩效的认识经历了一个从表面到深入、从一维到多维的过程。这种认识的变化过程反映到财政支出绩效评价就是评价重点的调整。新中国成立以来,财政支出绩效评价重点经历了从注重合规性,到注重经济性、效率性和效益性,再到经济性、效率性、效果性、公平性并重的转变。

为规范权利义务关系,我国财政支出绩效评价的有关立法经历了从无到有的过程,适用范围从单一领域拓展到财政支出整个领域,位阶从规范性文件到国家法律,经历改革开放前、改革开放至20世纪末(起步阶段)和进入21世纪以来(发展阶段)三大阶段。

一、改革开放前（1949—1977年）

中华人民共和国成立之初，国内经济面临着重大的困难。由于战争、自然灾害等原因，国内通胀严重，财政收入极其有限，公共产品的生产和供给难以为继。由于经济状况糟糕、全国性财政工作经验缺乏。在当时的历史条件下，我国效法苏联，实行计划经济体制。在财政工作中，我国采取统一全国财政收支的方式，实行"统收统支"的管理体制，形成了"计划经济—生产型财政模式—财政支出投入控制"的财政支出管理模式，公共产品的生产和供给都由政府来完成。在统收统支的经济管理体制下，国家的计划管理把财政支出纳入，按照计划统一安排。此时，财政管理仅作为计划控制的简单会计核算手段[①]而存在。这种体制直接导致财政工作重分配轻管理、重收入轻支出，财政支出管理流于形式。在当时的历史条件下，为快速推进国家工业化，大量的财政支出被用到了工业特别是重工业项目建设中。如在"一五"期间（1953—1957），以苏联援建的156个项目为中心，我国先后有超过1万个有关项目开建。然而，这一阶段，新中国百废待兴，为巩固新生的政权，恢复经济成了新生政权的优先选择，政府成本理念严重缺位，对财政支出的管理也主要在于审查其合法合规性，财政支出效果没有得到应有的重视。同时，受长期以来人治传统的影响，财政管理的法制化建设被有意无意地忽视，有限的法制化工作都集中在构建国家政治框架方面（如1954年制定了新中国的第一部宪法），这使得当时我国财政支出的绩效问题并未得到重视，大量的有关管理工作依据经验或行政命令进行落实，由此出现重复投资、工期过长等问题。当时虽有少数有识之士已经看到了高度集中的计划型财政支出管理方式的缺点，也提出了要"充分考虑经济效果"。但由于改革开放前，我国的财政支出管理受到计划经济的主导，无论是实务界还是理论界，关注的重点都在探讨有关概念、财政与经济的关系等方面，因此财政支出的效果问题鲜有人涉及，在实践中更是难觅踪迹。所以，财政绩效低下的问题不仅没有得到及时解决，反而愈演愈烈，这个情况在"二五"期间（1958—1962年）发生的"大跃进"中表现得尤为突出，财政支出出现了极大浪费。

---

① 王志刚. 我国地方政府财政支出绩效管理的制度研究[D]. 北京：中国财政科学研究院，2014：56.

从财政支出绩效评价的角度来看，合法合规性审查只是财政支出绩效评价中最基础、最初级的阶段，因此，此时的财政支出绩效评价法制处于前法制化阶段。

二、改革开放至 20 世纪末（1978—1999 年）

党的十一届三中全会的召开标志着我国开始从计划经济向市场经济的转变。在这个转变过程中，效率、效益问题受到特别的重视。国内各界逐渐意识到，虽然此前高度集中的计划经济体制兴建起一大批重要基础设施，较快地提高了我国的工业化水平，但以计划为手段来调配资源，明显存在效率低下的问题。1982年，党的十二大把提高经济效益作为全国工农业的年总产值在世纪末翻两番的重要前提。财政支出的效益及其评价问题开始受到广泛关注，法治理论、公共管理理论、财政管理理论等开始从西方引入中国，并有了初步的理论研究与实证研究。1993年，中央在确立社会主义市场经济体制的文件中提出"效率优先，兼顾公平"的原则，将效率放在了优先的位置。在财政支出管理的实践中，效率、效益成了关注的重点。在这一阶段，财政支出项目评价作为一种重要的财政管理工具从国外引入，并逐步得到了认可和运用。我国第一次组织开展的真正意义的财政支出项目评价是 1988 年由国家计委委托的中国国际工程咨询公司[①]对部分国家重点建设项目财政支出开展的财政专项绩效评价。这类专项属投资性支出，它与转移支出、消耗性支出不同，是为提高现有事业发展水平或开拓新的事业领域而购置固定资产、建设专项设施和工程等方面的支出，往往金额较大、过程复杂，故成为评价重点。后来的评价涉及财政部、交通部、水利部等综合管理部门或涉及大型基础设施建设的部门。为指导财政支出项目评价的实践，各部门建立并逐步完善了有关制度，包括国有企业的固定资金供应制度和流动资金供应制度、国家预算执行报告制度、基本建设拨款制度等。这些制度具体包括：1987年国家计委等部门颁布的《关于印发建设项目经济评价方法与参数的通知》（包含《关于建设项目经济评价工作的暂行规定》、《建设项目经济评价方法》、《建设

[①] 1982年，为贯彻决策民主化、科学化，我国成立了国际工程咨询公司，该公司的下属机构中包含了一个项目评价局。该公司现由国有资产监督管理委员会管理。

项目经济评价参数》及《中外合资经营项目经济评价方法》）；1990年国家计委颁布的《关于开展1990年国家重点建设项目后评价工作的通知》，等等。虽然这一阶段的财政支出项目评价和有关制度并没有明确采用"绩效评价"的概念，但这些评价的具体内容已经明显突破了传统的财政支出合法合规性评价的框架。其评价内容已变得全面而深入，触及财政支出在经济性、效率性、效益性方面的表现。除评价内容中公平性的缺位和评价指标体系的不稳定、不统一之外，财政支出项目评价已初步具备财政支出绩效评价特征。

从总体上看，这一阶段是财政支出绩效评价法制化的起步阶段，财政支出绩效评价的特点在于注重经济性、效率性与效益性，财政支出绩效评价法制化的重要性不断提升。在这个阶段，管理者逐渐认识到，不以科学的制度进行规范，财政支出绩效评价的作用就难以充分发挥。因此，有关部门为了部门内绩效评价项目的顺利开展，自发制定一系列规范性文件。这些文件仅针对被评项目，适用范围非常有限，同时，在内容上多是就事论事的具体规定，科学性和系统性还有待提高。

三、进入21世纪以来（2000年至今）

进入21世纪以来，经济社会转型期的矛盾凸显，为实现可持续发展，各级政府普遍加大了公共项目的投资力度。公共项目事关社会公众的切身利益，有关财政支出的绩效受到社会公众的广泛关注。作为回应，各级政府、各部门越来越频繁地运用财政支出绩效评价来监管各种财政支出。其中，发展规划部门建立了对重大项目的稽查制度；财政部选择了部分省（自治区、直辖市）和中央部门开展预算绩效评价工作试点；审计部门开始对一些公共项目进行绩效评估。

2000年，财政部提出要"积极探索建立财政支出绩效考评工作体系"，标志着我国的财政支出绩效评价进入了一个全新的时期。在学习考察美国、英国、加拿大、澳大利亚等国家成熟的财政支出绩效考评体制后，财政部提出了实行财政支出绩效考评的基本方案。2002年，党的十六大报告把收入分配的原则由"效率优先，兼顾公平"调整为"初次分配注重效率，再分配注重公平"。2003年，《中共中央关于完善社会主义市场经济体制若干问题的决定》，明确要求"改革预算编制制度，完善预算编制、执行的制衡机制，加强审计监督，建立预算绩效考评体系"，将财政支出绩效评价作为中央工作重要内容。2005年2月，胡锦涛同志在中央党校省部级领导干部专题研讨班上指出，"在促进发展的同时，把维护社会公平放到更加突出的位置"。2007年，党的十七大上又把效率和公平的关系进一步调整为"初次分配和再分配都要处理好效率和公平的关系，再分配更加注重公平"。至此，"公平性"作为财政支出绩效评价的重要内容在实践中受到了空前的重视，财政支出绩效评价法制化内容得到丰富、法制化水平不断提高。具体表现如下所述。

（一）财政支出绩效评价试点成功并迅速铺开

2001年，河北、福建、湖南、湖北等省的部分地区开展了财政支出绩效评价试点。以初步探索形成的经验为基础，我国随后加大了政府绩效管理试点工作的力度。2008年，《中共中央关于深化行政管理体制改革的意见》指出，"要建立行政问责制度和绩效评估体系"。2011年，政府绩效管理工作部际联席会议制度建立，选择了北京、吉林、福建、广西、四川、新疆、杭州、深圳8个地方政府和国家发改委、财政部、国土资源部、环境保护部、农业部、质检总局6个中央部门开展地方政府和部门绩效管理试点工作。2014年，新《预算法》出台，财政支出绩效评价作为新的管理手段正式入法，探索二十余年的财政支出绩效评价实现了从管理工具向法律制度的跨越，成为国内各级政府与部门的管理要求。

（二）各地积极加快财政支出绩效管理机构建设

2004年8月，广东省财政厅成立绩效评价处，成为国内首个财政支出绩效管理专门机构。而后北京、浙江、河北、上海等省市先后效仿。云南、江苏、福建等省为强化绩效管理职能、扩展绩效管理领域，将绩效评价处更名为绩效管理处。8个政府绩效管理试点的地方政府更是根据本地区实际建立起高层级、多样化的领导协调和办事机构。（见表3-1）

表 3-1　绩效管理试点单位领导机构简表

试点地区	领导机构名称	负责人职务/级别	办事机构名称及所属部门	执行机构负责人级别/职务
北京	市政府绩效管理工作领导小组	市委常委、常务副市长/副部级	北京市政府绩效管理办公室/政府办公厅	正处级（市政府督查室主任兼）
吉林	省人民政府绩效评估工作委员会	省长/正部级	省政府绩效评估工作办公室/省公务员局	正处级（专职）
福建	省机关效能建设领导小组	省长/正部级	省机关效能建设领导小组办公室/省委办公厅、省政府办公厅	正厅级（省政府秘书长兼）
四川	省人民政府目标绩效管理委员会	省委常委、常务副省长/副部级	省政府目标绩效管理办公室/省政府办公厅	正处级（省政府督查室主任兼）
广西	自治区绩效考评领导小组	自治区党委常委、副书记/副部级	自治区绩效考评领导小组办公室/纪委（监察厅）	正厅级（专职）
新疆	自治区绩效考评工作领导小组	自治区党委常委、副书记/副部级	自治区绩效考评工作领导小组办公室/纪委（监察厅）	正厅级（自治区纪委副书记、监察厅厅长兼）
深圳	市政府绩效评估委员会	市长/副部级	市政府绩效评估委员会办公室/监察局	正处级（市监察局副局长兼）
杭州	市政府绩效管理试点工作领导小组	市委常委、常务副市长/正厅级	市政府绩效管理试点工作领导小组办公室/监察局	副厅级（市纪委副书记、监察局局长兼）

（三）逐步构建了财政支出绩效评价的工作体系

财政支出绩效评价的工作体系包含组织体系、技术体系、方法体系、程序体系、指标体系等内容。在财政支出绩效评价的实践中，我国逐渐形成了由各级财政部门负责牵头工作，主管部门、项目单位分级落实具体工作的组织体系；以对象选择、评分标准、评价周期为主要内容的技术体系；以公众评判法、成本—效益分析法、平衡积分卡法、德尔菲法、问卷调查法等方法为基础的方法体系；以前期准备、现场评价、撰写报告、结果应用为主要步骤的程序体系；以财政支出决策、财政支出管理、财政支出绩效为基本一级指标的指标体系。值得注意的是，将"公众评判法"作为一种主要的评价方法以及将"服务对象满意度"作为指标体系中重要的二级指标，对评价财政支出绩效评价的公共性具有重要意义。

（四）财政支出绩效评价客体范围逐步扩大

这一阶段，财政支出绩效评价客体不再仅仅是重点项目。首先，纳入政府或部门预算管理的资金可以作为被评价的对象，包括基本支出、项目支出和部门整体支出。这类评价的重点还是项目支出，即那些金额较大、与本部门职能密切相关、社会影响和经济影响明显的项目成为评价的首选。如果条件允许，再进一步对部门的整体支出进行绩效评价。其次，本级部门预算管理的资金和上级政府对下级政府的转移支付资金都可以作为评价客体，包括了一般性转移支付和专项转移支付。其中，专项转移支付资金绩效评价的客体优先考虑对社会、经济发展和民生有重大影响的支出。

总体而言，这一阶段是绩效评价工作体系探索阶段，也是财政支出绩效评价法制化的发展阶段。在这一阶段，"绩效评价"作为关键词第一次出现在了规范性文件（比如如监察部2011年印发的《关于开展政府绩效管理试点工作的意见》和2014年修订的《预算法》等）中，财政支出绩效评价的有关法规突破了单一部门的界限。财政部作为财政支出绩效评价的评价单位或组织单位的作用逐渐凸显出来，出台了具有普遍指导意义的规范性文件，如财政部2002年颁布了《企业绩效评价标准》、2004颁布了《财政部关于开展中央政府投资项目预算绩效评价工作的指导意见》、2005年颁布了《中央部门预算支出绩效考评管理办法（试行）》、2009年颁布了《财政支出绩效评价管理暂行办法》[①]。以上规范性文件的颁布意味着有关法规的适用范围突破了部门内部适用的局限。至此，财政支出绩效评价立法的序幕正式开启。

第二节 我国财政支出绩效评价的实践探索

21世纪以来，国内出现财政转型的压力，为缓解收支之间的矛盾，面对社会对"政府的钱花到哪里，效果怎么样？"的诘问，[②] 各级政府与部门开始建设绩效财政及阳光财政。在此背景下，全国各地先后开展财政支出绩效评价。

[①] 2009年版的《财政支出绩效评价管理暂行办法》并未很好地满足实践的需要，因此很快在2011年进行了修订。

[②] 2004年，广州市人大代表在全国率先就有关预算执行情况及罚没收入花费去向向有关部门提出询问。当时市财政预算处有关负责人的回答是：在国家保密局的《经济工作中国家秘密及其密级具体范围的规定》中明确提到了预算执行情况和预算草案的问题需要保密。参见王道斌：《广州人大代表质疑保密规定纳税人的钱用到哪了》，2004年3月30日，http://news.dayoo.com/gb/content/2004-03/30/content_1478919.htm。

一、国内财政支出绩效评价的实践探索

　　国内正式从国家的层面提出财政支出绩效评价始于2003年党的十六届三中全会，当时会上提出"建立预算绩效评价体系"。在经历了恩施市、杭州市、珠海、南京等多地政府的政府绩效评价实践之后，党中央开始意识到，绩效评价也可以用于财政支出的管理与监督上。特别是财政部、国家发改委等部委在财政支出绩效评价的试验中尝到了甜头，财政支出绩效评价作为一种管理工具越发受到重视。2005年政府工作报告提出要建立"政府绩效评估体系"，之后，党中央和国务院开始在各种会议与重要文件中突出政府绩效评价作用重大、对于监督管理的意义重大。比如在党的十七届二中全会上，党中央提出"推行政府绩效管理和行政问责制度"；又比如在党的十七届五中全会上，党中央再次强调"完善政府绩效评估制度"。2011年3月建立政府绩效管理工作部际联席会议制度之后，全国第一次预算绩效管理工作会议于2011年4月由财政部主持召开。在此次会议上，财政部对预算绩效管理改革工作进行了部署，并发布了《关于推进预算绩效管理的指导意见》，提出财政改革目标，即"逐步建立以绩效目标实现为导向，以绩效评价为手段，以结果应用为保障，以改进预算管理、优化资源配置、控制节约成本、提高公共产品质量和公共服务水平为目的，覆盖所有财政性资金，贯穿预算编制、执行、监督全过程的具有中国特色的预算绩效管理体系"。2012年9月，财政部出台《预算绩效管理工作规划（2012—2015年）》，要求"探索引入第三方参与绩效管理工作，规范第三方参与行为"。2014年8月，十二届全国人大常委会第十次会议颁布的新预算法首次以法律形式明确我国公共财政预算收支中的绩效管理要求，要求在规范预算绩效管理中强调绩效"参与性"，并明确要求各级政府各部门与单位编制预算要参考上一年度绩效评价结果。

　　预算绩效管理改革以来，财政支出绩效评价逐步在全国推广，并成为各级政府、各部门与单位提高资金绩效、加强预算管理的主要工具手段。2013年，财政部公布了预算绩效管理工作的进展情况，预算绩效管理的影响力明显提升，并且被评价资金的规模不断扩大，在财政管理方面呈现了以下态势：

　　一是预算绩效管理范围不断扩大。从政府层级的角度看，预算绩效管理已

经基本在中央一级预算部门实施，并大有向其下属二级、三级单位推广的趋势；而在地方，个别市县的经验不断推广，地方政府与基层政府之间的交流将财政支出绩效评价的经验不断深化。当前，除了省级政府全面实行预算绩效管理之外，市县一级的政府也或多或少开展了预算绩效管理。从资金覆盖的角度看，纳入预算绩效管理的资金规模逐年增加。2013年，纳入绩效目标管理的资金约1.34万亿元（涉及10.9万个项目）。2014年，该数据增长到3万亿元，同比增长近125%。此外，据不完全统计，2015年中央部门纳入绩效目标管理的资金约2140亿元，同比增长60%。

二是主要针对重点领域与重点项目。目前，我国的财政支出绩效评价实践体系尚在进一步完善之中，暂时无法从整体上对预算实行绩效管理。同时，评价资源也存在稀缺性。因此，与之对应的最经济、最有效的财政支出绩效评价方式只能是重点项目评价。以广东为例，2004年以来，广东省人大委托第三方进行绩效评价时，先后选择了第二和第三批新兴战略产业专项资金、基础教育创强专项资金、农村危房改造专项资金、省级技术改造专项资金、省级产业园扩能增效专项资金等社会普遍关注的、经济投入较大的重要的民生专项资金或经济建设专项资金。

三是构建多元化评价机制，强化绩效评价的科学性，提高评价结果公信力。首先，建立部门或单位内部的项目支出绩效自评制度，通过自我检视发现部门或单位工作的不足，及时调整工作方式或流程，优化财政支出方式与监督手段，提高财政支出使用效益，减少资金浪费。其次，建立重点评价管理机制。将实际执行中容易出问题、资金量较大、社会影响力较大的专项资金纳入重点评价范围。同时，科学配置评价专家组，形成包括财务、管理、经济、社会、扶贫等多个领域的综合性强的专家组，并不断优化评价流程与评价体系，建立较为稳定的评价标准，强化评价结果可比性。同时，将评价结果纳入决策机制之中，作为政府重大决策的绩效参考依据。再次，强化公众满意度评价机制。以满意度调查与深度访谈等方式，将民意纳入评价之中，能有效提高评价的民主程度和公信力。公众是政府服务的对象，也是财政支出服务的对象，其对财政支出的高满意度是政府行政追求的目标。因此，公众满意度理应成为财政支出绩效评价中的一个重要的标准。当然，选择哪一些公众进行满意度调查，本身也是财政支出绩效评价之中一个值得讨论的问题。如在某些情况下，高收入群体不一定愿意为扶贫事业买单；在另一些情况下，低收入群体对于扶贫专项资金的评价也有失偏颇。这涉及财政资金分配的合理性与否与民主内涵的探讨，已经不单单是主观满意度的问题，而在于整个社会应持有的公共价值。因此，公众满意度应纳入考虑，但其权重不应是压倒性的，而且还应该用专家意见平衡。最后，加大第三方评价的工作力度。随着财政支出绩效评价实践的逐步深化与财政民主的推进，越来越多的财政部门开始在财政支出绩效评价上引入第三方评价。通过招标委托第三方的方式，把社会专业评价机制构引入绩效评价之中。第三方在评价时得到了财政部门越来越多的授权，并逐渐从单纯的事后评价向预算编制、执行和监督等环节延伸，也从原本严格由财政部门主导的绩效评价逐步向完全委托、独立实施的第三方评价模式转型。由公众、专家、党代会代表、人大代表和政协委员等组成的民主决策工作机制开始孕育。

　　四是不断强化结果应用。国内早期开展绩效评价，仅作为部门内部或者政府内部管理的一个参考与控制手段，评价结果在应用上并没有强制性的要求，现在这种情况已经改变。比如部分地方政府通过财政部门的门户网站将当地的财政支出绩效评价结果公布出来；又比如个别地方人大或政府采取新闻发布会的形式向公众公开重点项目支出绩效的第三方评价结果；部分地方也直接将评价结果与干部升迁挂钩，将财政支出绩效评价结果作为干部表现的重要参考标准，并对个别绩效低下项目的负责人进行约谈，对绩效优秀的被评对象实施奖金奖励。在更多的情况下，这些评价结果直接被人大与财政部门所采用，作为次年预算审批或控制数下达的重要依据。

　　五是初步构建了绩效管理的制度和组织基础。一方面，财政支出绩效评价的有关制度规范初成体系。首先是财政部出台了《预算绩效评价共性指标体系框架》，作为顶层制度设计的参考文本；然后地方也紧随其后出台了具有地方特色的规章制度，加强业务指导和规范执行。另一方面，支持财政支出绩效评价的机构人员逐步到位。据不完全统计，当前，包括工信部在内的12个中央部委以及22个省一级财政部门已经成立预算绩效管理工作组（或类似机构）。

全国近一半的市级财政部门以及超过三分之一的县级财政部门批准设立独立的预算绩效管理机构，专门负责财政预算绩效以及财政支出绩效管理工作。同时，政府智库（包括专家学者库和中介机构库）初步形成。据统计，在已经建立省级专家学者库的21个省，专家库内的咨询专家学者加总约10万人。除了这两个方面之外，绩效管理的宣传力度也在持续加大。比如财政部通过《中国财政》杂志增刊的形式，发表了有关"全过程预算绩效管理"的专辑，还通过在《中国财经报》展开"预算绩效管理行与思"有奖征文比赛对预算绩效管理进行宣传；地方财政也通过报纸、广播、互联网等对财政支出绩效评价进行宣传。

二、广东财政转型及其绩效评价法制化进程

就国内而言，广东省的财政支出绩效评价走在全国前列，它是财政转型的产物，也是经济社会发展到一定阶段的必然结果。

改革开放之后，在整个国家进行"放权让利"改革大的背景之下，广东省作为改革开放的排头兵走在全国前列，在通过吸引外资和促进私营经济发展方面，广东财政取得了举世瞩目的成就。1992年后，中国政府启动社会主义市场经济建设，因此要求确立市场对资源配置的决定性作用。相应地，有必要建立与市场经济体制相适应的财政制度。1994年分税制改革与1998年中国政府提出建立公共财政基本框架，建立起符合市场经济要求的财政体制与税收制度基本框架，也进一步明晰了政府和市场的边界。广东省作为中国市场经济发展最活跃的地区，其市场经济体制在改革过程中也发育得最完全，其公共财政制度建设在全国也相对完善。但与此同时，广东也面临着财政转型的巨大压力：如收支矛盾突出，财政平衡压力大，资金使用绩效有待提升；收入质量仍待提升；区域财力不平衡问题突出；财政管理仍然比较粗放，管理方式有待创新；经济转轨阶段，社会不同诉求增多，协调起来十分复杂，面临改革共识难以达成、最大公约数难以找到的挑战，等等。

作为全国探索财政支出绩效管理的先行省份的广东，2003年就以省政府办公厅发文的形式，部署开展财政绩效管理改革（主要是财政支出绩效评价）。2004年，广东省财政厅成立绩效评价处，与审计厅、监察厅、人事厅联合制发

了《广东省财政支出绩效评价试行方案》，创立了第一套绩效评价指标体系，为全省推进财政支出绩效管理提供了基本的制度规范。2009年，广东启动评价技术体系的构建工作（重点为指标体系）；两年后，广东试点省级财政专项委托第三方绩效评价，公开（邀请）招标选定具有服务资格的第三方专业机构，并将财政支出项目绩效评价工作整体委托实施。2011—2013年，广东省财政厅累计委托第三方完成省级财政专项资金绩效评价超过10项（类），经第三方评价的金额近600亿元。2014年9月，广东省首次以省人大常委会为主导单位，委托第三方开展财政专项资金支出绩效评估。①省人大委托第三方评估不单单指对资金使用效果进行监督，也需要对政府财政部门制定的办法、制度等进行监督。过去由财政部门委托第三方进行的绩效评估，是在假定他们自己所制定的规则完全正确的前提下开展的。在既往的实践中，人大对财政预决算的审查监管主要在于对预决算的合法性、合理性和真实性的审查。委托第三方开展财政支出绩效评价这一监管方式的引入，使评价的客观性、中立性、公正性和专业性等得到了明显提升，使人大对财政支出的监督权得到了有效的落实。这种监督对于财政部门来讲，无疑是一个巨大的转变。过去的财政支出绩效评价，财政部门是发起方，掌握评价权。财政支出无论由财政部门进行绩效评价，或由财政部门邀请第三方进行评价，均属于内部监督、自我监督的手段。财政部门既当运动员又当裁判员，自己分钱、自己花钱、自己评价资金的绩效结果，明显缺乏科学性和公信力。而以人大为主导的财政支出绩效评价，使财政部门自身也变成了绩效评价的对象，这一评价机制无疑更加科学合理。这一机制清晰地界定了财政支出的使用者、管理者和监督者，对应使用绩效、管理绩效、监督绩效，把财政部门也作为评价对象，开创了全国之先河。

  从近十年广东开展财政支出绩效评价的实践经验来看，从率先设置专门管理机构到尝试人大主导下委托第三方开展财政支出绩效评价，广东财政改革成功主要归结于两个方面，即注重引入第三方与重视财政支出绩效评价法制化。第三方的引入是在评议与组织主体上扩大主体丰富度与主体参与程度，而财政支出绩

---

  ① 2014年广东省人大首次委托第三方评估的具体项目包括：战略性新兴产业专项资金第二、第三批LED与新能源汽车项目，经招标确定委托华南理工大学政府绩效评价中心开展评估；全省农村生活垃圾收运处理工作第三方评估，广东省环境保护工程研究设计院中标。

效评价法制化则一方面从法律层面上协调了各个主体间的利益关系；另一方面也作为一种长效机制，从制度上将财政改革成果固化，保证了财政改革的顺利开展。比如2004年《广东省财政支出绩效评价试行方案》就是广东规范财政支出绩效评价的第一份规范性文件，再比如《广东省省级部门预算项目支出绩效目标管理规程》明确指出，"凡省财政安排资金500万元以上（含500万元）的项目支出或连续2年（含2年）以上安排资金的跨年度项目支出以及省财政厅确认的其他重要项目支出必须申报绩效目标，并经财政部门审核、批复"。除此之外，为协调财政支出绩效评价过程中出现的各类关系与矛盾，广东制定了《财政支出绩效评价内部协调制度》《广东省财政支出绩效评价现场工作流程图》《广东财政支出绩效评价自评报告（范本）》《广东省省级部门整体支出绩效评价暂行办法》，等等。

实际上，广东省在财政支出绩效评价的法制化问题上一开始并不顺利。改革之初，省内面临法制条件较差、财政绩效管理改革推进难，第三方评价缺乏强有力的法规保障的问题。对于第三方评价的立法，总是围绕着一个核心问题，即第三方作为与政府并无直接隶属关系的单位，如何能实现对被评单位乃至主管部门的评价呢？它如何克服由于信息不对称以及部门不配合造成的信息获取困难的问题呢？这涉及第三方与政府之间、第三方与财政部门之间的关系问题。财政部门选聘第三方并与之签订合同，这个过程实际上是一种行政委托，第三方通过合同的方式为政府提供市场化的绩效评价服务，它是基于财政支出绩效评价这个专业技术而言的。从本质上讲，财政支出绩效评价是具有较高专业要求的技术性工具，因此第三方能在一定程度上为政府提供有偿服务，而财政部门作为政府内部掌握财权的重要部门，有义务配合第三方开展财政支出绩效评价工作。当然，能否推动财政部门提供有关信息，这也有赖于第三方的沟通与专业技巧。至于对委托第三方评价应如何规范、第三方应按照何种程序与制度规范开展财政支出绩效评价、第三方应满足怎样的资质条件等，这些都是评价工作开展过程中社会各界所关注的问题。就目前来讲，第三方评价的法制制度并不健全，有关第三方评价实施的大多数文件都以通知或者暂行办法的方式出现，这在法律位阶上并不足以对各个部门或者第三方形成良好的约束，其权威性显然难以与第三方评价的初衷相匹配，更难以规制第三方信息泄露与受贿贪腐等问题。

在财政支出公开和财政管理民主化的背景下，前广东省委书记汪洋指出，"财政部门要研究引入第三方评价办法，在建立科学合理的财政支出社会评价体系，强化预算监督管理、提高资金使用绩效上闯出一条新路"。2013年，党的十八届三中全会指出，"财政是国家治理的基础和重要支柱"。不同于以往把财政活动仅仅放在经济范畴讨论的主流做法，首次将其提升到国家治理的高度，这从战略上要求广东省对财政制度作出调整。

2016年，作为对长期以来委托第三方财政支出绩效评价管理的现实需要，广东省财政厅与广东省人大先后出台《预算绩效管理委托第三方实施工作规程（试行）》《广东省人大常委会开展预算资金支出绩效第三方评估办法》等，对第三方的资质、第三方开展绩效评价的程序等进行了针对性的规范。当然，财政管理程序法制化，也要求将决策过程中的重要步骤与程序以地方立法规范的形式确立，这也是广东省财政支出绩效评价下一步应当着力重视的。具体而言，一是调查程序；二是方案设计程序；三是可行性论证程序；四是社会交流程序；五是政策合法程序。财政管理权力法制化，包括财政决策权力的法源、获取途径、决策权的纵向与横向划分、公共决策主体的权力界限、行使的方式与对财政管理决策权的控制等方面。

第三节　影响我国财政支出绩效评价法制化进程的因素分析

任何一个国家、任何一个领域的法制化进程都受到一定的理论和现实因素的影响。经过历史回顾分析，笔者发现，经济发展程度、财政体制改革、民主法制意识和国家大政方针是影响我国财政支出绩效评价法制化的主要因素。其中，经济发展程度属于法制化内因，民主法制意识则是经济发展程度的一个外在的重要表现；国家大政方针属于法制化重要外因，财政体制改革则是大政方针在操作与制度层面对于财政支出绩效评价法制化的主要助力。

一、经济发展程度

国家的经济发展到一定程度时,物物交换时依靠的简单的人与人之间的合作与信任显然已无法满足市场经济的需要,一定的秩序与规范成为经济活动中规范市场秩序必不可少的重要工具,于是出现了法律制度。而随着经济方式的不断复杂化,原有的法制化水平也无法适应新的经济活动的开展。例如,原有的法制中缺少对新生事物、新生经济贸易方式等的规定,原有的法律制度滞后于社会发展形成的新需求等,这就自然而然地产生了法制优化的诉求,倒逼法制化进程不断推向前进。这一法制化进路的逻辑具有相当的普遍性,同样适用于财政支出绩效评价法制化的进程。具有规范性、程序性和国家强制性等特征的法律其实也可以被视为一种理想的管理制度,能在财政支出绩效评价中发挥重要作用。财政支出绩效评价涉及数量众多的主体和客体,这些主客体之间存在着各种各样的权利义务关系。财政支出规模越大,有关主客体就越多,有关权利义务关系就越复杂,复杂到一定程度的时候,就需要法律及其背后的强制力来对这些权利义务关系进行有效规范。亚当·斯密认为,政府在市场中需要做的,是承担"守夜人"的角色,而实现"守夜人"职能,无疑就是要对市场秩序进行规范,其实现的途径即法制建设,这也是政府在市场经济活动中所需承担的唯一职能。后来,哈耶克进一步提出,竞争要得以运行,不仅需要组织起来某些足够的建制(如货币、市场和信息渠道等,其中有些是私人企业所从来未能提供的),而且尤其依赖一种适当的法律制度的存在,其目的在于既要维系竞争,又使竞争尽可能有力地发挥作用。[①]其观点与亚当·斯密的观点大抵相同。但哈耶克的观点在亚当·斯密强调市场秩序规范的基础上更强调法律制度的适当性,因此其对于法制建设的认识无疑是更深刻的。放在财政支出绩效评价法制化问题上,即法制化程度应能鼓励提高绩效,而不是对财政支出绩效产生消极影响。

当前,我国处于国家转型与社会转型的重要阶段,经济转轨成为法治建设

---

① HAYEK F A. The road to serfdom[M]. Chicago:The University of Chicago Press,2007:87.

的重要背景。20世纪90年代以后，我国在社会主义市场经济的带动下，经济实现了前所未有的高速增长。1998年，我国的财政支出规模突破万亿元规模，此后每年的财政支出都保持两位数以上的增长速度，到2015年，我国的财政支出规模已达17.59万亿元（见图3-1）。巨大的财政支出，对我国的财政支出绩效评价的开展及有关权利义务关系的处理提出了巨大的挑战，推进法制化势在必行。20世纪90年代末21世纪初，国家个别部委（国家发改委、财政部）与个别基层政府（福建、湖南、湖北、广东等）尝试开展财政支出绩效评价，试图通过提高财政支出绩效的方式减少财政压力，但这种实践仅局限在小范围，因此在法制建设上仅出现诸如《关于开展1990年国家重点建设项目后评价工作的通知》《中央本级项目支出预算管理办法（试行）》《广东省财政支出绩效评价试行方案》等影响力有限的法规文件。

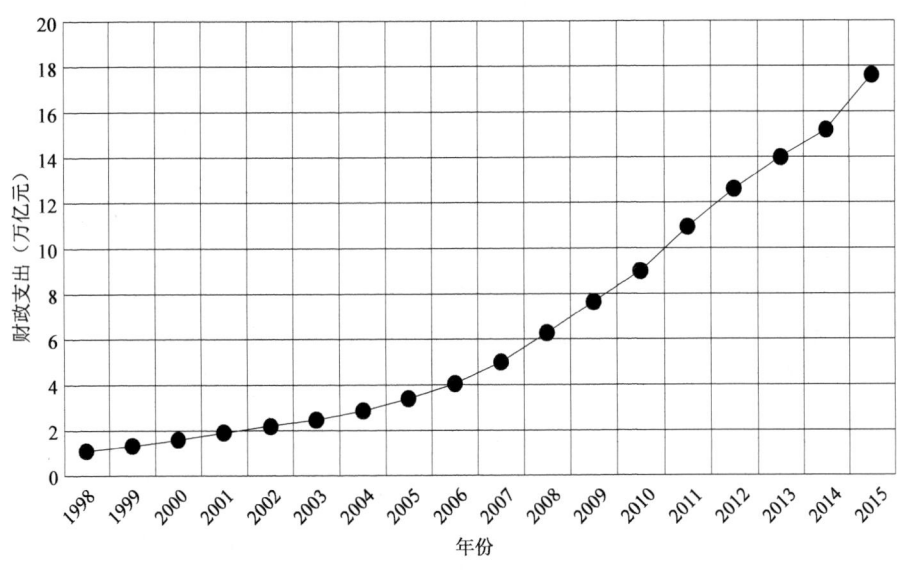

图3-1 1998年以来我国财政支出规模增长趋势
注：数据来源，国家统计局网站 http://data.stats.gov.cn/index.htm.

党的十六届三中全会之后，我国已然到达经济转轨的关键节点，国家面临着自上而下的财政压力与社会压力，倒逼政府开展全国范围内的财政支出绩效评价、提高财政绩效、减少财政损耗。因此，绩效评价这一财政支出监管的重要工具在各地的应用日益广泛。但由于各级政府在财政支出绩效评价方面的实践经验尚有不完备之处，因此在立法上较为谨慎，各地所出现的有关财政支出绩效评价的法律法规文本多以办法、通知、意见等形式出现。虽然位阶较低，但是这些规范性文件对绩效评价实践的指导规范作用也是早期的经验管理无法比拟的。

国内开展财政支出绩效评价至今已近三十年，财政支出绩效评价所实现的监督与控制功能却呈现边际效应递减的特点。尤其是在楼市调控过程中，地方"土地财政"、地方债过大等问题一时间涌现出来，也暴露出现有财政支出绩效评价的法制化水平在面对复杂的经济形态时力不从心的问题。究其原因，根本上在于现有法律文本位阶过低、随意性过大、规范性不足。换言之，国内缺乏一个较为权威的、能在制度上对国内财政支出绩效评价立法乱象进行规范的法律。于是在2014年，十二届全国人大常委会第十次会议修订通过了新的《预算法》，这为法制化水平的持续提升提供了原动力。当然，新《预算法》远不是财政支出绩效评价法制化的终点。多年的经验也表明，经济发展程度从某种程度上确实推动着财政支出绩效评价法制化的完善。

二、经济及财政体制改革

财政体制与经济体制存在着对应关系。纵观世界经济史和财政史，世界经济大致经历了自然经济、计划经济和市场经济三个阶段，与之对应地产生了家计财政[①]、国家财政[②]和公共财政[③]三种主要的财政体制。具体到我国，新中国成立前，我国长期处于自然经济的形态，财政体制上具有明显的家计财政的特征；新中国成立后，我们效仿苏联施行计划经济，实行国家财政的财政管理方式；党的十四大提出，"我国经济体制改革的目标是建立社会主义市场经济体制"，与之相对应，我们有必要建立起公共财政体制。于是，在1998年全国财政工作会

[①] 封建统治者私人财政与国家财政合一的状态。

[②] 财政为国家利益服务，由国家进行财政收支、规划及管理。

[③] 所谓公共财政，是指在市场经济条件下，国家为满足社会公共需要而进行的政府收支活动。在政府收支活动中，国家作为经济和社会管理者主导社会分配，将财政收入用于为社会提供公共产品和服务，以保证国家机器正常运行，保障国家安全，维护社会秩序，实现经济社会的协调发展。其含义可以从两个维度来理解：一是公共属性。公共财政覆盖全体社会成员，其目的是为全体社会成员提供公共产品。在形式上，财政收入通过公共部门筹集、管理和使用；在实质上，财政的目的是满足公共性的需求，实现社会福利最大化。二是弥补市场失灵。财政学理论认为，公共财政的公共性决定了财政支出的分配不是一般意义的分配。因市场失灵的存在，市场并不能提供所有的公共产品。此时，需要通过公共财政来配置资源、提供公共产品。一方面，要以效率为核心，确定市场或政府配置资源的模式；另一方面，初次分配和再分配都要处理好效率和公平的关系，再分配更加注重公平。

议上，我国首次明确要求进行公共财政改革并确立了公共财政基本框架的改革目标。

财政支出是公共财政的重要组成部分，它直接关系到政府职能能否实现。经济增长和社会稳定是财政支出管理的目标，这要求在支出管理的过程中高效[①]地配置和使用财政资源。在经济社会的转型期，需要政府解决的"公共性"问题不断增加，需要不断增加财政支出，这对财政的监管形成了一定的压力。究其原因，一方面是财政支出绩效低下所致；另一方面则关乎政府内在扩张的动力。"一切有权力的人都容易滥用权力，这是万古不易的一条经验。"[②] 如果公共权力不受约束地任意扩张，财政支出的公共性必将一步步受到侵蚀。要保证公共财政的公共性，就必须把公共权力置于社会公众的监督之下，对其进行制约，使公共权力依照法律法规行使。而财政支出绩效评价，可以及时有效地发现和调整财政支出过程中的失范行为，提高财政支出绩效，充分利用财政资金，减少财政损耗与浪费。但与此同时，财政支出绩效评价专业性较强，应如何保证其在实施与推广过程中发挥应有的作用？另外，应如何保证各级政府与部门、单位不会将财政支出绩效评价作为上级管下级或者是部门之间彼此牵制的政治工具？无疑，法律的规范和指引作用在这个过程中是不可缺失的。也就是说，经济和财政体制的改革呼唤财政支出绩效评价的法制化。

财政支出绩效评价法制化包括两个方面的内容，即民主财政与财政法治[③]。一方面，财政取之于民，社会公众享有公共财政相关信息和事务的知情权、参与权和监督权。因此必须形成财政预算、执行和监督的法律和相应法定程序，实现法律对财政行为硬性约束[④]，这就需要为民主参与财政监管提供途径，而绩效评价无疑就是当下参与财政监管的有效途径。另一方面，法制化将社会公众各种需求的协调变为了可能。社会公众的需求复杂且多元，共性和个性并存，只有通过法制框架下的民主机制才能进行协调。首先，在财政支出绩效评价法制化过程

---

① 财政支出效率的高低体现在政府为供给公共产品所进行的资源配置是否优化、公共产品的成本是合理、公共产品的结构是否合理，社会福利是否达到最大化等方面。

② 孟德斯鸠. 论法的精神 [M]. 张雁深，译. 北京：商务印书馆，1961：154.

③ 财政法治指的是财政领域中所有主体都要遵守法律，财政领域的各种行为（包含财政支出绩效评价）都必须通过法律进行规范和调整。

④ 李延均，杨光焰. 公共财政学 [M]. 上海：立信会计出版社，2011：27-29.

中，对那些不存在异议的评价流程，法律可顺理成章地将其作为财政支出绩效评价程序；对那些评价方式与评价结果存在分歧的财政支出绩效评价，法律能提供民主的公共决策机制，以利社会公众对财政支出绩效的高低作出民主判断并进行民主决策。其次，法律能确定财政支出绩效评价的边界和程序。财政支出绩效评价过程涉及评价者、组织者与执行者等多个主体，自然涉及评价之中的权利（权力）与义务关系的界定，也涉及评价程序如何设计、评价结果如何处理与应用等问题。这些内容都应需要经过法律进行确认、承认与规范。财政立法为财政活动提供制度供给，构建制度框架。"正是通过法律形式，依靠法律手段，社会公众才得以真正决定、约束、规范和监督政府及其财政的活动，才确保了政府的行为必须遵循市场和资本的根本要求，才确保了政府的公共活动必须符合私人的根本利益。"[①]有关法律要对财政支出绩效评价主客体的权力（权利）义务、财政活动的程序、财政违法行为的法律责任进行明确规定，将政府的财政行为规范在法律的框架内，有利于实现公共财政行为公共性的法治化，从而强化评价结果的公信力。

三、民主法治意识

随着经济社会发展和普法工作的深入开展，社会公众的民主法治意识得到明显提升。但民主与法治的关系并不完全是和谐共生的。因为普遍承认的民主强调"多数决定"，就容易导致少数人的权利被忽视，形成了"多数的暴政"。而主张"法律面前人人平等"的法治则要保障每一个人的基本权利，防止"多数决定"伤害少数人利益。诺思把其关系比喻为："民主挖空心思维护多数的权力，甚至将之绝对化，法治则竭尽所能为权力这匹野马套上笼头。"[②]

民主与法治意识对财政支出绩效评价法制化的影响体现在以下几个方面。

[①] 张馨. 公共财政论纲 [M]. 北京：经济科学出版社，1999：234.
[②] 秦前红，叶海波. 论民主与法治的分离与契合 [J]. 法制与社会发展，2005（1）：70.

（一）预算权力与预算权利

预算权力对应的是公共部门。财政支出的全过程也就是预算权力运行的过程，包括预算的编制、审议、执行、决算和绩效评价等程序。为保证权力行使不失范，必须设计合理的权力架构对其进行协调和制衡。依据权责法定原则，做好预算权力的协调和制衡，有必要加强财政预算法制化管理，尤其是财政支出绩效评价法制化，在预算权力方面实现"法无授权则无权"，在法律的层面上规范政府的行为。

预算权利对应的是社会公众。公共财政体制下的财政支出取之于民用之于民，所以社会公众天然地享有财政监督权与知情权，进而享有财政支出的绩效评价权。传统的法律体系重政府权力而轻社会公众权利，这显然不利于财政支出公共性的实现。因此，必须以法律的形式，在制度上保证社会公众参与度，实现社会公众参与权，从而落实财政支出知情权与监督权。

（二）民主立法

法治框架之外的民主不是真正的民主，包括财政民主在内的各种民主都需要法律的支撑。财政民主指"政府依法按照公众意愿，通过民主程序、运用民主方式来理政府之财"。[①] 从当前来看，财政民主在我国还只是观念和理论形态，因此应将其制度化和法律化，使其成为推行财政民主的指南和保障。[②] 就财政支出绩效评价来说，在基础立法方面，尽管我国现行预算法将"绩效"作为财政管理的重要手段，但对于财政支出绩效评价并没有详细规定；在具体立法方面，虽然已经制定了《财政支出绩效评价管理暂行办法》，但是法律位阶较低、规范性不足，缺乏权威性。法制化水平偏低无疑不利于绩效评价工作的开展，也难以保证评价的民主性。

另外，法治的根本在于民主，"没有民主，法治就没有灵魂、核心和依归。

[①] 刘剑文.走向财税法治：信念与追求[M].北京：法律出版社，2009：43.

[②] 其实，民主立法过程本身就是一种推动财政民主的重要途径。中国一个最近的例子是：2010年10月，十一届全国人大常委会第十七次会议初次审议了《中华人民共和国车船税法（草案）》，并将该草案及草案说明在中国人大网公布，向社会公开征集意见。该草案在国人中引发了强烈的关注，大家对此各抒己见，这表明财政民主确实在提高。

真正的法治必然是民主的法被严格地遵守执行"[①]。财政支出绩效评价关乎社会公众的利益能否实现,有关事项必须贯彻民主的原则,方才具备合法性和公信力。具体地说,就是有关财政支出绩效评价的具体立法必须贯彻民主原则,依照民主程序进行;财政支出绩效评价立法,法律的内容必须体现民主评价、重视民主参与、追求公众满意。

(三)财政问责

不被问责的政府不是民主的政府,不承担违法责任的政府也不可能是法治政府。财政支出问责制,是财政法治和财政民主的共同诉求。就财政支出绩效评价法制化而言,问责的含义有三方面:一是强调社会公众有监督政府的权力,政府要对社会公众负责。政府管理的财政资金来源于社会公众,其使用方向必须符合社会公共利益,使用的情况有义务向社会公众报告。社会公众与政府间存在"公共财政受托责任"关系,作为委托人的社会公众,享有对作为受托人的政府进行监督的权力。二是问责不仅要求法律明确财政违法行为所必须承担的法律责任,也要求建立合理机制保障违法必究。三是财政支出的合法性与合理性并重。一方面,要求财政支出预算一经审批便具备法律效力,须按既定计划执行,未经法定程序和法定机关批准,任何单位和个人不得变更;另一方面,财政支出要具备经济性、效率性、效益性和公平性。此三方面都是实现财政支出绩效评价法制化实现财政问责的重要内容,缺一不可。

四、国家大政方针

在我国中央政府对于各级政府、部门与单位起着方向性的、权威性的指导作用。因此,国家的大政方针对财政支出绩效评价法制化产生着深刻的影响。

鉴于经济及公共财政体制改革的需要,我国制定了一系列有关的大政方针(见表3-2)。

[①] 卓泽渊. 法政治学[M]. 北京:法律出版社,2005:215.

表 3-2 我国与财政支出绩效评价有关大政方针

年度	主体	内容
1999	全国人大、审计署	提出改进和规范中央预算编制工作。以此为契机，财政部把改革预算编制方法作为切入点，推行以部门预算为核心的预算管理改革，其中就包括财政支出绩效评价[①]
2000	财政部	积极探索建立财政支出绩效考评工作体系
2002	中共中央	党的十六大报告把收入分配的原则由"效率优先，兼顾公平"调整为"初次分配注重效率，再分配注重公平"
2003	中共中央	《中共中央关于完善社会主义市场经济体制若干问题的决定》，提出"改革预算编制制度，完善预算编制、执行的制衡机制，加强审计监督，建立预算绩效考评体系"
2007	中共中央	党的十七大把效率和公平的关系进一步调整为"初次分配和再分配都要处理好效率和公平的关系，再分配更加注重公平"
2011	国务院	批准监察部牵头建立政府绩效管理工作部际联席会议制度（成员包括监察部、中共中央组织部、中央编办、国家发改委、财政部、人力资源社会保障部、审计署、国家统计局、国务院法制办）
2011	国务院	选择京、吉、闽、桂、川、新、杭、深8个地区和国家发改委、财政部、国土资源部、环境保护部、农业部、质检总局6个部门作为首批政府绩效管理试点单位
2012	中共中央	党的十八大要求"创新行政管理方式，提高政府公信力和执行力，推进政府绩效管理"

在党中央、全国人大、国务院（及其组成部门、直属机构）一系列有关大政方针的指引下，有关国家部委和地方政府加强了制度配套，制定了一批有关财政支出绩效评价的规范性文件。2011年，监察部发布《关于开展政府绩效管理试点工作的意见》（监发〔2011〕6号），部署开展了政府绩效管理试点。仅在通知发布的2011年年底，就有23个省级行政部门实行了政府绩效管理。[②] 这次部署也为后来全面开展财政支出绩效评价打下了制度基础，直接促使各个试点省市与试点部委出台相关的法规制度，也为国内其他省市与部门提供了宝贵的实践经验（见表3-3）。

[①] 财政部预算司. 绩效预算和支出绩效考评研究 [M]. 北京：中国财政经济出版社，2007：1-2.
[②] 周英峰. 全国已有23个省份开展政府绩效管理 [N/OL]. 2012-03-02[2018-05-15]. http://news.sina.com.cn/c/2012-03-02/045024044770.shtml.

表 3-3　2011 年联席会议指导下首批政府绩效管理试点省市、试点部委及其办法

地区或部门	年度	法律法规或文件
北京市	2012	《关于做好政府绩效管理试点工作的意见》 《北京市财政支出绩效评价管理暂行办法》 《北京市财政支出绩效评价实施细则》
吉林省	2011	《吉林省预算绩效管理办法（试行）》
福建省	2011	《福建省财政支出绩效评价管理暂行办法》
广西壮族自治区	2011	《广西壮族自治区财政支出绩效评价暂行办法》
四川省	2011	《省财政厅关于开展 2011 年财政支出绩效评价工作的通知》（川财预〔2011〕53 号）
新疆维吾尔自治区	2011	《新疆维吾尔自治区财政支出绩效评价管理暂行办法》
杭州市	2011	《杭州市政府绩效管理试点工作方案（2011—2012 年）》
深圳市	2013	《深圳市人民政府关于加强财政预算绩效管理工作的指导意见》（深府〔2013〕23 号）
国家发改委	2011	《全国主体功能区规划》
财政部	2011	《财政支出绩效评价管理暂行办法》
国土资源部	2011	《国土资源部绩效管理试点工作方案》
环境保护部	2011	《污染减排政策落实情况绩效管理试点工作实施方案》及 6 个配套细则
农业部	2010 2011	《农业部绩效管理办法（试行）》及 5 个实施细则（2010 年）； 《关于学习贯彻中央领导同志重要批示深入推进绩效管理工作的意见》（2011 年）
质检总局	2011	《国家质检总局绩效管理试点工作方案》

结合"加快改革财税体制"的时代任务，2014 年，新《预算法》颁布，6 处提及财政"绩效"，"讲求绩效"首次被作为一条重要原则，和统筹兼顾、勤俭节约、量力而行、收支平衡相并列。新《预算法》还提出，"各级政府、各部门、各单位应当对预算支出情况开展绩效评价"，编制预算要参考"有关支出绩效评价结果"，人大出具的预算审查报告要对"提高预算绩效"提出意见和建议。要求绩效原则将贯穿到预算编制、预算审查和批准、预算执行和监督、决算等各个环节，以及专项转移支付定期评估和退出、预算公开等方面。

从财政支出绩效评价工具与实践经验的引入到新《预算法》出台这一段历程来看，党中央精神与国务院制度性尝试确实在很大程度上影响着财政支出绩效评价法制化的进程。其背后反映的是国家人力、物力与政策对于财政支出绩效评价的倾斜，由此拉动财政支出绩效评价实践的开展，从而实现财政支出绩效评价的制度化与规范化，最终实现法律化。

本 章 小 结

本章以财政支出绩效评价实践探索为起点,进而分析具有典型代表性的广东财政转型及其绩效评价法制化进程。从历史的角度看,我国财政支出绩效评价可分为改革开放前(1949—1977年)、改革开放至20世纪末(1978—1999年)和21世纪以来(2000年至今)三个阶段,分别对应于财政支出绩效评价前法制化阶段、法制化的起步阶段与法制化的发展阶段。进一步分析影响财政支出绩效评价法制化因素,包括经济发展程度、财政体制改革、民主法制意识和国家大政方针等。十几年的实践表明,国家的大政方针对于财政支出绩效评价法制化起着决定性与方向性的作用。尽管从个别省市看,经济发展程度、民主意识等因素推动了地方政府与基层政府财政支出绩效评价(如广东省)及其法制化建设,财政支出绩效评价法制化进程是我国法治进程的一部分。

第四章

我国财政支出绩效评价法制化现状评析

我国财政支出绩效评价法制化建设必须立足现状,因此,要探讨财政支出绩效评价法制化,评析现行的法律法规及其实施状况,肯定成绩,发现问题,剖析存在问题的成因,分析影响因素,进而为推进财政支出绩效评价法制化提供路径和对策。由于财政支出绩效评价本身是政府绩效评价的组成部分,为此,本章主要以我国政府绩效评价的有关法律法规为对象展开评析。

第一节 我国地方政府绩效评价的法律与规章

政府绩效评价被视为"国家生产力",涉及权力关系,因此,西方国家将法制化建设作为推行政府绩效评价的基本经验。虽然我国引入政府绩效评价并开展试点工作的时间不长,但也强调法制化建设,尤其是地方法规的制定及完善。事实上,现行宪法也从原则上关注国家机关及公务员的考核评价,强调政府绩效评价所关注的"效益"和"效率"问题。[①] 在我国政府绩效管理及财政支出绩效评价法制化的进程中,一些地方(如哈尔滨市、青岛市等)政府的相关立法立规具有重要的意义。虽然法规针对的内容或名称不同,但均涉及财政支出绩效评价。

---

① 参见宪法第十四条:国家通过提高劳动者的积极性和技术水平,推广先进的科学技术,完善经济管理体制和企业经营管理制度,实行各种形式的社会主义责任制,改进劳动组织,以不断提高劳动生产率和经济效益,发展社会生产力。第二十七条:一切国家机关实行精简的原则,实行工作责任制,实行工作人员的培训和考核制度,不断提高工作质量和工作效率,反对官僚主义。

一、《哈尔滨市政府绩效管理条例》

《哈尔滨市政府绩效管理条例》于 2009 年 3 月由哈尔滨市人大常委会通过，6 月由黑龙江省人大会常委会批准。该条例针对的权利义务关系包含财政支出绩效评价在内的整个政府工作领域，对绩效计划、绩效评估、绩效信息、绩效结果、法律责任等方面作出了规范。主要包括：政府及部门应依据本地区的经济社会发展规划来制定中长期的绩效管理计划、年度绩效计划；应按照科学、规范、系统的指标体系和评估程序对政府及部门履行职能、实现绩效目标的实绩和效果定期进行评估；政府及部门应当准确、及时地收集绩效信息，建立绩效信息数据库；绩效管理机构应当对无异议的绩效评估结果或已经复核确认的评估结果，按有关规定向社会公开；对违反该条例规定的相关负责人，根据管理权限，依法给予行政处分或依法追究刑事责任。虽然该条例主要规范宏观的政府绩效管理事项，但在条例的第二十条，对财政支出的绩效评价作出特别规定，即明确要求对本地区重大的公共财政投入实行专项绩效管理，并开展绩效评估。

二、《青岛市预算绩效管理条例》

《青岛市预算绩效管理条例》于 2014 年 9 月颁布，9 月由广东省人大常委会批准，同年 11 月施行。该条例对预算编制绩效管理、预算执行绩效管理、绩效评价、绩效问责与法律责任等方面的事项作出规定。主要包括，预算部门在编报年度预算时，应当编报部门整体支出、项目支出的绩效目标和绩效说明；在预算执行过程中，财政部门与预算部门应当对绩效目标实现情况保持跟踪和监控；预算执行结束，财政部门、预算部门应对照已设定的绩效目标，对财政支出开展绩效评价；对因故意或者过失导致影响绩效管理目标的实现，对有关责任部门及其责任人员实行问责。

该条例把绩效评价作为重要的管理工具。该条例共有三十六条，"绩效评价"一词出现了 16 次，"绩效评估"出现了 3 次，足见条例对绩效评价的重视。较之于其他地方性法规，该条例与财政支出绩效评价的关系更为密切。比如该条例的第二十三条明确指出，预算执行结束，财政部门、预算部门应当根据设定的绩效目标对财政支出进行绩效评价。作为财政支出的重要组成部分，财政专项资金也得到该条例充分的重视，共有5条规定涉及专项资金。比如第十三条要求财政部门应当按照规定对设立专项资金进行绩效评估；第二十六条明确要求财政部门在进行项目支出绩效评价时，应当对设定的执行期限超过三年的专项资金组织中期绩效评估。

三、《杭州市绩效管理条例》

《杭州市绩效管理条例》于2015年8月由杭州市人大常委会通过，同年9月由浙江省人大常委会批准，自2016年1月1日起施行。该条例对杭州市政府及其组成部门、杭州市下辖区、县（市）政府及其组成部门、市内各乡（镇）政府、街道办事处履行职责时的绩效管理所涉及的权利义务关系作出规定，包含绩效管理规划、过程管理、结果运用、绩效问责等方面。具体的内容主要包括：各级绩效管理委员会统一领导本行政区域内的绩效管理工作；监察、财政等绩效管理相关部门按照各自职责，依法做好绩效管理工作；绩效责任单位应当根据本地区（行业）经济社会发展规划和本单位工作职责编制绩效管理规划；绩效管理机构、绩效责任单位应当采取有力措施，推进绩效目标的实现；绩效管理单位应当按照有关制度和既定方案，负责组织年度绩效评价；绩效评价结果将作为政策调整、领导人员职务升降任免等方面的重要依据。与此同时，该条例第二十一条也规定，需要较大财政资金投入的事项实行专项绩效管理，体现了该条例对财政支出绩效评价的重视。

另外，也有部分地区制定了其他特定领域绩效管理的规章，比如《宁夏回族自治区绩效审计办法（试行）》于2010年1月由宁夏回族自治区人民政府审议通过，自2010年3月1日起施行。该办法所说的"公共资源"是指由政府直接管理和由政府委托或者授权管理的各类资金和资产，包括财政支出。办法对绩效审计的内容和标准、方法和结果、罚则作出了规定。明确由谁（审计机关）开展绩效审计，审计内容是什么，以什么方法、标准审计；赋予了审计机关开展绩效审计相应的权力；规定了被审计单位配合审计的义务；规定了如何处理绩效审计中发现的违法违规情况。

第二节 我国财政支出绩效评价的法律法规分析

一、财政支出绩效评价有关法律分析

（一）基本法律与财政支出绩效评价

《预算法》是与财政支出绩效评价有着重要且直接关系的基本法律，是目前开展财政支出绩效评价最为权威的法律依据。《预算法》具有"经济宪法"之称，对财政支出的管理具有非常重要的指导作用。它于1994年3月22日八届全国人大第二次会议通过，并于1995年1月1日起正式实施。由于时代所限，第一版的《预算法》中并未包含任何有关绩效或绩效评价的内容。

而20年来的财政支出管理实践证明，绩效评价已经成为预算管理中不可或缺的内容。2014年8月，十二届全国人大常委会发布《全国人民代表大会常务委员会关于修改〈中华人民共和国预算法〉的决定》，并修订预算法（以下简称新预算法）。新预算法首次在法律的层面上明确我国公共财政收支中的绩效管理要求，要求在进行预算绩效管理的过程中，强调绩效"参与性"，要求各级政府各部门、各单位应对预算支出实行绩效评价，并把上一年度绩效评价结果作为编制预算的参考；此外也要加强外部监督，人大预算审查的重点要包括资金使用效果。

除此之外，新预算法要求公共财政的绩效管理要贯穿预算活动的全过程，重视财政收支绩效。包括要参考上一年预算执行情况、有关支出绩效评价结果和本年度收支预测编制预算，进行预算审批时需要各级人民代表大会有关专门委员会向本级人民代表大会主席团提出总预算草案及上一年总预算执行情况的审查结果报告，各级政府各部门、各单位应当对预算支出情况开展绩效评价，县级以上各级人民代表大会常务委员会和乡、民族乡、镇人民代表大会对本级决算草案重点审查支出政策实施情况和重点支出、重大投资项目资金的使用及绩效情况。

新预算法对财政支出绩效评价有关工作的开展、财政支出绩效评价结果的应用、评价过程中对利益攸关方的参与等方面提出了较高的硬性要求。鉴于它具有较高的法律位阶，其对于财政支出绩效评价法制化具有重要的指导意义：一方面要求各有关主体依法依规在实践中予以认真落实；另一方面，也鼓励相关主体结合实际加强财政支出绩效评价法制化建设，通过创制或修订现有法律法规的方式做好立法衔接，为落实有关要求创设良好的制度环境。

（二）普通法律与财政支出绩效评价

一是《审计法》。诚如《审计法》开篇所指的那样，提高财政资金使用效益是《审计法》立法的重要目的之一。[①]根据"3E"理论，效益是绩效的重要组成部分，这表明审计与绩效评价存在共同的价值追求，绩效与绩效评价理应在《审计法》中占有较为重要的位置。但由于现行的审计法立法较早（由八届全国人大常委会第九次会议于1994年8月31日通过，由十届全国人大常委会第二十次会议于2006年2月28日进行了修正），彼时绩效评价尚未成为财政支出监管的重要手段，所以《审计法》中并未明文包含绩效或绩效评价的内容。应该说，这是《审计法》的一大缺憾，这在一定程度上导致了财政支出审计对接财政支出绩效评价、二者信息共享的制度障碍。对审计和绩效评价来说，"效益"这个共同的价值追求的存在，使得《审计法》在客观上对财政支出绩效评价产生了一定的制度支撑作用。《审计法》中的某些规定，间接契合了财政支出绩效评价的要求。除前述《审计法》的立法目的外，《审计法》赋予了审计机关对财政支出或者财务支出的效益进行审计监督的权力。[②]

二是《公务员法》。《公务员法》是我国干部人事管理的综合性法律，自2006年1月1日起施行。从法律文本来看，《公务员法》与绩效评价存在着千丝万缕的联系。《公务员法》的第五章至第九章的主题分别为考核、职务任免、职务升降、奖励、惩戒，这些主题均与公务员的工作绩效有着直接或间接的联系。同时，公务员的工作绩效都需要耗费一定的财政支出。从这个意义上来说，公务员管理和使用财政支出的绩效影响着其工作的绩效，影响着公务员的考核、职务任免、职

---

① 参见《审计法》第一条：为了加强国家的审计监督，维护国家财政经济秩序，提高财政资金使用效益，促进廉政建设，保障国民经济和社会健康发展，根据宪法，制定本法。

② 参见《审计法》第二条：……审计机关对前款所列财政收支或者财务收支的真实、合法和效益，依法进行审计监督。

务升降、奖励和惩戒。因此，财政支出绩效评价与《公务员法》存在着密不可分的联系，要进一步发挥财政支出结果的应用，二者的立法衔接不可避免。

二、财政支出绩效评价有关行政法规分析

为执行《预算法》和《审计法》的规定，国务院制定了《预算法实施条例修订方案征求意见稿》和《审计法实施条例》。与《预算法》和《审计法》相呼应，两个实施条例含有涉及或支持财政支出绩效评价的内容。

一是《预算法实施条例征求意见稿》（以下简称《预算法条例》）。1994年的《预算法》中并未包含绩效或绩效评价的内容。相应地，在1995年公布的《预算法实施条例》中也没有包含绩效或绩效评价的内容。现如今，新的预算法已颁布实施，与之对应的新"预算法实施条例"中，有关财政支出绩效评价的内容应有一席之地。目前，《预算法条例》已经成形，正由国务院法制办公室面向全社会征求意见。与新《预算法》相呼应，《预算法条例》中多处出现了"绩效""绩效目标""绩效评价"等概念。《预算法条例》在预算的语境下明确了绩效评价、绩效目标的含义；[①] 明确规定设立专项转移支付要有明确的绩效目标，[②] 同时将绩效目标的评估结果作为专项转移支付继续、调整、退出的依据，[③] 将绩效评价的结果作为各级政府、各部门、各单位编制年度预算草案的依据；[④] 明确了财政部

[①] 参见《预算法条例》第十七条：预算法和本条例中下列用语的含义：……绩效评价，是指根据设定的绩效目标，运用科学合理的绩效评价指标和评价方法，对预算支出的经济性、效率性、效益性等进行的客观、公正的评价……第三十七条：预算法第三十二条第三款所称"绩效目标"，是指预算资金在一定期限内计划达到的产出和效果。绩效目标应当指向明确、细化量化、合理可行，并同预算资金相匹配，是预算编制的重要内容和依据。

[②] 参见《预算法条例》第十条：……设立专项转移支付应当规定明确的用途、使用范围、绩效目标、分配办法和期限等。

[③] 参见《预算法条例》第十一条：县级以上各级政府应当对其设立的专项转移支付建立定期评估和退出机制。县级以上各级政府对于评估后的专项转移支付，分别情形，予以处理：（一）符合法律、行政法规和国务院规定以及绩效目标预期，有必要继续执行的，可以继续执行；（二）设立依据发生变动，或者绩效目标发生变动，或者实际绩效与目标差距较大，或者管理不够完善的，应当予以调整；（三）不符合预算法和本条例规定的设立条件和程序的，或者设立依据失效或者废止的，或者绩效目标已经实现或者取消的，或者市场竞争机制已经能够有效调节的，应当予以退出。

[④] 参见《预算法条例》第三十二条：各级政府编制年度预算草案的依据：……（七）最近年度决算和有关绩效评价结果、上一年度支出预算执行情况和本年度支出政策调整等。第三十三条：各部门、各单位编制年度预算草案的依据：……（五）本部门、本单位最近年度决算和有关绩效评价结果、上一年度预算执行情况、结转和结余资金情况以及本年度预算收支变化因素；……

门、预算部门、预算单位关于绩效评价的权利和义务等。[①]但《预算法实施条例（征求意见稿）》并没有在预算法的基础上进一步对财政支出绩效评价的有关事项作出操作性的规定。

二是《审计法实施条例》（以下简称《审计法条例》）。与《审计法》相对应，现行的《审计法条例》中也没有关于绩效或绩效评价的内容。但事实上，《审计法条例》与财政支出绩效评价存在一定的联系：第一，《审计法条例》的第二条对审计进行了界定[②]，把财政（财务）收支的效益作为审计的重要内容，体现了绩效评价的要求；第二，条例赋予了审计机关对财政支出进行效益监督的权力；[③]第三，近年来涌现出的"绩效审计"与绩效评价存在着紧密的关系，二者在目标定位、工作方法等方面存在着很强的交叉互补性；第四，审计（绩效审计）的诸多资源和成果可以与财政支出绩效评价共享，有利于提高绩效评价工作的效率。

三、财政支出绩效评价有关部门规章分析

我国法律体系中，部门规章对财政支出绩效评价给予了较多的关注。各部委通过暂行办法、指导意见、通知等形式对财政支出绩效评价的诸多方面进行了规范，是财政支出绩效评价实践的重要法律依据。鉴于关于财政支出绩效评价的部门规章（含规范性文件）数量较多，本节仅选取具有代表性的部门规章进行分析。

[①] 参见《预算法条例》第六十条：预算执行中，政府财政部门的主要任务是：……（五）统一管理政府债务的举借、支出、偿还，对使用单位和债务资金使用情况进行监督检查和绩效评价；……（九）组织和指导预算资金绩效监控、绩效评价，充分应用绩效评价结果；……第六十一条：预算执行中，各部门、各单位的主要任务是：……（二）依法组织收入，严格支出管理，实施绩效监控，开展绩效评价，充分应用绩效评价结果，提高资金使用效益；……（四）编制财务报告，汇总本部门、本单位的预算执行情况，定期向本级政府财政部门报送预算执行情况报告和绩效评价报告。第四十六条：各级政府应当加强项目支出管理。各级政府财政部门应当建立和完善以绩效为导向的项目支出预算评审制度。各部门、各单位应当按照本级政府财政部门的规定开展预算评审。……第八十五条：各级政府财政部门有权对本级各部门及其所属各单位的预算执行情况进行监督检查，对各部门预算执行情况和绩效进行考核。……第一百零五条：各级政府、各部门、各单位应当充分利用决算数据开展绩效评价工作。第一百零九条：财政部派出机构对下列事项履行预算管理监督职责：……（五）所在地中央预算单位支出绩效；……

[②] 参见《审计法条例》第二条：审计法所称审计，是指审计机关依法独立检查被审计单位的会计凭证、会计账簿、财务会计报告以及其他与财政收支、财务收支有关的资料和资产，监督财政收支、财务收支真实、合法和效益的行为。

[③] 参见《审计法条例》第十五条：……经本级人民政府批准，审计机关对其他取得财政资金的单位和项目接受、运用财政资金的真实、合法和效益情况，依法进行审计监督。

一是《中央本级基本支出预算管理办法》。2007年，为规范和加强中央部门项目支出预算管理，提高资金使用效益，财政部根据《预算法》，制定了《中央本级项目支出预算管理办法》（以下简称《预算管理办法》）。《预算管理办法》中的部分条款与财政支出绩效评价密切相关：首先是将绩效考评定为预算管理的重要方法；① 其次是划分了权力范围，明确中央部门绩效考评工作由本部门负责，财政部享有规章制度的制定权，并对中央部门的绩效考评工作享有指导权、监督权和检查权；② 最后是明确了绩效考评结果的用途。③

二是《财政支出绩效评价管理暂行办法》。为积极推进预算绩效管理工作，财政部在2009年版本的《财政支出绩效评价管理暂行办法》的实践基础上，于2011年4月又颁布了新的《财政支出绩效评价管理暂行办法》。《财政支出绩效评价管理暂行办法》回答了财政支出绩效评价实践中必须要解决的几个关键问题：首先，明确了财政支出绩效评价的主体，即谁来评价。《财政支出绩效评价管理暂行办法》第二条将财政支出绩效评价的主体明确为"财政部门和预算部门（单位）"。其次，明确了财政支出绩效评价的对象和内容，即评价什么。第七条将评价对象明确为"纳入政府预算管理的资金和纳入部门预算管理的资金"，第十条将评价内容明确为"绩效目标的设定情况；资金投入和使用情况；为实现绩效目标制定的制度、采取的措施等；绩效目标的实现程度及效果；绩效评价的其他内容"。再次，明确了财政支出绩效评价的评价原则和方法，即如何评价。第五条要求评价"采用定量与定性分析相结合的方法"，遵循"科学规范""公正公开""分级分类""绩效相关"的原则。第二十一条更将绩效评价方法具体化为"成本效益分析法、比较法、因素分析法、最低成本法、公众评判法等"。最后，明确了财政支出绩效评价的结果如何应用。第三十三条与第三十五条从三个角度对评价结果的运用进行了规定，即将评价结果作为今后工作、表扬与批评、追究责任的重要依据。值得关注的是：《财政支出绩效评价管理暂行办法》规定了谁来

---

① 参见《预算管理办法》第五条：项目支出预算管理应遵循以下基本原则：……（三）追踪问效的原则。财政部和中央部门对财政预算资金安排项目的执行过程实施追踪问效，并对项目完成结果进行绩效考评。
② 参见《预算管理办法》第四十四条：按照财政部关于开展项目支出绩效考评工作的有关规定，财政部负责统一制定绩效考评的规章制度，指导、监督、检查中央部门的绩效考评工作，中央部门负责组织实施本部门的绩效考评工作。
③ 参见《预算管理办法》第四十五条：中央部门应当将项目绩效考评结果报送财政部，财政部应当将绩效考评结果作为加强项目管理及安排以后年度项目支出预算的重要依据。

评价、评价什么、如何评价、评价结果如何应用等问题。这是目前为止关于财政支出绩效评价最有针对性、最为全面的评价依据，具有重要意义。但是随着实践的进一步发展，该办法的不足之处也逐渐暴露出来，主要是：财政支出绩效评价有关权力的配置，涉及评价主体的界定；财政支出绩效评价程序的完善，如何保障利益攸关方的参与权，以及如何强化财政支出绩效评价结果应用等。

三是《关于推进预算绩效管理的指导意见》。2011年，为了达成强化预算支出的责任和效率，提高财政资金使用效益等目的，财政部出台了《关于推进预算绩效管理的指导意见》（以下简称《指导意见》）。财政支出绩效评价作为预算绩效管理的重要组成部分，其实践要接受《指导意见》的指导。《指导意见》对财政支出绩效评价的意义主要体现在：第一，肯定了预算支出绩效评价的成效。《指导意见》提到，"各级财政部门和预算单位按照党中央、国务院的要求和财政部的部署，积极研究探索预算绩效管理工作，开展预算支出绩效评价试点，取得了一定成效。"第二，将绩效评价纳入了推进预算绩效管理的指导思想。《指导意见》指出，要推进预算绩效管理，需要"逐步建立以绩效目标实现为导向，以绩效评价为手段……的具有中国特色的预算绩效管理体系"。第三，将重点支出绩效评价纳入了推进预算绩效管理的基本原则。《指导意见》认为，推进预算绩效管理，需要贯彻"统一领导，分级管理"的原则，"各级财政部门负责预算绩效管理工作的统一领导，组织对重点支出进行绩效评价和再评价"。第四，将绩效评价实施管理和绩效评价结果反馈作为推进预算绩效管理的主要内容。《指导意见》明确指出"预算支出绩效评价是预算绩效管理的核心"，要求"预算执行结束后，要及时对预算资金的产出和结果进行绩效评价"。第五，明确绩效评价结果反馈的对象和用途。《指导意见》要求要将预算支出绩效评价的结果反馈给预算具体执行单位、同级人民政府和社会公众。执行单位应当依据绩效评价结果反馈完善管理制度，改进管理措施，提高管理水平，降低支出成本，增强支出责任。此外，亦应根据绩效评价结果安排以后年度的预算。政府可以将其作为决策参考和实施行政问责的依据，而社会公众则可以通过绩效评价结果反馈对预算支出展开民主监督。

四是《财政部关于进一步推进中央部门预算项目支出绩效评价试点工作的

通知》。中央部门预算项目支出是财政支出的重要组成部分。2009年，为进一步推进中央部门预算项目支出绩效评价试点工作，提高绩效评价工作的制度化、规范化、科学化程度，切实提高绩效评价工作实效，财政部出台了《财政部关于进一步推进中央部门预算项目支出绩效评价试点工作的通知》（以下内简称《财政部通知》）。《财政部通知》以中央部门预算项目支出为对象，对中央主管部门、财政部、项目承担单位等绩效评价各方职责进行了划分；设定了"确定绩效评价项目→进行项目事前自评→进行项目事后自评和绩效评价→评价结果运用"的绩效评价工作程序；构建了包含项目绩效目标和项目绩效问题两大部分的绩效评价内容体系；要求绩效评价文本需包含《中央部门预算项目支出自评报告》、《中央部门预算项目支出绩效报告》和《中央部门预算项目支出绩效评价报告》三个报告，还对报告的编写单位和内容作出了具体安排。《指导意见》还对绩效评价结果公开的方式、内容提出了指导意见。

五是《中央部门预算绩效目标管理办法》。2015年，为提高中央部门预算绩效目标管理的科学性、规范性和有效性，财政部根据《预算法》、《国务院关于深化预算管理制度改革的决定》颁布《中央部门预算绩效目标管理办法》。该办法对中央部门预算绩效目标的设定、审核、批复、调整、应用作出了规范。办法将绩效目标作为绩效评价的基础和依据，赋予了财政部和中央部门有针对地选择部分重点项目或部门（单位），在资金使用单位绩效自评的基础上，开展项目支出或部门（单位）整体支出绩效评价，并对部分重大专项资金或财政政策开展中期绩效评价试点，形成相应的评价结果的权力[1]。

六是《国务院关于深化预算管理制度改革的决定》。针对预算资金使用绩效不高等问题，在全国人大常务委员会表决通过新的《预算法》后不久，国务院旋即于2014年10月发布了《国务院关于深化预算管理制度改革的决定》。决定提出：完善政府预算体系，积极推进预算公开；改进预算管理和控制，建立跨年度预算平衡机制；加强财政收入管理，清理规范税收优惠政策；优化财政支出结构，加强结转结余资金管理；加强预算执行管理，提高财政支出绩效；规范地方

---

[1] 参见《中央部门预算绩效目标管理办法》第二十九条第三款：……财政部或中央部门要有针对地选择部分重点项目或部门（单位），在资金使用单位绩效自评的基础上，开展项目支出或部门（单位）整体支出绩效评价，并对部分重大专项资金或财政政策开展中期绩效评价试点，形成相应的评价结果。

政府债务管理，防范化解财政风险。在如何提高财政支出绩效方面，决定将绩效评价作为了重要手段，要求全面推进预算绩效管理工作，强化支出责任和效率意识，逐步将绩效管理范围覆盖各级预算单位和所有财政资金，将绩效评价重点由项目支出拓展到部门整体支出和政策、制度、管理等方面，加强绩效评价结果应用，将评价结果作为调整支出结构、完善财政政策和科学安排预算的重要依据。

七是《预算绩效管理工作规划（2012—2015年）》。2012年9月，财政部发布的《预算绩效管理工作规划（2012—2015年）》（财预〔2012〕396号）要求"探索引入第三方参与绩效管理工作，规范第三方参与行为，认真总结经验，充分利用已建立的各类智库，逐步扩大第三方参与的范围，提高评价结果的权威性和公正性"，"加强对社会中介机构等第三方组织的业务指导，建立第三方组织评价质量监控机制"。该规划肯定了第三方在财政支出绩效评价中的重要作用，为第三方加入到财政支出绩效评价的行列提供了一定的法规保障，对第三方作用的发挥具有重要意义。第三方评价依据其操作方式与独立程度的不同，又可分为委托第三方评价和独立第三方评价。[①]但上述二者都绕不开一个核心问题——作为与政府无隶属关系的第三部门或民间机构，何以有权力执行对被评单位乃至业务主管部门的评价？其背后的根本问题是，财政部门选聘第三方及签订合同的过程实际上是一种行政委托，第三方评价权本质为对财政支出监管权力的让渡和延伸。但当前相关的法律法规并未对此作出说明，因此在操作层面出现较多问题。比如，目前法律法规对第三方评价权来源、对委托第三方评价的程序尚无规定，以及由此带来的选聘第三方究竟应满足怎样的资质条件，在开展评价过程中应遵循怎样的制度规范，其评价权的权力边界在哪里等，都是需要进一步讨论和明确的问题。

与此同时，自财政部制定出台《财政支出绩效评价管理暂行办法》《中央部门预算绩效目标管理办法》等部门规章后，各地方也相继出台绩效评价法规制度。2011年，《海南省人民政府办公厅关于推进预算绩效管理的实施意见》《四川省省级财政专项资金绩效分配管理暂行办法》《广东省省级部门预算项目支出绩效目标管理规程》《江苏省专项资金预算绩效目标管理暂行办法》《湖南省财政支出

---

① 包国宪，冉敏. 政府绩效评价中不同主体的价值取向[J]. 甘肃社会科学，2007（1）：103-105.

绩效评价管理暂行办法》《湖南省市州财政部门预算绩效管理工作考核办法》《广西壮族自治区财政支出绩效评价暂行办法》《福建省财政支出绩效评价管理暂行办法》《重庆市财政专项资金绩效评价管理暂行办法》《青岛市财政局市级财政支出绩效评价管理暂行办法》等相继出台；2012 年，《北京市财政支出绩效评价管理暂行办法》《天津市财政支出绩效评价管理办法》《太原市财政支出绩效评价管理暂行办法》《山东省省级财政支出绩效评价管理暂行办法》《南宫市财政支出绩效评价管理暂行办法》《奉节县财政支出绩效评价管理暂行办法》《抚顺市财政支出绩效评价管理暂行办法》等相继出台。各地结合地方实际，均对绩效评价工作程序、组织方式、评价方法与结果应用等作出明确规定。

第三节 我国财政支出绩效评价法制化现状与特点

一、我国财政支出绩效评价的法制化现状

我国的法律体系由根本法律、基本法律、普通法律、行政法规、地方性法规、部门规章、地方政府规章等组成。从整体上看，我国财政支出绩效评价的法制化还处于较低层次，无法充分发挥财政支出绩效评价的重要作用。在法律层面，我国尚未颁布有关绩效评价或财政支出绩效评价的专门性法律，只在个别普通法律中散见有关财政支出绩效评价的法律条文；在行政法规中，对应有关普通法律的实施条例的部分条款涉及了财政支出绩效评价的有关内容；在部门规章方面，财政部等有关部门为了便于开展工作，制定了绩效评价实践的部门规章；在地方法规层面，不少地区已根据自身实际针对财政支出绩效评价进行了立法。

（一）我国财政支出绩效评价法制体系

在我国财政支出绩效评价法制化的历程中，各主体制定了不少沿用至今的规章制度，这些规章制度构成了我国现有的财政支出绩效评价制度体系。从这些制度制定的主体来看，有国务院部委、地方人大、地方政府，甚至地方政府的

组成部门等。因为制定主体不同,这些制度的法律效力、有效范围也不同(见表 4-1)。有关财政支出绩效评价的法律法规中,以全国人大制定的《预算法》的位阶最高;以财政部制定的《财政支出绩效评价管理暂行办法》的指导性最强。

表 4-1 财政支出绩效评价法制体系(主要部分)

年份	立法主体	法律法规名称	位阶
1987	国家计委	《建设项目经济评价计划与参数》	规范性文件
1990	国家计委	《关于开展 1990 年国家重点建设项目后评价工作的通知》	规范性文件
2002	财政部	《中央本级项目支出预算管理办法(试行)》 《企业绩效评价标准》	部门规章 规范性文件
2003	财政部	《中央级教科文部门项目绩效考评管理试行办法》 《中央行政经费项目支出绩效考评管理办法(试行)》	部门规章 部门规章
2004	财政部	《中央政府投资项目预算绩效评价工作的指导意见》	部门规章
2004	商务部、国家外汇管理局、财政部	《关于 2004 年境外投资联合年检和综合绩效评价工作有关事项的通知》《财政部关于开展中央政府投资项目预算绩效评价工作的指导意见》	规范性文件 规范性文件
2005	财政部	《中央部门预算支出绩效考评管理办法(试行)》 《中央级教科文部门项目绩效考评管理办法》	部门规章 部门规章
2006	国家发改委、建设部	《关于建设项目经济评价工作的若干规定》 《建设项目经济评价方法与参数》(第三版)	部门规章 规范性文件
2006	国资委	《中央企业综合绩效评价管理暂行办法》	部门规章
2007	财政部	《中央本级基本支出预算管理办法》	部门规章
2009	财政部	《财政支出绩效评价管理暂行办法》(2011 年重新修订)	部门规章
2009	财政部	《财政部关于进一步推进中央部门预算项目支出绩效评价试点工作的通知》	部门规章
2009	哈尔滨市	《哈尔滨市政府绩效管理条例》	地方性法规
2010	宁夏回族自治区	《宁夏回族自治区绩效审计办法(试行)》	地方政府规章
2011	财政部	《关于推进预算绩效管理的指导意见》	部门规章
2012	湖南省	《湖南省人民政府关于全面推进预算绩效管理的意见》	地方政府规章
2014	全国人大	《预算法》(修订版)	法律
2014	青岛市	《青岛市预算绩效管理条例》	地方性法规
2015	杭州市	《杭州市绩效管理条例》	地方性法规
2015	财政部	《中央部门预算绩效目标管理办法》	部门规章

除地方性法规和地方政府规章外,地方财政支出绩效评价有关制度更多是通过地方的财政部门颁布的。虽然它们并不属于严格意义的法律范畴,但它们在各地方的财政支出绩效评价中发挥着不可忽视的作用。这些文件多以《财政支出绩效评价管理暂行办法》为蓝本,结合地方实际情况而成,其命名方式多是"地

名+财政支出绩效管理+暂行办法/试行方案等"。据不完全统计，在省级行政区划层面，目前北京、湖北、广西等22个省级行政区划颁布了本级财政支出绩效评价管理办法，其中广东、湖南等4省颁布的本级财政支出绩效评价管理办法早于财政部《财政支出绩效评价管理暂行办法》的颁布时间；海南、北京、广西等8个省区同时还颁布了实施细则、工作规程或评价专家（中介机构）管理办法等相关法规。总的来说，省级区划财政支出绩效评价法制化情况较为普遍，少数省（区、市）甚至体现出了前瞻性，早于财政部的实践，但多数仍旧是财政部法规的追随者；同时，这些省（区、市）在体系建设上也刚刚起步，因此还存在很多的不足。[1]在较早拥有立法权的49个城市中，成都、青岛等23个城市的财政部门颁布了关于财政支出绩效评价的文件；广州、南宁等4个城市早于《财政支出绩效评价管理暂行办法》颁布了有关文件；南昌、抚顺等3个城市同时还颁布了关于绩效评价专家或聘用第三方机构的管理办法。厦门市虽没有颁布关于财政支出绩效评价等地方性法规，但颁布了有关工作规程。可以看出，部分地方已经开始尝试财政支出绩效评价法制化，并试图推进其创新，但部分省市区，特别是多数设区的市推进较为迟缓，还有很大提升空间；个别地方在财政支出绩效评价法制化上体现出前瞻性。[2]

当然，就立法本身而言，法律文本数量的多少无法直接说明财政支出绩效评价效果的好坏与否，但财政支出绩效评价法律地位未能明确、绩效评价缺乏相应的法律依据，确实对财政绩效评价的开展、执行与结果应用形成诸多不便。由于财政支出绩效评价在基层开展时间相对较短，部分基层部门并不能完全理解财政支出绩效评价，加之对原有体制与制度形成一定挑战，绩效评价的开展有沦为应付式的形式主义的可能，个别部门甚至表现出不配合、不理会的不合作态度。

（二）我国财政支出绩效评价法制内容

随着社会对绩效评价的普遍重视，我国财政部门在公共财政支出领域进行了大胆改革，取得了一定的效果。但总体而言，财政支出绩效评价法制化尚未完成，财政支出绩效评价的有关法律制度尚未完善。反映在法制化内容方面，要么

---

[1] 相关数据经查阅各省、市、自治区财政部门网站整理得来。
[2] 相关数据经查阅各有立法权的市（地区）财政部门网站整理得来。

是因为法律制度立法目的本身并非针对财政支出绩效评价，因而只涉及财政支出绩效评价的某一方面或某几方面，如预算法；要么是因为该制度是以《财政支出绩效评价管理暂行办法》为蓝本，因而难以有所突破（见表4-2）。

表4-2 关于财政支出绩效评价的代表性法律、部门规章及各地制度的主要内容

地区	评价组织及主体	评价依据	颁布时间	主要内容
全国	财政部	新《预算法》	2014年	年度预算的编制要参考财政绩效评价结果
全国	财政部	《财政支出绩效评价管理暂行办法》	2011年	对财政支出绩效评价的对象和内容，绩效目标，指标、评价标准和方法，组织管理和工作程序，绩效评价报告，评价结果及其应用作了原则性规定
北京	北京市财政局和各预算部门	《北京市市级财政支出绩效评价管理暂行办法》	2010年	主要采用成本效益分析法、比较法、因素分析法、最低成本法、公众评判法等。逐步建立绩效评价信息公开制度，将绩效评价结果在一定范围内公布
		《关于开展2011年度财政支出项目绩效评价工作的通知》	2011年	
上海	上海市财政部门和各预算部门（单位）	《上海市财政支出绩效评价管理暂行办法》	2011年	通过引入独立第三方作为评价机构参与评价、聘请相关社会学者和行业专家对绩效评价具体方案和指标体系进行认证等方式，提高绩效评价的质量
		《2011年市级财政支出绩效评价工作方案》	2011年	
天津	天津市财政局、主管预算部门和专项预算管理部门	《天津市市级财政项目支出绩效评价管理办法（试行）》	2007年	评价方法包括：比较法、因素分析法、成本效益分析法、专家评估法、公众评价法以及市财政局确定的其他评价方法。市财政局负责统一制定绩效评价的制度、办法，组织实施重大支出项目的绩效评价、工作
		《关于进一步加强市级财政项目预算管理的意见》	2009年	
海南	各级财政部门和各级预算部门（单位）	《海南省财政支出绩效评价实施意见》	2009年	评价采取综合打分法，根据考评得分，评定项目的绩效级别，出具详细的综合考评结论
		《财政支出项目绩效评价操作指南（试行）》	2010年	
四川	各级财政部门和各级预算部门（单位）	《四川省财政支出绩效评价管理暂行办法》	2009年	评价结果采取评分与评级相结合的形式，具体分值和等级根据不同评价内容设定，部门（单位）根据部门的绩效目标和绩效评价结果，及时调整和优化本部门（单位）以后年度预算支出的方向和结构，合理配置资源
		《四川省财政厅关于推进财政支出绩效评价工作的通知》	2009年	
		《2010年省级财政支出绩效评价[监督]工作方案》	2010年	
广东	财政部门或由省委、省政府指定的牵头单位	《广东省财政支出绩效评价试行方案》	2004年	评价方法包括成本—效益比较法：目标预定与实施效果比较法、摊提计算法、最低成本法、因素分析法等。财政项目支出绩效评价结果作为下年度安排部门预算的重要依据

续表

地区	评价组织及主体	评价依据	颁布时间	主要内容
浙江	各级主管部门和单位	《杭州市财政支出绩效评价办法（试行）》	2007年	目标比较法、成本效益法、综合指数法、因素分析法、历史比较法、横向比较法、专家评议法、问卷调查法、询问查证法，以及财政部门、主管部门和单位确定的其他方法
		《浙江省财政支出绩效评价实施办法》	2009年	
江苏	各级主管部门和单位	《江苏省财政支出绩效评价办法（试行）》	2006年	评价应采取定量和定性相结合的方式，以成本—效益分析法为基础，并综合运用比较法、因素分析法、评估法等评价方法。评价结果作为以后年度财政预算安排参考依据
		《江苏省省级财政项目支出绩效评价暂行办法》	2008年	
山西	财政厅和省级部门或具备资质的中介机构	《省级项目支出绩效评价办法（试行）》	2005年	评价方法包括比较法、因素分析法、公众评价法、成本效益分析法等。省财政厅根据绩效评价中发现的问题，及时提出改进和加强省级部门和项目单位预算支出管理意见，督促省级部门和项目单位落实
湖南	各级主管部门和单位	《湖南省财政支出绩效评价管理办法（试行）》	2005年	财政部门建立财政支出绩效评价信息公开发布制度，适当公布绩效评价结果，增强政府公共支出的透明度
湖北	各级主管部门和单位	《湖北省省级部门预算项目支出绩效考评管理办法（试行）》	2008年	评价方法主要包括比较法、因素分析法、公众评价法、成本效益分析法等。省级部门根据部门的项目绩效目标和绩效考评结果，及时调整和优化本部门以后年度预算支出的方向和结构，合理配置资源
		《湖北省省级部门预算项目支出绩效评价工作规范》	2008年	
广西	自治区财政厅、扶贫办	《广西壮族自治区财政扶贫资金绩效考评实行办法》	2006年	各市的财政扶贫资金绩效考评依据所设定的指标逐项计分，之后分别计算各市得分
河南	各级主管部门和单位	《河南省财政支出绩效评价试行办法》	2010年	被评价部门（单位）根据绩效评价结论及整改意见，完善资金管理制度，严格执行相关政策
河北	省直部门	《河北省省级财政支出绩效评价办法（试行）》	2006年	评价结果经报省人民政府同意，向省人大常委会报告或在一定范围内公布，以增强省直部门责任感，加强社会公众对财政资金使用效益的监督
		《河北省省级财政支出绩效评价试行方案》	2006年	
山东	省财政厅、省直部门	《山东省省级预算重点项目支出绩效考评管理办法（试行）》	2007年	省直部门根据项目的绩效目标和绩效考评结果，及时调整和优化以后年度预算支出的方向和结构，合理配置资源
江西	各级主管部门和单位	《江西省财政支出绩效评价办法（试行）》	2009年	财政部门将绩效评价结果作为下年度安排部门预算的重要依据，并逐步建立财政支出绩效激励与约束机制
黑龙江	省财政厅	《黑龙江省市县财政绩效评价暂行办法》	2006年	省财政厅根据确定的评价标准，综合定性、定量评价指标及有关情况计算出的评价结果为绩效评价结果。绩效评价结果经财政绩效评价工作领导小组认定，报厅党组批准后，在一定范围内公布

续表

地区	评价组织及主体	评价依据	颁布时间	主要内容
云南	省级财政部门、项目实施主管部门及项目实施单位	《云南省财政支出基本建设项目绩效评价工作指南》	2005年	评价方法主要有比较法、成本效益分析法、最低成本法、因素分析法等。各部门和单位对财政支出绩效评价中发现的问题及时整改，把绩效考评结果作为调整和优化本部门和单位财政支出方向和结构、合理配置资源的依据
		《云南省省级财政支出绩效评价暂行办法》	2006年	
贵州	州委督查室、绩效办和相关行政管理部门	《贵州省财政支出绩效评价管理办法（暂行）》	2009年	主要采用绩效分析法、比较法、因素分析法、最低成本法、公众评判法等。评价结果达到规定标准的，采取适当方式在一定范围内予以表扬；反之，在一定范围内予以通报并责令限期整改
		《黔西南州财政支出绩效评价管理办法》	2010年	
福建	财政部门和预算部门（单位）	《福建省财政支出绩效评价管理暂行办法》	2010年	根据评价对象的具体情况，采用一种或多种方法进行绩效评价。评价结果采取评分与评级相结合的形式
		《福建省财政支出绩效评价专家管理暂行办法》	2010年	
陕西	绩效考评领导小组	《陕西省省级财政科技支出项目绩效考评试行办法》	2006年	省财政厅是绩效考评的管理部门，统一组织实施，设计考评指标体系，确定考评项目，对各部门绩效考评工作进行指导、监督和质量控制，审核绩效考评报告，组织专家或委托中介机构实施绩效考评
辽宁	各级财政部门、相关资金使用部门	《辽宁省财政专项资金绩效评价工作规程》	2004年	财政专项资金绩效评价结果以百分制表示，依据不同的评价方法、指标体系和评价标准，设定不同的指标权重，通过综合计算得出评价结果
杭州	财政部门、主管部门和单位	《杭州市财政支出绩效评价办法（试行）》	2007年	绩效评价的主要方法有目标比较法、成本效益法、综合指数法、因素分析法、历史比较法、横向比较法、专家评议法等
		《杭州市财政支出绩效评价实施意见》	2007年	
抚顺	市财政局	《抚顺市财政支出绩效评价管理办法（试行）》	2006年	绩效评价结果是确定以后年度项目和安排支出预算的重要参考依据
厦门	市级财政部门、市财政审核中心、主管部门	《厦门市市级财政专项支出预算绩效考评试行办法》	2005年	市级财政部门、主管部门根据事中绩效跟踪、事后绩效检查发现的问题，提出改进和加强专项支出管理的措施和整改意见，督促项目单位落实整改意见
		《厦门市市级财政专项支出预算绩效考评实施细则》	2006年	
		《财政专项支出绩效考评质量的提升与深化》	2011年	
广州	财政部门	《广州市财政支出项目绩效评价试行办法》	2008年	评价可单独或同时采用下列方法：目标评价法、比较法、成本效益分析法、最低成本法、因素分析法、公众评判法，以及财政部或省财政部门制定的其他方法
绍兴	市级财政部门、有关主管部门和单位	《绍兴市财政支出绩效评价管理办法（试行）》	2008年	主要采用成本效益分析法、比较法、因素分析法、成本法、公众评判法等。对评价方法的选用坚持"定量优先、简便有效"的原则，在具体实施评价时，可同时采用多种评价方法
		《绍兴市财政支出绩效评价管理实施办法》	2010年	

二、我国财政支出绩效评价法制化的特点

近年来，各地财政部门推进财政支出绩效评价工作走向规范化、制度化与科学化的轨道。总体看来，我国财政支出绩效评价法制化呈现以下几大特点。

一是立法分散。一方面，在与财政支出绩效评价有所关联的约十部各层次法律法规中，立法主体有全国人大及其常委会、国务院、财政部等。有关地方性法规的立法主体既有地方人大及其常委会，也有地方人民政府。另一方面，除《财政支出绩效评价管理暂行办法》外，没有法律法规以规范财政支出绩效评价的有关权利义务关系为立法目的，但这些法律法规所要规范的权利义务关系又或多或少与财政支出绩效评价相关。这些法律法规对财政支出绩效评价具有不同程度的指导意义，在财政支出绩效评价法制化建设尚未完善的情况下，也可作为其实践的法律依据。这两方面因素的综合作用下，客观上形成财政支出绩效评价立法分散化的态势。

二是不同位阶的法律与财政支出绩效评价的关联度不同。不同的法律因其层次、内容不同，与财政支出绩效评价关联的程度也不同。宪法和有关法律主要规范宏观的权利义务关系，与财政支出绩效评价一般没有直接关联，它们之间的交集主要在于"效益""效率"等共同的价值取向，两者的关联度较弱。有关行政法规为执行法律的规定或规定行政措施而制定，涉及或侧面反映了财政支出绩效评价，两者存在一定程度的关联。部门规章为执行法律或者国务院的行政法规、决定、命令而制定，与更高位阶的法律规章相比更具针对性，部分部门规章用一定的篇幅规范了财政支出绩效评价有关事项，呈现出较强的关联性，比如财政部出台的专门规范财政支出绩效评价的部门规章，各地针对本行政区域内的具体事项制定的地方性法规和地方政府规章，其中的部分条款明确对财政支出绩效评价的部分事项进行了规范，两者具有较强的关联性。

三是地方立法滞后于部门规章制定，但发展迅速。从 1987 年以来，与财政支出绩效评价有一定关联的法律法规超过 20 部。但分析表 4-1 和表 4-2 可以发现，地方立法明显滞后于部门规章制定，比如第一部有关部门规章与第一部地方性法规的颁布时间前后相隔达 22 年之久。但另一方面，近几年来，地方立法的进程明显加快。从 2009 年哈尔滨市颁布第一部有关财政支出绩效评价的地方性

法规至今短短几年，宁夏回族自治区、湖南省、青岛市、杭州市等省区市各自颁布了有关地方性法规或地方政府规章。

四是大力推进财政预算绩效管理。按照财政部《关于推进预算绩效管理的指导意见》《预算绩效管理工作规划（2012—2015年）》与"建立全过程预算绩效管理机制"的有关要求，各财政部门在财政支出绩效管理体系方面不断健全"事前绩效目标审核、事中绩效监控、事后绩效评价及结果反馈与应用"。以预算执行和项目实施过程为例，主管部门有义务、有权利对项目的运行实施进行监控与管理，探索适合地方、部门或单位的绩效运行监控模式，实现对项目绩效目标完成情况的有效管理。依据财政部门对项目绩效目标的调整与批复，及时按单位和时间分解绩效目标，并要求项目实施单位定时进行自我评价，并在规定的时间内把绩效报告报送主管部门。此外，项目实施过程中，项目单位有义务组织实地抽查，并把抽查结果作为总报告的部分依据。为强化事中绩效监控工作引起各部门的重视程度，各省市财政部门要求各试点部门按时报送的绩效运行监控报告，将其作为绩效评价工作重要的佐证材料，也作为财政部门对预算绩效管理工作考核指标的重要佐证材料。比如，广西壮族自治区财政厅还专门印发了《关于做好2013年预算绩效管理试点项目监控工作的通知》，洛阳市制定了《洛阳市全过程预算绩效管理体系（试行）》。

五是财政支出绩效评价制度框架不断完善。近年来，结合实际，各地财政部门建立和完善有关绩效管理的制度办法，使绩效评价工作的推进力度常态化、持久化，从立法的高度对相应部门的责、权、利关系进行规范和调整。具体来说，就是完善绩效管理的各类制度，界定评价主客体的权利和义务，划分财政部门、预算部门和中介机构的职能及业务分工，规范财政资金运行各个环节，逐步形成功能协调、覆盖到位的制度体系，为财政支出绩效管理提供全面有效的制度保障。

六是绩效评价主体类型逐渐丰富，第三方评价受到重视。第三方评价是指，第三方在接受财政或预算部门委托的情况下，对部门基本支出、部门项目支出、部门支出管理和财政综合支出等进行独立性的绩效评价。当前，全国各地积极引入第三方评价（如专家学者、会计师事务所、资产评估机构等中介机构），在评价开展过程中，财政部门先面向社会在网上公开招标，采取竞争性谈判方式，确定第三方机构中标，然后与第三方机构签订合同，建立评价质量监管机制。但同时，为规范第三方参与行为，保证绩效评价的效果，财政部门也加强第三方评价业务指导，并与绩效评价业务相挂钩，召开第三方评价机构工作质量展评会，实行优胜劣汰的竞争淘汰机制。为规范第三方在财政支出绩效评价中的权利义务，已有相关法律法规出现。

第四节　我国财政支出绩效评价法制化存在的问题

当前，我国财政支出绩效评价法制化建设已取得了初步的成效，基本建立起较为规范的法律框架，也初步形成了依法评价的法治氛围。但与此同时，我们必须清楚地认识到，在全面依法治国的背景下，当前的财政支出绩效评价法制化建设明显落后于蓬勃发展的财政支出绩效评价实践。

法是最稳定的制度[①]。正如博登海默所言："法律是一种不可以朝令夕改的规则体系。一旦法律制度设定了一种权利义务方案，那么为了自由、安全和预见性，就应当尽可能地避免对该制度进行不断地修改和破坏。"因此，法律一旦出台，将在一个较长的时期内稳定地实施。而事物特别是新生事物总是发展变化的，这就必然导致法律的适应性和稳定性之间的冲突。也就是说，随着事物的演进，法律总会有不足之处。就当前的财政支出绩效评价实践而言，理想的财政支出绩效评价法律体系在形式上应以一部专门的法律为核心，辅之以相应的行政法规、部门规章和地方性法规；在内容上，财政支出绩效评价法律体系应明确领导权、评价权、评价组织权等权利义务关系，建立科学统一的宏观技术体系、方法体系、指标体系。然而，现实情况却并非如此，还存在着一些需要改进的地方。

一、地方立法滞后，整体立法位阶偏低

我国财政支出绩效评价始于20世纪90年代，至今已逾20年，国内各地在

[①] 吴建南，温挺挺.政府绩效立法分析：以美国《政府绩效与结果法案》为例[J].中国行政管理，2004(9)：90-94.

财政支出绩效评价的实践也逐渐成熟，并形成青岛模式、兰州模式、广东模式等具有地方特色的评价模式。但与此同时，评价过程受到阻挠、评价结果不受重视等现象折射出财政支出绩效法律地位的尴尬。在法律层面，我国尚未颁布有关绩效评价或财政支出绩效评价的专门性法律，只在个别一般性的法律（比如《预算法》）中散见有关财政支出绩效评价的法律条文[①]。事实上，行政规章与规范性文件（比如意见、通知等）才是财政支出绩效评价管理的主要法律文本形式，自2002年财政部颁布《中央本级项目支出预算管理办法（试行）》以来一贯如此，部分地方财政支出更仅以财政部的管理文件为指导，并未制定地方性的规范性文件。问题在于，行政规章与规范性文件在我国的法律体系中属于最低层次的位阶，法律效力也较为有限，规范性文件在国内也长期遭受社会"随意性大""朝令夕改""一纸空文"的质问，公信力较为有限。以暂行办法为主的部门规章与其他规范性文本作为财政支出绩效评价的法律后盾，明显无法担当起财政监督与财政优化的重要责任，而法律位阶偏低，也严重制约财政支出绩效评价的权威性。以财政部门2009年颁布、2011年修订的《财政支出绩效评价管理暂行办法》为例，作为专门颁布的指导性文件，该文件是基于丰富的实践，逐步形成的成熟的条款，但颁布多年来，该办法仍是"暂行办法"。同时，由于该文件位阶较低，无法形成所谓上位法对下位法的指导性作用，因此在权威性、指导性、公信力与约束力上仍无法与其企图实现的功能（监督财政、优化财政）相匹配。

二、权力配置不科学

财政支出绩效评价权力配置不科学体现在两个方面：一方面是立法主体权力配置问题，涉及条块分割与多头领导的问题；另一方面则是财政支出绩效评价规范对评价主体权力配置问题，涉及评价分权设计的问题。

首先，基于我国条块分割的政治体制设计，财政支出绩效评价立法不可避免要面临多头管理的难题。一方面，有立法权的地方可针对财政支出绩效评价制定相应的地方性法规，如各种条例、规定与管理办法，等等。以此在中央文件指

---

① 2014年修订版《预算法》6次提及财政支出绩效评价相关内容。

导的基础上，结合地方实际情况形成权威性的管理制度。这是根据地方管理的需要而制定的，要求地方政府及其组成部门严格遵照执行。另一方面，各个部委根据部门或单位的目标与定位所需，制定系统内、管辖范围内的部门规章，这是实现某一类政府职能的规范与要求，是下级政府部门所应当遵守与执行的。大部分情况下，部门规章与地方性法规并不会产生冲突，但是，若是基于不同的目的，抑或涉及利益分配与主体定位时，部门规章与地方性法规常常"打架"。如在 2014 年"两会"上，全国政协委员、太平洋保险集团董事长高国富，讲述了一个他个人遭遇的部门规章"打架"的故事：他所在企业下属的一个省级分公司受到当地发改委处罚，罚金 2000 多万元，原因是"垄断"；而"垄断"的原因是当地保监局要求该分公司签署一个价格自律协定，要求"不能打价格战"。"不签，保监局要罚我们，签了以后发改委要罚我们，左右不是人！"①

此外，由于财政支出的性质不一、种类繁多，②支出绩效评价体系不可能完全一样。加之我国正处于剧烈转型的时期，各方面的问题多元多样多变。为解决这些问题，常需要对财政支出进行不断调整，以保证其针对性。而为保证这些财政支出的绩效，国资委、商务部等有关部门又出台了为数不少的针对性的绩效评价法规。财政支出的复杂性、立法主体和具体对象的多样性导致各种财政支出绩效评价法规之间时常出现矛盾和冲突。这样的立法和执法形势损害了法律的权威性，另一方面又导致财政支出绩效评价在实践中混乱，导致绩效评价体系之间的重叠，并给被评部门与单位带来繁重的评价任务，形成一定的行政负担。

其次，评价主体（财政部门）双重身份引起悖论，评价结果的公信力受到损害。早在 2002 年的党的十六大就明确提出要建立"结构合理、配置科学、程序严密、制约有效"的权力运行机制，强化对权力的制约和监督。财政支出绩

---

① 李舒，涂铭，傅勇涛．"法规打架"将终结[EB\OL]．（2015-03-09）[2018-05-15]．http://news.xinhuanet.com/mrdx/2015-03/09/c_134050805.htm.2017-3-3.

② 我国现行支出分类采用了国际通行做法，即同时使用支出功能分类和支出经济分类两种方法对财政支出进行分类。修订后的《2011 年政府收支分类科目》支出功能分类类级科目包括：一般公共服务、外交、国防、公共安全、教育、科学技术、文化体育与传媒、社会保障和就业、社会保险基金支出、医疗卫生、节能环保、城乡社区事务、农林水事务、交通运输、资源勘探电力信息等事务、商业服务业等事务、金融监管等事务支出、地震灾后恢复重建支出、国土资源气象等事务、住房保障支出、粮油物资管理事务支出、储备事物支出、预备费、国债还本付息支出、其他支出和转移性支出 26 类。支出经济分类类级科目包括：工资福利支出、商品和服务支出、对个人和家庭的补助、对企事业单位的补贴、转移性支出、赠予、债务利息支出、债务还本支出、基本建设支出、其他资本性支出、贷款转贷及产权参股和其他支出 12 类。

评价涉及政府权力、政府行为、政府责任等诸多方面，也与社会公众切身利益密不可分。所以，依法加强监督，将评价权限制在合理的边界内变得十分必要。但是，我国现阶段绩效评价过程带有明显的封闭性与神秘性[①]，以至监督工作难以体现实效，财政部专门针对财政支出绩效评价制定的《财政支出绩效评价管理暂行办法》及其指导下的地方执行办法就是最直观的体现。就目前来看，财政部与地方所规定的财政支出绩效评价办法均将财政部门作为评价主体，这就难免造成在实务中出现"运动员"和"裁判员"身份重合的现实悖论。以财政部《财政支出绩效评价管理暂行办法》为例，其对财政支出绩效评价的定义为："财政支出绩效评价（以下简称绩效评价）是指财政部门和预算部门（单位）根据设定的绩效目标，运用科学、合理的绩效评价指标、评价标准和评价方法，对财政支出的经济性、效率性和效益性进行客观、公正的评价。"显然，以财政部门和预算部门作为财政支出绩效评价的主体，这个定义无疑是狭隘的，也是不符合监督逻辑的。尽管财政部门在实际权力上有可能高于其他部门，但财政部门也是政府部门，与其他部门同属于一级政府的职能部门，尽管承担财政监督的重要职能，但在层级上与其他部门并无差别，因而以财政部门作为财政支出绩效评价主体，其约束力与执行力毕竟受限。好在以 2014 年广东省人大评价战略发展新兴产业重大支出项目为开端，国内开始出现人大主导的重大支出项目第三方绩效评价，这表明财政支出绩效评价主体设计开始与现有政府监督制度相适应，并形成内部监督（财政部门监督）与外部监督（人大主导的第三方绩效评价）共同作用的、多方位的财政监督体制。

三、缺乏程序保障

缺乏程序保障主要体现为重实体轻程序。诚然，财政支出的绩效涉及公共问题，掺杂技术、利益、价值观、文化、习惯等复杂的元素，很多情况下难以用可量化的指标进行衡量，也没有所谓"最优原则"，因此不如财务支出那样可以进行较为方便的量化，进而进行较为精确的评价。但是，如果不用相对具体的、可以量化的、操作性强的指标来对财政支出的绩效进行明确，必然导致评价过程

[①] 蒋满元. 绩效管理的制度障碍及其制度创新分析 [J]. 理论导刊, 2005 (6): 15-16.

的自由裁量权力过大,评价实务中容易受到主观因素的影响,进而影响到评价的合理性和科学性。尽管现有的法律法规已有财政支出绩效评价管理办法及实施细则,并规定了财政支出绩效评价的评价内容与评价标准,但现有的情况是,部分基层政府并未吃透"绩效"的内涵,也未考虑可量化、可操作的实施要则,因此在指标设置上往往出现"提高政治觉悟""加强档案管理""重视人才建设"等"假大空"的指标描述,年末绩效评价则通过简单的上级评价或自我评价草草应付,尽管财政支出绩效评价在形式上符合上级开展财政支出绩效评价的要求,但实质上对于提高财政支出绩效或监督行政过程并没有起到应有的促进作用,以致财政支出绩效评价沦为官僚制度下的"形式主义"。

除此之外,由于法律法规宽泛、评价程序随意性大,在传统的权力本位思想的影响下,财政支出绩效评价在"实时监控、实时纠偏纠错和预期预估"的名义下容易异化为上级政府控制下级政府的工具,而这种情况一旦发生,下级政府将长期处于上级的评价高压之中,必然容易产生"不求有功,但求无过"的想法,既无益于财政支出绩效改进与财政监督,也影响了财政支出资金绩效目标的实现。这样的后果,不仅成本高昂,也必然与政府绩效管理的有效性、回应性及结果导向形成矛盾。[①]

四、立法操作性不强

立法操作性不强也是现有财政支出绩效评价法律法规的通病。在对开展财政支出绩效评价的基层政府进行的调查中,如何避免一票否决带来的"避责"现象、如何公平地对职能部门之间(或者"大"部门与"小"部门之间)进行对比、如何应对自我评价出现"老好人"现象、如何平衡多种绩效评价而不至加重基层负担等也是财政支出绩效评价立法过程中面临的现实难题。

以一票否决为例。尽管相关评价的法规细则对财政支出绩效评价的有关程序进行了规定,但是在评价的实施过程中,指标体系之外的"硬指标"仍发挥着潜在的、重要的作用。这种指标包括了上访处理、重大事故、重要过失等,且往往是一票否决的作用,不存在于财政支出绩效评价指标体系之中,却几乎决定最

---

① 郑方辉,廖鹏洲. 绩效管理:目标、定位与顶层设计 [J]. 中国行政管理,2013(5):18.

终结果。当然，其存在也是对评价本身的补充，但是指标外的指标在制度上的说服力仍有不足。

至于部门之间支出项目的可比性的问题同样值得一提。基于职能部门之间千差万别的部门特色，无论是主观性还是客观性的指标，对于部门之间的比较都无法实现公平。个别地方因此将部门进行职能的区分，但部门对评价结果仍存在质疑，部门本身对于如何进行科学的评价也没有一个明确的答案。

上文中曾提及细化法律程序、明确评价内容与程序的问题，但在基层实施评价的过程中，规定过细也是负责评价者所诟病的一个方面。这涉及如何制定法律法规条款，以及如何把握表述精确度的问题。表述过泛，会导致评价者自由裁量权过大，无法保证高质量的财政支出绩效评价；表述过窄，会导致评价脱离实际情况，所制定的法规办法无法适用。针对这种情况，基层政府也表达了自己的意见。基层政府最关心的问题在于，随着财政支出绩效评价在国内广泛使用，除了财政部门之外，同级人大、审计部门、项目主管部门等均对重要的财政支出给予了较高的关注，这些部门所开展的财政支出绩效评价也给基层带来较大的评价压力。除了接待工作之外，格式不一、内容各异的评价材料给基层管理人员增加了不少工作量，甚至导致他们没有过多的时间与精力关注职能范围内的事务。因此，如何在法律法规的层面上，将各类绩效评价统筹起来，减少基层评价负担，也是立法过程与评价中需要考虑的重要内容。

五、结果应用制度的不完善

"绩效预算是指预算不再仅仅依照法律规定的份额进行编制，而是以政府绩效评价结果为依据编制预算、执行预算、审查预算的一种公共支出模式"。[①] 财政支出绩效评价法制化只是财政支出管理规范化的一个方面，更重要的是，财政支出绩效评价结果反馈到相关部门与单位，并将其体现到年度计划与预算（及其他奖惩）之中，才能真正提高财政支出绩效评价的效益，发挥评价的科学性与有效性。当前，国内财政支出绩效评价法律法规在结果应用的法规制度上仍存在可改进的空间，如下所述。

---

① 包国宪，董静. 政府绩效评价结果管理问题的几点思考[J]. 中国行政管理，2006，08：23-26.

一是管理办法覆盖程度有待提高。在我国 31 个省级行政区（不包括港澳台）中，有 27 个省区制定了形式不一的财政支出绩效评价管理办法。其中，湖南省、辽宁省、青海省等地更是针对绩效结果应用专门制定了管理办法。但与此同时，宁夏回族自治区、江西省、贵州省和甘肃省 4 省区并未制定专门的财政支出绩效评价管理办法，因此这些行政区内仅参考财政部所制定的管理办法执行财政支出绩效评价，更谈不上地方特色的结果应用。

二是结果应用未落实。尽管多数省级行政区均针对财政支出绩效评价结果的应用作出了规定，但其办法的表述却普遍存在规定宽泛、约束力不强的特征，如在多个办法中出现的"一定范围内公开""重要依据"等表述（见表 4-3），尽管具有一定指导价值，但对于责任落实与结果应用的促进作用并不明显。好在已有个别地方在表述上逐步成熟，以湖北省为例，已逐步出现"对违规申报获得财政资金的，项目主管部门应督促收回资金，并取消违规主体三年的申报资格"等较为具体的管理规则，对于绩效结果的应用与对于绩效责任人的约束力明显优于其他省份一筹。再如山西省太原市要求预算部门（单位）根据绩效评价结果，及时制定预算支出与管理方法的整改措施，并报财政部门备案。当然，这样的例子是少数，在大多数地方，如何提高绩效评价结果的利用率，仍是绩效评价部门所面临的重要难题。

表 4-3 部分财政支出绩效评价办法中结果应用的表述

地区	文件名称	有关评价结果应用的条文表述	条文数目
湖南	《湖南省预算绩效评价结果应用管理办法》（2014 年）	第十四条 财政部门和预算部门（单位）要将预算绩效评价结果作为资金是否列入年度预算或支出项目库、预算调整和以后年度预算编制的重要依据。 第十五条 财政部门根据预算绩效评价结果评分或评级，相应在下年度预算安排时给予重点支持、优先保障、减少资金、取消安排等处理。 第十六条 对预算绩效评价意见未实施整改或整改不到位的预算部门（单位），在安排下年度资金时相应减少或不予安排。 第十七条 涉及非延续性项目的预算绩效评价结果，经财政部门根据实际情况审定后，作为是否收回预算结余资金的依据。 第十八条 财政部门应将预算绩效管理纳入同级党委、政府对同级预算部门（单位）和下级党委、政府的绩效评估范围，根据政府绩效评估要求，负责纳入政府绩效评估的预算绩效管理数据采集工作。 第十九条 财政部门要按照同级党委、政府关于政府绩效评估工作的要求，结合本地区预算绩效管理实际，着重从绩效目标申报、预算执行监控、绩效评价实施、资金管理及使用绩效方面设置评估指标。	6 条

续表

地区	文件名称	有关评价结果应用的条文表述	条文数目
辽宁	《辽宁省省级预算绩效管理结果应用暂行办法》（2015年）	第十三条 建立绩效监控、绩效评价结果与资金分配、年度预算安排紧密结合机制。绩效好的优先保障，绩效差的从严控制。 第十四条 建立绩效监控、绩效评价结果与转移支付资金分配挂钩机制。 第十五条 省直部门整体支出绩效评价结果与部门经费安排挂钩。	3条
青海	《青海省预算绩效评价结果运用暂行办法》（2012年）	第二十一条 建立绩效评价信息库，由评价组织部门按年度将绩效评价相关资料、结论意见整理入库，做好数据分析研究、分类管理和信息共享工作。 第二十二条 各预算部门（单位）根据本部门制定的绩效目标、评价组织部门的评价结论及结果反馈，加强管理，细化预算，优化支出结构，强化目标监控，提高资金使用效益。 第二十三条 财政部门把省对下财政管理综合绩效考评和省级部门预算综合绩效考评结果及重点绩效评价结果提供给同级政府和有关部门，作为领导决策和年度目标考核的依据。 第二十四条 财政部门将事前、事中、事后绩效评价结果作为资金是否列入年度预算或支出项目库、作为资金进度款拨付、预算调整及下年度安排部门预算的重要依据。 第二十五条 财政部门对绩效评价结果优良的，给予适当表彰和奖励，在下年度安排预算时优先考虑；对于无正当理由未达到预期绩效目标，以及对绩效评价意见未实施整改的部门（单位），在安排预算时应从紧考虑或不予安排。 第二十六条 将绩效评价结果纳入部门预算管理系统，在财政部门内部实现共享，直接为安排以后年度部门预算提供参考。 第二十七条 财政部门针对绩效评价中发现的问题，及时提出改进、加强预算和支出管理的措施或整改意见，并督促预算部门予以落实，不断提高财政资金的使用效益。 第二十八条 财政部门引进绩效评价监督机制，逐步建立绩效评价信息公开制度，将绩效评价结果在一定范围内公开。	8条
湖北	《湖北省省级财政支出绩效评价结果应用暂行办法》（2016年）	第七条 省财政厅和省直预算部门应在绩效评价结果确定后二十日内，以正式文件或函件等形式将绩效评价结果和整改要求反馈给被评价部门或单位，并督促其整改。 第八条 被评价部门或单位自收到绩效评价结果反馈文件之日起三十日内，根据评价结论及整改要求，制定整改措施，报送省财政厅或主管部门。 第九条 被评价部门或单位制定整改措施应坚持问题导向，针对评价反映的问题，通过加强项目规划和绩效目标管理、完善项目分配办法和管理办法、加强项目管理等方式进行整改。 第十条 在评价中发现的财政违法违规行为，依法依规追究责任。对违规申报获得财政资金的，项目主管部门应督促收回资金，并取消违规主体三年的申报资格。 第十一条 被评价部门或单位应在收到绩效评价结果反馈文件之日起九十日内落实整改，并于整改落实后十五日内，将整改落实情况报送省财政厅或主管部门。 第十二条 省财政厅和省直预算部门应建立整改跟踪机制。 第十三条 省财政厅和省直预算部门应在绩效评价结果确定后三十日内向省政府专题报告。省属高校应在绩效评价结果确定后三十日内向省财政厅和省教育厅报告。	7条

续表

地区	文件名称	有关评价结果应用的条文表述	条文数目
福建	《福建省财政支出绩效评价管理办法》（2015年）	第三十九条　绩效评价结果应当采取评分与评级相结合的形式，具体分值和等级可根据不同评价内容设定。 第四十条　绩效评价结果是财政部门和预算部门建立完善相关管理制度与政策、调整支出结构、改进预算管理、编制部门预算和安排财政资金的重要依据。 第四十一条　财政部门和预算部门应当及时整理、归纳、分析绩效评价结果。 第四十二条　对于财政部门提出的绩效评价整改意见，预算部门应当及时调整和优化本单位以后年度财政资金支出方向和结构，合理配置资源，并将整改情况及时反馈财政部门，不断提高财政资金的使用效益。 第四十三条　年度预算执行结束后，各级预算部门应按照同级财政部门要求向同级财政部门、下级财政部门应按照上级财政部门要求向上级财政部门按期提交预算绩效评价报告。	5条
黑龙江	《黑龙江省省级财政支出预算绩效管理办法（试行）》（2015年）	第五十条　财政部门确认的绩效评价结果及时向预算部门和项目主管部门反馈。 第五十一条　绩效评价结果采取评分与评级相结合的方式，以百分制形式确定具体等级。 第五十二条　财政部门、预算部门和项目主管部门应当及时整理、归纳、分析、反馈绩效评价结果，并将其作为改进预算管理和安排以后年度预算的重要依据。 第五十三条　绩效管理工作情况和重点部门、专项、项目绩效评价结果向省人大、省政府报告，接受人大监督，作为政府决策依据。 第五十四条　绩效评价结果按照政府信息公开规定在一定范围内公开，接受社会监督。 第五十五条　绩效评价结果提供有关部门，作为实施行政问责、政府绩效管理和绩效审计等参考。 第五十六条　预算部门、项目主管部门、项目实施单位须针对绩效管理工作中发现的问题，落实措施，认真整改，并及时将整改情况向财政部门反馈。 第五十七条　预算绩效管理工作中发现的财政违法行为，依照《财政违法行为处罚处分条例》（国务院令第427号）等有关规定追究责任。	8条

第五节　我国财政支出绩效评价法制化存在问题的原因分析

作为国内政府财政管理方式的创新，财政支出绩效评价在法制化进程中出现的问题与转型期中国的政治文化、历史文化等背景密不可分，也是评价技术的反映，也与财政支出绩效评价本身相关。

第四章 我国财政支出绩效评价法制化现状评析

一、顶层设计缺位

由于理论上呈现各自为政的分散研究状态，而各部门与各地方政府也基本按照部门特色与地方规划对财政支出绩效评价体系进行设计，而不是制度化评价，财政支出绩效评价随意性较大，很难进行横、纵向比较或深层数据挖掘。这种财政支出绩效评价很大程度上由各级政府或部门、单位领导人的主观意志左右，往往会带来负面的影响。[①] 比如绩效认知错误、形式主义、职能错位、激化部门矛盾、目标混乱、权责难以明晰、指标空泛难落实，等等。在某些时候，由于各有关主体在设定绩效指标时缺乏制度化依据，财政支出绩效评价缺乏持续的动力来源，因而往往也容易成为"运动式评价"，导致财政支出绩效评价制度建设"胎死腹中"。出现这种情况，说明规范法律法规已成为财政支出绩效评价法律制度建设中的重要一环。

反观我国当前的立法实践，当前财政支出绩效评价的法制化主体为部分中央政府组成部门和地方政府。这些部门规章和地方性法规、政府规章通常只是针对特定领域和地区，且部分规章对于财政支出绩效评价主体、评价内容等问题的表述存在过于空泛的问题，其实质的约束力并不强，存在较大的改进余地。通过对立法主体的梳理可以发现，在财政支出绩效评价法制化进程中，国家最高权力机关和中央政府一直处于缺位状态，财政支出绩效评价也仅在部分部委与地方政府开展，因此我国至今尚无相对统一的财政支出绩效评价法律及行政法规出台。而尽管财政部的管理办法基本成为财政支出绩效评价的范式，但它将财政支出绩效评价定义为财政部门或预算部门开展的支出绩效评价，办法本身在视角上就具有部门的局限性，所以并无法成为财政支出绩效评价的"国家标准"。在财政部门之外，各级人大、政府及其组成部门如何开展财政支出绩效评价，以及其指标体系应当遵循什么样的设计与评价原则以提高财政支出绩效评价的有效性与绩效数据的可利用性，这些问题在顶层设计的层面上，至今仍未有较为明确的答案。

---

① 王喜明. 论我国政府绩效管理中的问题及其克服 [J]. 中共福建省委党校学报，2005（5）：27.

二、法治理念与绩效理念薄弱

作为传统的中央集权国家，在中国国家治理的历史中，"人治"色彩浓厚而"法治"元素缺失。这虽然有利于维系政府内部的团结，强化内部合作，但是由于"人治"色彩过于浓厚，评价主体对于评价结果掌握很大的"话事权"（即裁量权），因此人情关系在个别时候取代科学、客观的评估标准，成为左右评估结果的主要因素，[①]出现所谓"一支笔""一言堂""一张纸"现象。长期的"人治"形成了严重的"官本位"思想，"官大一级压死人"，国家权力远离社会公众的情况在目前的政府管理中还普遍存在。在"官本位"的影响下，下级的升迁、奖惩受到上级的控制。这导致财政支出绩效评价实践中，评估行为和信息传递缺少下级向上级的沟通和反馈。被评价方往往只能被动接受绩效评价的结果，容易滋生抵触心理。同时，国家权力远离社会公众，降低了社会公众对财政支出绩效评价的参与度，难以实现社会公众的监督权。这就给了部分政府机构暗箱操作的空间，影响了财政支出绩效评价作用的发挥。[②]

此外，受官僚制度、既得利益格局、评价技术条件与评价理论水平所限，部分政府部门与单位对于财政支出的认识仍停留在过程管理的阶段，认为财政支出管理就是保证财政支出合法合规支出即可，因此评价重点往往放在资金管理和使用的合法性与合规性上，与审计部门的工作区分度不大，这种错误的认识导致社会上对财政支出绩效评价产生职能重复的质疑，也直接导致多数被评价的一级政府（或部门、单位）在被评阶段出现不配合甚至强烈的反弹，严重影响了财政支出绩效评价的实施与应用。但事实上，与财政审计不同，财政绩效评价将重点放在财政支出政策的合理性、科学性与民主性上，兼顾财政过程的合法合规，追求支出结果的效益型与群众满意度。尽管在过程的评价上或多或少与审计有所交叉，但它更注重财政支出政策本身的评价与政策结果的影响，这是财政审计所不具备的，也是财政支出绩效评价所特有的职能定位。这种误解也恰恰说明，国内尚未形成较为成熟的、以结果为导向和绩效为导向的绩效评价理念，绩效理念的

---

① 张文勤. 我国公务员绩效评估中的困境及其对策研究 [J]. 山东行政学院山东省经济管理干部学院学报，2005（6）：6.
② 罗福勇. 公共部门绩效管理之组织公正性问题思考 [J]. 理论探讨，2006（2）：112.

全面树立任重道远。

三、理论体系不完善

绩效评价源于企业管理。企业以追求利润为目标，绩效评价指标容易量化。绩效评价在企业管理过程中取得成功后，于 20 世纪七八十年代后引入政府管理领域。与企业不同的是，政府追求的是公共利益，因而难以对绩效指标进行量化。此外，不同的财政支出，其绩效目标不同，不能用统一的指标体系来进行绩效评价，也难以使用统一的评价技术方法。同时，财政本身处于跨学科领域，涉及经济学、管理学、政治学、法学、统计学等，因此如何打破学科壁垒、深化研究成为深化财政支出绩效评价法制化面对的理论难题。就目前来说，财政支出绩效评价尚未形成较为系统的理论指引，国际上现有的财政支出绩效评价实践更多地从财政支出管理理论视角入手，或是直接将其作为财政管理内容之一。因此当前对绩效评价的讨论，更多是基于实践层面的，而无法在理论的高度上反思评价本身。同时，学界也未形成具有一定权威性说服力的理论架构，所以难以形成适用性广、指导意义强的评价理论。而无论是绩效目标确定，还是绩效评价技术，财政支出绩效评价均需要极为专业的理论指导与技术支持。这明显是目前国内一级政府与部门所缺少的，也是理论界所无法提供的，这也直接导致了当前财政支出绩效评价法制化进程迟缓。

四、官僚主义抵抗

当前体制下，在财政支出绩效评价实践中，政府时常既是运动员又是裁判员。财政支出绩效评价的结果对各级政府自身也有着较大的影响，各级政府会本能地对财政支出绩效评价存在一定的防范心理。特别是当财政支出绩效评价威胁到自身的利益时，政府会条件反射地采取措施对财政支出绩效评价进行干扰，或采取不配合的姿态拒不提供相关材料，或是打马虎眼蒙混过关。更有甚者，部分政府机构基于自身利益最大化，无视既有法规，会对财政支出绩效评价进行技术性操纵，比如人为干扰随机抽样的问卷调查，又比如采取事先统一口径的方式应对座谈会调查，再比如有意影响评价人员的评价过程，以及游说领导层推迟法制化进度，等等。

问题在于，改革本身就是触动既得利益的活动，而这种抵抗属于官僚体制条件反射式的反应，也是改革过程中必然经历的，因此，它是开展财政支出绩效评价改革中无法回避的问题。因而，应对这种抵抗，其关键并不在于防止这种官僚主义的抵抗，而是如何建立一种规制抵抗的机制。这种机制既不引起部门过激的反弹，又能保证改革的顺利开展。至于这种机制如何设计，是财政支出绩效评价立法过程中需要重视的内容，也是财政支出绩效评价法制化所面对的真正的难题。

此外，财政支出绩效评价的对象是政府，理论研究应扎根于政府实践。但事实上，近些年学界研究往往回避核心问题，过度关注技术细节。

五、评价主体缺乏专业性

实际上，财政支出绩效评价作为衡量政府职能实现程度的重要管理工具，它具有较高的专业技术要求，不但需要对各个部门的职能有总体的把握，也需要专业的评价技术及丰富的评价理论基础，因此组织与执行财政支出绩效评价的人员，也理应具有较高的理论素养与评价技能。

但事实是，自党的十六届三中全会提出建立预算绩效评价体系以来，全国范围内地方政府及基层政府相继建立"绩效处""绩效评价处""绩效管理处""预算绩效处"等机构，由于编制人数与经费有限，这些机构的人员多数从各个职能部门抽调或者仅由这些人员临时组成，因而对何为绩效评价以及如何开展绩效评价并无准确的把握。尤其在某些地方，该类机构由监察部门或编制部门直接负责。也就是说，其机构人员大多根本不了解财政本身或者是绩效评价，不是财政评价专家，对财政绩效也不甚了解，也无法吃透绩效理念的本质。这就导致部分基层政府甚至地方政府的财政支出绩效评价成为另一形式的财务审计。当然，个中原因不单单是这些。地方政府意识到体制内管理人才不足的问题之后，普遍采用第三方绩效评价的形式引入外部绩效评价人才，但问题在于，地方政府所引入的第三方多为会计师事务所，这就更加剧了绩效评价审计化的问题。

本 章 小 结

财政支出绩效评价法律法规涵盖了法律、行政法规、部门规章、地方性法规等多个层次；从立法内容来看，既有对评价有关事项进行全面规制的专门性立法，又有就某一方面进行规制的立法或涉及评价有关事项的其他立法。目前我国财政支出绩效评价呈现出立法分散、不同位阶的有关法律法规与财政支出绩效评价关联度不同、地方立法滞后于部门规章制定但发展速度较快等特点。存在的主要问题有：地方立法滞后，整体立法法律位阶较低；权力配置不科学；缺乏程序保障；立法操作性不强；结果应用制度不完善等。上述问题出现的原因在于顶层设计缺位、理论体系不完善、法治理念与绩效理念不强、官僚主义的抵抗等。

第五章

财政支出绩效评价法制化的体系要素

财政支出绩效评价法制化必然涉及法律体系与法律规章文本的内容。针对我国目前的实际情况，财政支出绩效评价的法律体系尚不完善，规范及指导评价工作的主要是政府的规章和财政部门的管理办法。其中指向两个核心问题：一是评价组织体系规范化；二是技术体系的科学性。进一步说，法律规章离不开如何科学地界定财政支出绩效评价主体、对象、方法、流程、结果应用，以及指标体系科学性。

第一节 财政支出绩效评价的组织体系

组织体系是管理工作的基础。财政支出绩效评价涉及经济、社会、生态、管理、技术和可持续发展等众多内容。理论上通常把财政支出绩效评价看作一个组织化、系统化的综合过程，其组织体系含了评价主体、组织模式、评价流程、结果应用等主要内容（如图5-1所示）。长期的理论研究和实践探索证明，没有完善的组织体系，财政支出绩效评价的有关工作就不能顺利开展。所以，组织体系在财政支出绩效评价法制化过程中具有重要的位置。

```
                    ┌─────────┐
                    │ 组织体系 │
                    └─────────┘
         ┌──────────┬┴─────────┬──────────┐
    ┌────┴───┐ ┌────┴───┐ ┌────┴───┐ ┌────┴───┐
    │评价主体│ │组织模式│ │评价流程│ │结果应用│
    └────────┘ └────────┘ └────────┘ └────────┘
```

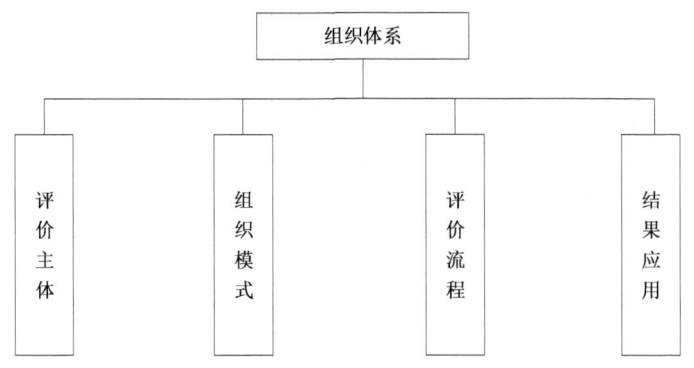

图 5-1　财政支出绩效评价的组织体系

一、评价主体

财政支出绩效评价的主体是指直接或间接主导财政支出绩效评价有关工作的组织或个人。财政支出绩效评价的有关工作，可以通过不同的主体来主导，而不同的主体往往得出不同的结论。合理的评价主体是保证财政支出绩效评价结果科学性和公信力的前提条件。因此，选择合理的评价主体，即明确"谁来评价"的问题具有重要意义。"谁来评价"事关财政支出绩效评价实施权的配置，而权力的获得必须要有法律的授权，因此，评价主体身份的获得必须要有法律的依据。

从与财政支出项目的关系的角度出发，财政支出绩效评价的主体可以分为内部主体与外部主体。内部主体指的是来自财政支出组织管理体系内部的评价主体，包含直接组织管理财政支出的政府部门及其上级主管部门、有关政府公务员等。外部评价主体指的是来自政府系统外部对财政支出展开绩效评价的主体，包含各级人大及其常委会、司法机关、独立第三方和社会公众等。

（一）各级人大及其常委会

各级人大是我国的权力机关，代表着人民的意志，行使监督制约政府的权力。各级人大主要通过审议财政决算的方式作为评价主体间接参与财政支出绩效评价，这同时也是各级人大履行自身职责和权力的过程。当前，我国有人大及其常委会作为评价主体的财政支出绩效评价尚不多见。2015 年，由广东省人大常委会作为评价主体对广东省LED与新能源汽车发展专项资金进行了绩效评价，开全国之先河。[①] 政府是财政支出最主要的管理和使用者，作为政府的监督者，各级人大及其委员会应更多地扮演财政支出绩效评价主体的角色。

（二）行政机关

行政机关依据宪法和有关法律设立，是人民代表大会的执行机关，代表国家依法行使国家行政权，组织和管理国家行政事务。行政机关中的财政、审计部门依法履行管理和监督财政支出的职责，这就决定了它们在财政支出绩效评价中责无旁贷的主体地位。而且，行政机关还是财政支出绩效评价的主要主体，承担了大量的有关工作。但是，行政机关特别是其中的财政部门作为财政支出的管理者的身份对财政支出绩效评价的科学性和公信力造成了一定的负面影响。如何把这种负面影响降到最低，是财政支出绩效评价法制化需要认真考虑的问题。

（三）社会公众

现代民主政治制度下，国家政治生活中的公众参与是民主政治的重要标志，也是公民的一项基本权利。"民主的尺度可以通过公众参与的普遍性、充分性和广泛性来衡量。"[②] 归根结底，政府是为了服务社会公众而存在的，社会公众的满意是财政支出绩效评价的价值导向。人民的满意度如何，自然是作为财政支出最终受益者的社会公众最有发言权。公民导向成了政府绩效评价的发展趋势和重要特点。为保障公民的这一权利，社会公众参与政府绩效评价较成熟的英国和美国等国制定了相应的法律进行了保障。[③] 波及国内，我国南京市政府从2001年起也开展了多次"万人评议机关"活动。法律是权利的最好保障。要保障社会公众的这一权利，使社会公众参与财政支出绩效评价常态化，法制化必不可少。

[①] 魏红征，卢扬帆，郑方辉. 广东省LED与新能源汽车发展专项资金第三方绩效评价[J]. 南方经济，2015（7）.

[②] 科恩. 论民主[M]. 北京：商务印书馆，1988：12.

[③] 如英国的《公民宪章》《竞争求质量白皮书》，美国的《政府绩效与结果法案》《设立顾客服务标准》等，都对政府绩效评价的实施与操作等作了详细规定，在法规、体制、程序等方面确立了公众在衡量政府绩效、服务质量等方面的核心地位。

（四）独立第三方评价机构

随着近年来我国公共财政体制改革的不断深入，许多地方结合自身实际并借鉴西方国家的经验及做法，引入了独立第三方评价机构作为财政支出绩效评价的主体。财政支出绩效评价中的独立第三方指的是那些与其余各方无隶属和利益关系的非政府组织。传统的财政支出绩效评价主要由财政部门和审计部门负责具体实施，评价主体较为单一，评价过程相对封闭，缺乏体制外的监督。所以，以体制外的独立第三方评价机构作为评价主体比体制内的评价主体具有更为广泛的群众基础和更具透明度、公信力的评价过程。具有高等院校、科研机构背景的独立第三方开展财政支出绩效评价，还具有人才、理论和学术上的优势，其评价结果更具指导性。独立第三方评价机构的兴起，将优化财政和审计部门有关资源的配置，使其能集中精力致力于财政支出管理绩效的提升。目前，我国独立第三方发展迅速，在财政支出绩效评价工作中越来越多地出现了它们的身影，其扮演的角色也越来越重要。但囿于目前我国偏低的财政支出绩效评价法制化水平，在独立第三方评价机构的监管方面还存在一定的难度。因此，在我国法治社会建设的进程中，如何保证独立第三方评价机构在财政支出绩效评价工作中地位的中立性、评价过程的公平性和透明度，以及评价结果的科学性和公信力等，就成为值得关注的问题。

财政支出绩效评价主体是有关各方之间的权责结构、职能关系及其运行机理等制度化的表现形式。[1] 评价主体的多元化是财政支出绩效评价实践发展的客观需要，也是保证评价公正有效的管理原则。客观上，财政支出绩效评价的任一主体，鉴于各种主客观条件，都有其优势和难以避免的局限性。这就内生了提升财政支出绩效评价法制化水平的需求。通过构建科学合理的法律制度体系，有助于协调各评价主体之间的权利义务关系，使各评价主体扬长避短，促进各评价主体的相互配合和制约，形成一种结构合理、功能互补、和谐统一的财政支出绩效评价主体机制。

---

[1] 郑方辉，张文方，等. 中国财政支出整体绩效评价[M]. 北京：中国经济出版社，2008：68.

二、组织模式

财政支出绩效评价的组织模式,指的是行使评价组织权的主体组织财政支出有关各方开展财政支出绩效评价工作的过程和方式,包含评价组织者和评价主体的选定、评价方式和运行机制等内容。组织模式的科学程度,决定了财政支出绩效评价过程的顺畅程度和结果的客观性。可以说,组织模式的构建在财政支出绩效评价有关工作中处于中心位置。以评价实施权的归属为标准,财政支出绩效评价组织模式可以分为体制内组织模式和体制外组织模式。我国各地在实践中,逐渐发展出了青岛模式、思明模式、甘肃模式和广东试验等特点各异的财政支出绩效评价组织模式。其中,前两者属于体制内组织模式,后两者属于体制外组织模式。

(一) 体制内评价组织模式

体制内评价组织模式是指由财政部门、审计部门等政府部门行使评价实施权,组织开展财政支出绩效评价的模式。体制内评价组织模式有利于将绩效理念引入政府部门,强化成本观、效率观;有利于政府部门学习型组织建设和执政能力建设;有利于政府科学定位职能,促进职能转变。体制内评价组织模式的组织者熟悉财政支出管理和使用的具体情况,接近绩效信息源,具有行政动员能力,为绩效评价工作的有效开展提供了方便。但是,体制内评价,"政府主导"的色彩明显,受到自我欣赏、自我认同等主观因素和利益驱动的影响,体制内评价的结果与公众、企业的感受存在一定差距的情况时有发生,并且这些偏差难以通过自身的完善来克服,因此需要通过外部评价来弥补。[1]

(二) 体制外评价组织模式

财政支出绩效体制外评价组织模式也称第三方评价组织模式,是指由非公共部门行使评价实施权,组织开展财政支出绩效评价的模式。其组织者与政府机关无隶属关系或利益关联,一般包括社会公众、科研机构、大众传媒以及各种社

---

[1] 曹西安. 政府绩效评价组织问题研究 [D]. 兰州:兰州大学,2007.

会组织等。体制外评价组织模式根据第三方相对于政府的独立性可分为受托第三方和独立第三方。受托第三方评价的实施源于政府的委托或邀请，较有影响的武汉市政府在2006年4月邀请全球最大的管理咨询机构——麦肯锡公司对政府绩效进行评价，被网友列入年度"十大公共决策"。独立第三方评价由第三方组织自发自主开展，整个过程都由第三方组织独立操控。开中国独立第三方评价组织模式先河的是，华南理工大学公共政策评价中心课题组郑方辉教授牵头在2007年完成的对广东省市、县两级地方政府的绩效评价活动，学界称为"广东试验"。

（三）两种模式的比较

体制内评价和体制外评价两种组织模式各有优缺点，在独立性、专业性、全面性等方面形成了较为强烈的对比。总体上看，体制外评价组织模式具有一定的优势，代表了今后的发展方向。稍显遗憾的是，当今有关财政支出绩效评价的法律制度在制定时主要是基于体制内评价组织模式，体制外评价组织模式尚未纳入视野。

一是独立性。即评价主体是否独立于评价客体。体制内评价组织模式下，财政部门等评价主体本身就肩负着管理和使用财政支出的职责，与评价客体存在着千丝万缕的联系，因此独立性有限。体制外评价组织模式下的评价主体，本身独立于政府和评价客体，所以能根据科学规律来开展财政支出绩效评价的有关工作，具有显著的独立性。但需要注意的是，受托第三方通常在接受政府委托时会收取一定的绩效评价费用，因而产生了政府干预其评价独立性的可能，需要通过法制化等方式予以预防。

二是专业性。即评价组织者是否全面、深入地掌握了财政支出绩效评价有关工作所需的知识和技术。作为一项具有较强专业性的工作，财政支出绩效评价涉及政治学、财政学、管理学、信息科学、法学等学科理论。政府部门确实在财政支出的管理和使用、绩效信息的获得与分析等方面具备天然的优势，但这也仅是其工作内容的一小部分，与体制外专门从事财政支出绩效评价研究的高等院校、研究机构相比，其专业性尚有差距。

三是全面性。指的是评价组织能否对财政支出的绩效进行全面、客观的评价。受我国传统行政文化的影响，以及当前干部任用体制的现实考量，对财政支出绩效"报喜不报忧"成了体制内评价组织模式下的"理性选择"。更有甚者会夸大成绩，隐匿不足。反观体制外评价组织模式下的评价主体，则可以抛开各种利益束缚，毫无牵绊地对财政支出的绩效进行评价，因而其评价结果更能全面、客观地反映出财政支出绩效的真实情况。

四是绩效信息收集。财政支出绩效信息的收集是得出科学公正绩效评价结论的基础。体制内评价组织模式下的政府组织，其本身可能就是财政支出的管理部门，能便捷地收集到绩效评价所需的绩效信息。而对体制外的评价组织来说，由于评价过程中"官僚主义的抵抗"和信息传递失真等因素的影响，其对绩效信息的收集处于相对劣势。例外的是，在财政支出公众满意度信息的收集方面，体制外评价组织往往占据优势。

（四）不同模式的代表案例

1. 体制内评价组织模式的代表——青岛模式

青岛模式肇始于1999年，青岛市委和市政府为推进重大决策的科学化和落实，将目标管理和过程管理相结合，把考绩与评人相结合，自上而下地展开绩效评价工作，以提高行政部门的工作绩效。为做好绩效评价有关工作，青岛市专门成立了由市委副书记任考核委主任、市委常委和秘书长任考核委副主任的绩效考核委员会；形成了由市直机关工委具体组织实施、市直有关单位一把手分工负责的领导和工作机制；建立了绩效评价信息通报制度和责任追究制度，加大督查工作力度；把各项重要决策的战略目标分解为可监控和可考核的具体指标，党委和政府集中精力抓大事和考核；注意发挥各地积极性和地方优势，鼓励各地结合自身实际制定各自的指标体系；通过新闻媒体等渠道定期通报有关单位绩效目标的完成情况，加强舆论监督力度；对重大项目和人民群众关心的热点难点问题进行重点督察；引入现代信息技术深入开展社会满意度调查，以社会满意度作为检验政绩的首要标准。

2. 体制外评价组织模式的代表——广东试验

广东试验作为体制外评价组织模式的典型代表，具有鲜明的特点：首先，其评价主体为独立第三方。从绩效评价的方案制定、评价方式的选择、评价行为的实施以及评价结果的公布,均由课题组负责与决策,没有受到政府因素的影响。其次,重视公众满意度调查。广东试验用随机抽样的方式在全省范围内抽取了超过2万名的成年社会公众,就政府的十项公共服务的满意度展开问卷调查。再次,结合定性和定量两种技术方法,对统计年鉴和统计公报的数据,以及问卷调查所获得的第一手资料进行绩效评价。又次,构建针对增量、兼顾存量的科学评分标准。最后,向社会进行从评价理念、内容、程序、方法到结果的全方位公开。

广东试验以社会公众满意度为基础,社会公众认可度高,有助于形成政府与社会的沟通机制、社会对政府工作绩效的促进机制和政府决策落实的机制。它克服了体制内组织评价模式缺乏公正性的弊端,客观上避免了体制内组织"裁判员"兼"运动员"的矛盾;有助于提升社会公众参政、议政的积极性和社会责任感。

以广东试验为代表的体制外评价组织模式,丰富了我国的政府绩效评价体系,弥补了体制内评价组织模式的不足。然而,体制外评价组织模式也存在着一些不足,比如体制外评价组织模式所需的法律环境尚不健全。一是我国现行法律法规对第三方组织的成立有着较为严格的限制,登记成立第三方组织存在较高门槛,影响其充分发育;二是第三方组织评价财政支出绩效的行为缺乏法律保障。

三、评价流程

财政支出绩效评价的程序具有科学性、系统性,它是由各个相互联系的环节衔接而成的有机整体,每一环节的具体内容和排列顺序都有其意义,牵一发动全身。为财政支出绩效评价设计科学完整的程序已成为各评价国家的共识。比如美国的国家公共生产力研究中心(National Center for Public Productivity)就于1997年设计了如下程序:拟定评价对象→陈述评价目的、界定所期望的结果→选择评价标准和指标→设置业绩和结果标准→监督结果→公布绩效评价报告→使用绩效评价结果和业绩信息。在目前的法制化环境下,我国的财政支出绩效评价实践主要采用以下流程。

第一,拟订实施计划。财政支出绩效评价是一项系统工程,为保证绩效评价顺利展开，评价前需要在周密的调查研究和论证的基础上拟订评价计划。计划所包含的主要内容可以概括为"4W"，也就是明确目的，回答为什么要评价（Why）；明确评价主体，回答谁去评价（Who）；明确评价的对象和内容，回答评价什么（What）；明确评价时间（When），确定展开绩效评价工作的时间节点。

第二，设计评价指标体系。财政支出绩效评价的科学性很大程度上取决于评价指标体系是否科学。科学的财政支出绩效评价指标体系需要遵循系统性、可操作性、可比性等原则加以设计。评价指标体系的设计应注意将不同指标进行有机结合：一是主观、客观指标相结合；二是数量、质量指标相结合；三是内部、外部指标的结合；四是正向、负向指标相结合；五是行政成本指标与业务成本指标相结合；六是工作指标与业绩指标相结合；七是个体、团体指标相结合；八是技术指标与民主指标相结合。[1]搭建好指标体系的框架后，需要分析评价指标的相关性和隶属度，进而对评价指标进行相关性和隶属度分析，然后再进行修正和信度、效度的检验。[2]

第三，选择评价方法。确定财政支出绩效评价的指标体系后，需要选择与之对应的评价技术方法，即回答如何评价的问题（How）。总而言之，财政支出绩效评价的方法分为定性和定量两种。定性的评价方法一般以调查问卷为载体，采用主观评分的方法，对不具有量化数据特征的绩效指标进行量化的分数评价。定量的评价方法一般运用应用数学、统计学的学科技能，对财政支出的绩效进行统计分析，用数字来评价具体指标的绩效水平。其主要方法有成分分析法、数据包络分析法、模糊数学分析法等。需要注意的是，实践证明，即使是基于同样的评价数据和指标，采用的评价方法不同，得出的绩效结果也可能会有明显差异。因此，选择评价方法时一定要注意与评价指标的适配性。

第四，收集和处理绩效信息。绩效信息的质量直接影响财政支出绩效评价的质量。官方公布的统计年鉴、统计公报、研究机构的研究成果与调查报告是绩效信息的主要来源。收集绩效信息的方法主要有文献法、访谈法、个案法和问卷

---

[1] 王孝廉. 公共事业管理绩效评估的困境与对策 [J]. 经济研究导刊，2016（6）.
[2] 信度是指测量工具反映被测量对象特征的可靠程度，或者是测量结果在不同条件下的一致性程度的指标，是衡量测量工具可靠性与一致性的基本指针。效度是测量工具反映真实测量特质或目的的有效程度，一般采用计算统效结果与专家评判内容效度比的方法来反映指标体系的效度。

调查法等。对绩效信息的收集来说，必须有针对性地立足绩效评价目的和评价指标体系有序展开，及时甄别、剔除无效信息，以免信息混乱和信息污染。在信息处理过程中，要严守中立，不能将处理者的主观意志施加到绩效信息上，严禁为了得到一定的绩效评价结果而篡改、伪造绩效信息。

第五，撰写绩效评价报告。绩效评价报告应以中立、客观的态度说明以下主要内容：一是简要说明绩效评价的背景、目的及依据；二是简要说明绩效评价技术体系及评价过程；三是对评价课题的绩效水平作出结论，总结经验、教训，分析问题产生的原因，提出改进绩效的建议。

第六，应用评价结果。财政支出绩效评价的作用，通过结果应用才能充分体现出来。财政支出的利益攸关方包含管理使用者、政府、社会公众、评价主体等多个方面。不同方面都从财政支出绩效评价的过程和结果中提取自身所需的信息来实现各自不同的诉求。比如财政支出的管理和使用者需要用评价结果来改进管理绩效和使用绩效，政府需要评价结果来优化财政预算的编制，社会公众需要评价结果来监督政府，等等。目前我国财政支出绩效评价为评价而评价的现象还在一定范围内存在，其结果的应用有待加强。

四、结果应用

财政支出绩效评价结果运用的情况，是衡量绩效评价工作成效的重要依据，关系到评价工作能否持续、深入地开展。长期以来，我国财政形成了重分配、轻管理，重过程、轻结果的管理模式，影响了国家财政资源的优化配置。在我国构建公共财政模式的过程中，将与之匹配的绩效评价引入财政支出的管理模式中，具有重要的意义。

（一）利于财政绩效观念的树立

国家财政模式下我国财政支出管理和使用，其价值取向重"规模"而非"绩效"，在财政支出管理方面强调分配的协调合理，尽可能满足各方面的需求，保证取之于民的财政支出能用之于民，绩效意识和责任意识较为淡薄。在财政资金的使用方面普遍缺乏"投入—产出"意识，重投入而轻产出，导致财政资金的无谓浪费。在向公共财政转型的过程中,社会公众对财政支出绩效的呼声日渐高涨,对我国各级财政部门提出了"科学理财、高效行政"要求。加强财政支出绩效评价结果在信息公开、奖惩、预算编制等方面的运用,把有关主客体的切身利益与财政支出的绩效联系起来,能促使各方树立起财政绩效观念。

(二)利于财政支出结构的优化

我国已进入"深水区",财政供给负担偏重,财政支出"越位"和"缺位"并存,财政保障能力偏弱等问题仍然存在,迫切需要优化财政支出的结构。财政支出绩效评价的结果应用,则是优化财政支出结构的重要推手。首先,可以通过对某项财政支出的绩效评价结果来判断其公共性,进而决定其是否存续,做到政府的归政府、市场的归市场;其次,财政部门可以依据财政支出绩效评价的结果,将财政资源便捷地配置到绩效水平高的地方和领域,动态优化财政支出的结构,追求更好的整体绩效;最后,根据财政支出绩效评价的结果,财政部门能将绩效目标模糊、可持续性差、重复投资的财政支出区分出来,以提高财政支出的科学性。

(三)利于财政监督体系的完善

国家财政模式下,财政监督体系的监督重点在于财政支出的合法合规性和资金的安全性,对财政支出的经济性、效率性、效益性和公平性关注较少。而财政支出绩效评价,其本身也是一种监督财政支出的手段,其关注的重点恰恰就是财政支出的经济性、效率性、效益性和公平性。绩效评价结果的运用,方便了社会公众等主体了解财政资金的投入数量、管理使用情况、预设绩效目标的实现情况等信息,满足了社会公众对监督财政支出的信息需求。这不仅符合了现代民主政治和公共财政模式的发展理念,也是对原有的财政支出监督体系作出的进一步完善。[①]

[①] 孙君涛. 财政支出绩效评价的理论与实践[M]. 郑州:河南大学出版社,2008:248.

第二节 财政支出绩效评价的技术体系

财政支出绩效评价的技术体系（见图 5-2）意在从技术上回答"如何评价"的问题。同一项财政支出，在绩效表现不变的情况下，使用不同的技术体系，会得出不同的评价结果。

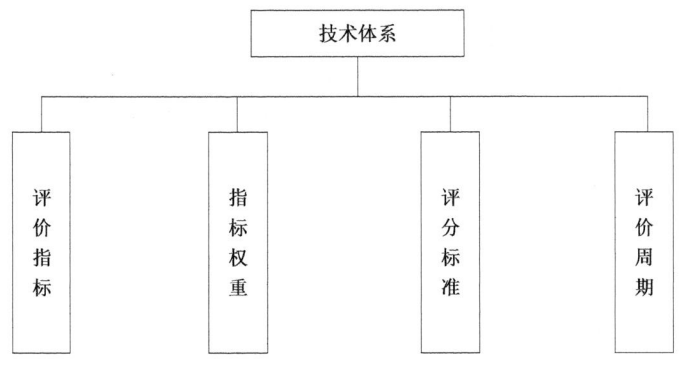

图 5-2 财政支出绩效评价的技术体系

一、评价指标

评价指标是根据财政支出绩效评价工作的有关要求，按照一定的原则和标准，为衡量财政支出绩效水平而形成的一个评价工具，它是衡量财政支出绩效的标杆。评价指标体系是绩效评价的核心，是绩效评价目标的具体化，它的科学性和合理性决定了评价活动的质量和公信力。财政支出的内容多样，目标多元，决定了评价指标体系的复杂性。狭义上，指标是反映事物性质的量化手段。但因为财政支出显著的公共属性，并非所有的财政支出绩效评价指标都能直接量化。因此，广义上的指标不仅可以通过量化的手段，也可以通过定性的方法来反映事物的价值。不同的财政支出，需要不同的评价指标。即使是同样的财政支出和绩效表现，采用不同的评价指标体系，得出的评价结果也可能大相径庭。

（一）评价指标的分类

一是量化指标。量化指标是指能用具体数据来反映财政支出绩效的指标。

量化指标又分为两种：一是算术式量化指标。它代表的是从数量统计角度反映财政支出绩效的模式。二是数学式的量化指标。它代表的是从数学运算角度反映财政支出绩效的模式。在绩效评价实践中运用较多的量化指标有比率数据型、上下限值型、复合加权型。

二是要素指标。要素指标主要是定性指标，其主要作用在于扮演参照物的角色，为基本指标提供评价视角和评估背景。但即使面对同样的财政支出项目，不同的评价主体参照同一要素指标，也可能得出不同的绩效结果。因此，要素指标在刚性程度和客观性方面稍有不足。虽然如此，要素指标仍然是财政支出绩效评价中不可或缺的因素。定量指标固然有助于提高绩效评价的科学性和客观性，但财政支出生产出的相当部分的公共产品和公共服务都是难以直接量化的，只能用定性的方式进行评价。

三是证据指标。证据指标指的是那些反映导向性、发展性、不确定性特征兼具的财政支出绩效内容的指标。它通常在财政支出绩效自评中采用，具体方式是评价客体根据评价指标体系提供有关佐证材料，供评估主体审核、评分。

（二）评价指标的作用

首先，评价指标是财政支出绩效评价工作的有力工具。绩效这一概念较为抽象，仅用文字进行表述必定流于主观。要使财政支出的绩效具备可比性，必须以量化的指标进行衡量。评价指标用具体的数值来体现财政支出的绩效目标、工作内容和成效，具有简明扼要和直观明了的优点，是财政支出绩效管理的有力工具。换言之，科学合理的评价指标是一把公正的标尺，是财政支出绩效评价有关工作的抓手。在对不同类型的财政支出的绩效进行比较时，由于绩效目标及其表现的多样性，导致每一类型的支出具有多个能与之对应的指标。就某项财政支出而言，其部分指标或许优于其他财政支出，但在另外的评价指标上的表现可能又恰恰相反。要比较这些财政支出绩效的孰优孰劣，须有科学合理的评价指标体系才行。通过科学的方法，可以把评价指标体系量化成一个反映整体绩效的分数，就使绩效具备了可比性。在制定指标的过程中，各参与主体加强了沟通交流，加深了对绩效目标的理解认识，易于形成如何达成绩效目标的共识，有利于提升财政支出绩效管理的水平。

其次，评价指标对财政支出绩效管理具有明显的导向作用。从绩效管理角度来说，财政支出的绩效评价指标可以视为其目标，能引导管理行为的指向。它通过引导财政支出管理和使用单位的工作方向来提高其绩效水平。如果评价指标欠缺科学性、合理性，将导致管理工作南辕北辙，影响预定绩效目标的达成。反过来，如评价指标缺失，就只能对财政支出的绩效进行整体性定性描述。无法准确测量绩效水平的绩效结果自然难以令人信服，使绩效管理工作丧失了现实意义。

最后，评价指标是法治政府责任的强化剂。科学的绩效评价指标体系能够起到类似于责任清单的作用，它不仅能够精确定义绩效的范围，还能进一步量化政府绩效责任。因此，评价指标为健全政府职责体系创造了必要条件，有助于加强和改进政府的绩效责任。[①]

评价指标作为衡量财政支出绩效的工具，必须具有稳定性和权威性，这样才能有效抑制评价主体指标选取的随意性，有力保证有关工作的公平公正。法制化则是保证评价指标稳定性和权威性的最有力措施。

二、指标权重

没有重点的绩效评价不算是客观的评价，因此应赋予评价指标权重。指标权重表示的是对某一指标在指标体系中的重要程度的定量分配。权重越大，该指标越重要，在其他指标不变的情况下，对评价结果的影响就越大。指标体系包含多层级、多个指标，每一层级、每一指标都被赋予了相应权重。这样就形成了与评价指标体系对应的权重体系。

（一）指标权重的功能

指标权重的功能主要体现在以下两个方面：一是指标权重体现了评价主体的意志。评价主体对每个评价指标的重视程度并非等同的，存在轻重缓急之分。越是受重视的指标，其权重自然越大，反之则相反。评价主体对评价指标的重要性的认识通过指标权重反映出来，直接影响绩效评价的结果。二是指标权重具有调节功能。财政支出的绩效水平受经济政策、财政体制、法律环境、公众满意等

[①] 王宏利，龚瀛.论财政支出绩效评价指标体系的构建[J].地方财政研究，2009（10）.

各种因素不同程度的影响。通过对不同评价指标赋予不同的权重，可以对指标的贡献力进行有效调节，进而客观地反映评价客体的真实绩效水平。

（二）指标权重的设计原则

指标权重的设计关系到评价指标体系的科学合理性，在设计指标权重时，应遵循以下原则：一是系统优化原则。指标体系中的每个评价指标都有其存在的合理性，每一个指标权重的赋予，都会对其他指标的权重产生影响。因此，在设计指标权重时，不能从单个指标出发，而要从整体上进行考虑，遵循系统优化的原则协调好各个评价指标之间的关系，努力做到整体优化。鉴于此，在设计指标权重时，需要分析、比较、权衡各个评价指标的重要性，既不能平均分配权重，也不能片面强调某些评价指标的重要性。二是评价主体主观意图与客观实际相融合原则。一方面，评价主体不可避免地会把自身的主观意图反映在指标权重中，以对财政支出的管理和使用行为进行引导。但评价主体的主观意图难免存在偏差，并非总是符合客观实际，以至影响了指标权重的科学性、客观性。所以，在指标权重的确定过程中，一定要注意主观意图与客观实际的平衡。三是个人意志与集体意见相结合原则。指标权重是设计者的定性判断的量化，易受价值观、教育背景、行业经历、工作态度等主、客观因素的影响，具有明显的个体差异性。这就决定了指标权重的设计需要通过德尔菲法等专业方法进行群体决策。

三、评分标准

评分标准直接影响各种指标及财政支出绩效的得分。从理论角度来看，评分标准可视为评价主体主观判断的规范化反映，也可视为量化绩效评价指导思想的工具，评价原则是直接反映和维护评价结果科学性和公信力的手段。同时，评分标准还能间接影响指标的构成，也能影响处在不同地区和不同发展阶段的评价对象之间进行比较的公平性。

（一）评分标准设计

一是针对增量值的指标评分。针对增量值的指标分为正向指标和负向指标。

正向指标指的是那些与财政支出绩效存在简单正相关关系的指标,也即指标的增量值越大,绩效水平就越高。比如财政支出产出的公共产品的数量、质量等。负向指标指的是那些与财政支出绩效存在简单负相关关系的指标,也即指标的增量值越大,绩效水平就越低。例如财政赤字等。

二是政策落实导向的指标评分。把指标的增量值与预设绩效目标值直接进行比较,达到或超过预设绩效目标值即为满分,超过部分不加分,增量值低于预设绩效目标值的,按增量值与预设绩效目标值的比例评分。以 GDP 增长率指标为例:在唯 GDP 论时代,GDP 增长率是衡量财政支出绩效的首要指标,存在按增量值与预设绩效目标值的比例评分的情况,上不封顶。随着经济社会的发展,越来越强调社会公平、环境保护等指标的重要性。相应地,虽然还是按比例评分,但 GDP 增长率的指标评分满分封顶。

三是以调查直接获取结果的指标评分。社会满意度等主观类指标通常是由社会公众等有关主体直接打分。以社会满意度调查为例,为保证指标得分的信度和效度,获取数据的主要方式为:设计满意度调查的调查问卷,其核心为满意度调查李克特量表,以社会满意度在财政支出绩效评价指标体系中的分值作为量表的分值;根据实际情况,采用随机抽样、整群抽样、等距抽样等方式选择合适数量的调查对象;所有有效问卷的满意度得分的算数平均数即为满意度指标得分。

四是"立足增量,兼顾存量"的指标评分。对这类指标的评分,不仅要考虑该指标在评价周期内的增量值,还要考虑到该指标的具体属性以及被评价周期内的存量数据。从实践经验来看,这类指标的存量值和增量值均存在较大幅度的变化,且变化的方向也时常变换。

(二)具体方法

一是指数法。指数法是指将某具体指标的实际值与该指标的标准值(目标值)进行比较,两者的比值即为该项指标的绩效指数,即实际值:标准值(目标值)=绩效指数。它将存量绩效包含在内,但并没有反映增量绩效的影响,因此缺乏纵向的可比性,难以反映评价周期内该指标的绩效。

二是指数增量法。指数增量法是把评价周期内具体指标的期末值与期初值相比较，以该比值作为具体指标的绩效指数。它突出了增量的绩效，忽略了存量的绩效，所反映的绩效信息有限。

三是兼顾存量与增量的方法。指数法和指数增量法从理论上使不同指标之间具备了可比性，但如果二者单独使用，在评分标准设计的针对性、存量和增量之间的关系的界定，不同地域和不同发展阶段的横向比较等方面也存在不足之处。因此，需要一种能科学调和存量与增量的方法，即"立足增量，兼顾存量"的评分方法。[①]这种方法对存量和增量影响财政支出绩效评价得分的机理进行了通盘考虑，比指数法和指数增量法更为全面、科学。在评分时，当被评指标的期末值大于或等于标准值时，给满分，超值不计分。对于存量和增量的权重，一般通过德尔菲法进行确定，带有一定的主观性。

（三）指标绩效和整体绩效得分计算方法

在财政支出绩效评价的实践中，应视具体情况选择合适的评分方法。一般而言，绩效评分应参照以下思路：在数据来源方面，引用《统计年鉴》《统计公报》《政府工作报告》等文件里的权威数据；在数据处理方面，将本评价周期与上一评价周期的指标数据之差作为相应指标的增量值；在主观数据方面，以满意度调查、德尔菲法等方式获取量化数据。在这基础上，将各指标的量化数据按既定标准转化成具体分数，再对各具体指标进行加权，最后得出财政支出绩效评价的绩效得分。

四、评价周期

财政支出绩效的形成需要一定的周期，相应地，财政支出绩效评价也具有周期，即评价基点及时间长度。它向财政支出的管理和使用者表达了"给予多长时间进行某项绩效改进"和"具有多大的权限来决定如何安排自己负责的工作的进程"等关于时间的信息，能引导有关主体根据评价周期来安排有关工作。[②]评价周期的选择直接影响财政支出的绩效状态，因此，评价周期的科学确定就十分

---

① 郑方辉，张文方，等. 中国财政支出整体绩效评价[M]. 北京：中国经济出版社，2008：287-290.
② 郑方辉，覃事灿. 政府绩效评价周期及其实证检验[J]. 中国行政管理，2010（11）：117.

重要。西方发达国家已通过法制化的方式对评价周期的有关事项进行了规范。由于缺乏制度约束，我国的财政支出绩效评价周期的设立较为随意，易受以下外部条件的影响：

一是经济周期的影响。经济绩效是财政支出绩效的重要内容之一。历史证明，经济具有周期性。经济学家通过研究将这些周期进行了具体化，提出了基钦周期[1]、朱格拉周期[2]、库兹涅茨周期[3]、社会转型周期[4]、康德拉季耶夫周期[5]等经济周期的概念。这些周期的时常从3～4年到50～60年不等。以阿瑟·刘易斯（William Arthur Lewis）为代表的一批经济学家，认为朱格拉周期（9～10年）是标准的周期。在经济周期的不同阶段，财政支出面临着不同的问题，有着不同的绩效目标，这就要求让财政支出绩效评价的周期去适应经济发展的周期。

二是财政预算周期的影响。预算是由法定程序审批的国家财政年度收支计划。它对国家财政收入的来源、支出的领域、收支的数量作出了规定，反映了政府介入国家经济社会生活的范围、规模和程度。预算周期一般包含预算的编制、审批、执行，决算的编制、审批等环节，它是财政支出绩效评价的重要参照系。但预算周期并不一定与财政年度重合。[6]我国目前并无法定的财政预算周期，但根据惯例，我国一般从第四季度开始进入预算编制环节，在次年3月份的全国人民代表大会上审批当年的预算和上一财年的决算。虽然我国各级政府预算编制的开始时间和决算的审批时间并不完全一致，但预算的执行的起讫点都高度统一在每年的1月1日和12月31日。与之对应的财政支出绩效评价也选择了同样的起

---

[1] 英国经济学家基钦（J.Kitchen）于1923年提出了存在着一种40个月（3～4年）左右的周期，这是一种小周期，又称为"基钦周期"。

[2] 法国经济学家朱格拉（ClementJuglar）在《法国、英国及美国的商业危机及其周期》（1862）一书中，提出了资本主义经济存在着9～10年的周期波动，一般称为"朱格拉周期"。这属于中等长度的周期，故称中周期。

[3] 1930年，美国经济学家库兹涅茨（S.Kuznets）提出了存在一种与房屋建筑相关的经济周期，这种周期平均长度为20年。这是一种长周期，被称为"库兹涅茨周期"，也称建筑业周期。

[4] 社会转型周期，此周期约为30年。战后日本经济于20世纪50年代后期开始发力，以年平均GDP增长6.5%的速度大步前进，至20世纪90年代初达到巅峰，人均GDP已相当于美国的90%。此过程历时约30年，最终使日本成功转型为一个举世瞩目的经济大国。亚洲"四小龙"从传统资本主义国家（地区）发展为新兴工业化国家（地区），以经济增长方式转型为主、社会形态转型为辅，称得上是准转型。这一过程从1965年开始，历时30年，随即也步入衰退。中国经济经过二十几年的高速发展，今日仍能一枝独秀，主要靠的是社会转型中体制释放的动力。

[5] 俄国经济学家康德拉季耶夫（N.D.Codrulieff）于1925年提出资本主义经济中存在着50～60年一个的周期，故称"康德拉季耶夫周期"，也称长周期。

[6] 刘寒波.论我国政府预算周期的改进与完善[J].中央财经大学学报，2000（8）.

讫点，评价期通常为一年。①

三是行政周期的影响。各种"专项整治""运动"的存在，使政府的行政管理出现了在时间上时断时续、力度上时强时弱、手段上时松时紧的周期性现象。政府的行政周期一般被突发事件或党政主要领导的人事变动引发，然后大体遵循着舆论造势、政府拨出专项经费及采取针对性行政措施、"风头"过后复原的发展路径。这对财政支出的绩效评价产生了明显影响。② 财政支出绩效评价的周期与行政周期在不同的时间节点重合容易导致不同的结果。行政行为和财政支出效果的形成带有滞后性，可能导致评价所依据的绩效信息与评价时期的事实并不匹配。

四是技术条件的影响。技术条件的影响主要表现为绩效信息获取的不确定性、信息公开程度及周期以及评价成本的制约等。我国各级地方政府统计信息滞后、缺失、失真、相互矛盾的情况还在一定范围内存在。同时，统计数据的采集、公布也需要一定的时间。我国各级政府根据地方实际，对不同的数据制定了周报、月报、季报、年报的数据上报周期。部分绩效信息根据《政府信息公开条例》等法律法规，还有保密周期，不能立即公开、使用。

第三节 广东财政支出绩效评价管理办法与指标体系

广东省的财政支出绩效评价实践走在全国的前列，业已构建较为完善的管理办法和评价指标体系。以其作为典型对象进行剖析具有重要意义。

一、广东省财政支出绩效评价管理办法

管理办法是绩效评价工作的依据，是规范绩效评价整个过程的具体的指导性文件，起到提高绩效评价制度化、科学化、规范化水平的作用。本质上，管理

---

① 高培勇，崔军. 公共部门经济学 [M]. 2 版. 北京：中国人民大学出版社，2004. 130-132.
② 韩强. 领导干部任期制的理论考察与反思 [J]. 政治学研究，2007（1）.

办法在于规范财政支出管理者、使用者、受益者等关联主体的权利义务关系。形式上，管理办法表现为绩效评价有关理念、原则、规范和规则，以及操作工具的有机融合。财政支出绩效评价管理办法的主要内容如下所述。

（一）原则与依据

财政支出绩效评价的原则包括政治和技术两个层面。政治层面包括公开性、参与性原则，技术层面包括相关性、科学性等原则。公开性原则指的是要向评价客体和社会公众公开绩效评价的有关信息，以保证绩效评价的公平、公正和方便各利益攸关方行使监督权；参与性原则指的是要畅通人大代表、政协委员、社会公众等利益攸关方参与财政支出绩效评价的渠道，形成体制内外多主体评价模式；相关性原则指的是评价要结合绩效的概念内涵与理论体系，基于翔实的绩效信息，全面反映资金使用的效率性、经济性、效益性和公平性；科学性原则指的是绩效评价采用的方法和工具，设计的评价流程和指标体系要符合客观规律和实践需要。

财政支出绩效评价的依据是指评价工作所依据的法律、法规和政策等。一方面，上述依据构成了绩效评价工作规范性和科学性的基本框架；另一方面，这些依据也是绩效评价重要的基础性材料，对提高工作针对性大有裨益。主要依据：一是有关法律、法规和规章制度；二是党和政府的有关路线方针政策；三是财政支出预设的绩效目标；四是相关行业的政策、行业标准及专业技术规范；五是预算管理制度、财务管理办法等。

（二）评价内容

财政支出绩效评价内容应覆盖财政支出的整个流程。

一是财政支出的前期准备。对财政支出的前期准备展开绩效评价，目的是测量财政支出的项目立项过程是否规范、科学。评价点有：第一是立项论证是否充分。包含财政支出可行性的论证、重难点的分析、SWOT 分析、线路图设计等。第二是立项审批是否规范。包含是否符合申报条件、申报程序是否合规等。第三是财政支出绩效目标是否完整、科学。预设的绩效目标是否包含进度目标、效果目标和效益目标，效益目标是否包含有关政治、经济、社会和生态等方面的效益;绩效目标的设置是否基于专家的科学论证和听证;绩效目标是否"符合国民经济和社会发展规划、部门职能及事业发展规划,并与相应的财政支出范围、方向、效果紧密相关;应当从数量、质量、成本和时效等方面进行细化,尽量进行定量表述,不能以量化形式表述的,可以采用定性的分级分档形式表述"[①]等。第四是财政支出是否合理,包含财政支出的规模、形式、结构等是否合理,是否符合预设绩效目标,是否符合有关规定。

二是关联投入。它包括资金、组织机构和制度三方面的供给。资金供给是达成财政支出预设绩效目标的前提。在资金供给方面,绩效评价要关注的是资金的到位率和到位及时率,资金支出率和支出及时率。组织机构的供给意在为财政支出预设绩效目标的实现提供组织基础。组织机构合理,能使人力资源得到优化配置,发挥出良好的管理绩效。完备的制度供给能为财政支出规范管理提供制度支撑,它包含招投标管理、合同管理、质量管理、环境管理、财务管理、人力资源管理等制度,这些制度可根据财政支出的需求进行有机组合。

三是财政支出的管理。它包含财政资金管理、实施规范性和实施过程质量控制等方面。财政资金管理方面,反映财政支出是否规范,资金管理、费用支出等制度是否有效执行。实施规范性方面,反映财政支出的管理和使用是否规范,公共产品和服务的承包方的资质是否符合有关规定等。实施过程质量控制方面,反映实施过程当中的计划、组织、指挥、协调、监督、控制等管理手段是否得到有效运用及其成效。

四是财政支出绩效。它包含产出和成效两部分,产出反映财政资金使用单位"做了什么",成效反映财政支出取得的效果和长远影响。成效可以通过"4E"模型来测定,即从经济性、效率性、效果性和公平性四个维度来评价财政支出的绩效。另外,为确保财政支出持续地发挥作用,有些绩效评价还引入了可持续性评价的内容。

(三)评价方法

宏观上,绩效评价方法可分为定性和定量两种方法。定性方法是基于主观感

[①] 财政部:财政支出绩效评价管理暂行办法(2011年4月2日)。

受和理论分析，采用专家评价、满意度测评、比较分析等工具对绩效展开评价。定性方法主要有：最低成本法，即通过比较多个绩效确定的但不易量化的多个同类对象的成本来确定绩效水平；质询答辩法，即将财政支出管理和使用者、有关专家、利益攸关方等主体组织在一起，采用质询与答辩的方式，对财政支出的绩效进行评价；因素分析法，即通过对绩效目标的影响因素进行综合分析，来确定绩效水平；公众评价法，即通过专家咨询、公众问卷及抽样调查等方式获得有关群体的主观意见来对财政支出的绩效目标的实现程度进行评价。

定量方法是基于客观数据、采用频率和利用比例等统计工具对绩效信息进行描述分析，对目标与效果、成本与收益进行比较分析，采用相关分析、回归分析等工具对绩效影响因素进行分析的方法，主要有：成本效益分析法，即将评价周期内的成本与效益进行对比分析，以确定绩效水平；比较法，即将预设绩效目标与绩效产出、历史情况与当期情况、不同地区和部门的同类支出进行比较，综合评价绩效水平。

此外，评价流程和结果运用也是财政支出绩效评价管理方法中的重要内容。因前文已有叙述，在此不做重复。

（四）广东省的有关案例

广东省财政厅根据财政支出类别的不同制定了不同的绩效评价管理办法。下面以《广东省小型病险水库除险加固财政专项资金绩效评价暂行办法》为例对管理办法的体例作出简要介绍。该办法分总则、评价依据和内容、评价时间和程序、评价结果运用和附则共五章。总则一章提出明确的评价目标、原则和对象，界定了绩效评价的概念，规范了绩效评价工作的职责分工和具体流程。评价依据和内容一章，将国家法律法规、省政府的政策规划和预算批复文件以及签订的责任书、财政检查审计报告、工程过程和验收材料作为评价的依据；将项目组织实施、前期工作、建设管理、资金管理、工程建设进度、工程质量与安全、工程验收、水管体制改革、除险加固效益、历次监督检查和审计发现问题的整改等作为评价的内容。这一章还根据评价内容制定了评价指标体系。评价时间和程序一章，将评价程序确定为：自评→县级财政、主管部门汇总并将自评报告报送市级财政部门、主管部门→市级财政部门、主管部门结合上报材料复评，完成本市绩效评价报告并报财政厅、水利厅→结果运用。结果运用一章，将评价结果直接与财政资金安排挂钩。绩效评价结果为优秀的市，全省通报表扬，全额安排省级以上专项资金，给予适当奖励。绩效评价结果为良的市，完工项目全额安排省级以上专项资金。绩效评价结果为一般的市，完工项目视情况全额安排省级以上专项资金。绩效评价结果为较差的市，全省通报批评，视情况扣减该市省级以上专项资金。

二、广东省财政支出绩效评价指标体系

在财政支出绩效评价方面，广东省走在全国前列。早在2004年，广东省财政厅、审计厅、监察厅、人事厅就联合印发了《广东省财政支出绩效评价指标体系》（如图5-3所示）。这个指标体系被省财政厅分为五类，即基建类、修缮类、采购类、奖励或补贴类及其他专项类。长期以来，这个体系在广东省财政支出绩效评价实践中发挥了重要作用。

但随着经济社会的发展和财政支出绩效评价实践的进一步推进，这套指标体系的弊端也逐渐显现出来，主要表现为：一是不易平衡评价体系的统一性与项目的差异性。原有的五类指标体系的一级、二级指标基本相同，三级指标存在较大差别，权重分配也不同。但绩效评价结果指标体系以总分进行粗略的最终等级评定，不仅使不同的支出项目难以进行横向比较，更难的是几乎不能进行具体指标项的对比。二是指标及权重设计过程欠缺科学性。原有的指标遴选方法与权重分配缺乏科学依据。由于指标间具有高度的关联性，应该对最终选用的指标进行关联度和隶属度等分析。从操作的角度，可用可不用的指标尽量不用。另外，指标权重及评分标准设定主要源自经验，社会共识不足。三是指标体系已不适应当下技术的要求。现代科技日新月异，受限于当时的技术、政策的限制，该指标体系在智能化方面的表现不尽如人意，并不适应数字时代的要求。鉴于此，必须对广东省2004年版的财政支出绩效评价指标体系进行优化。

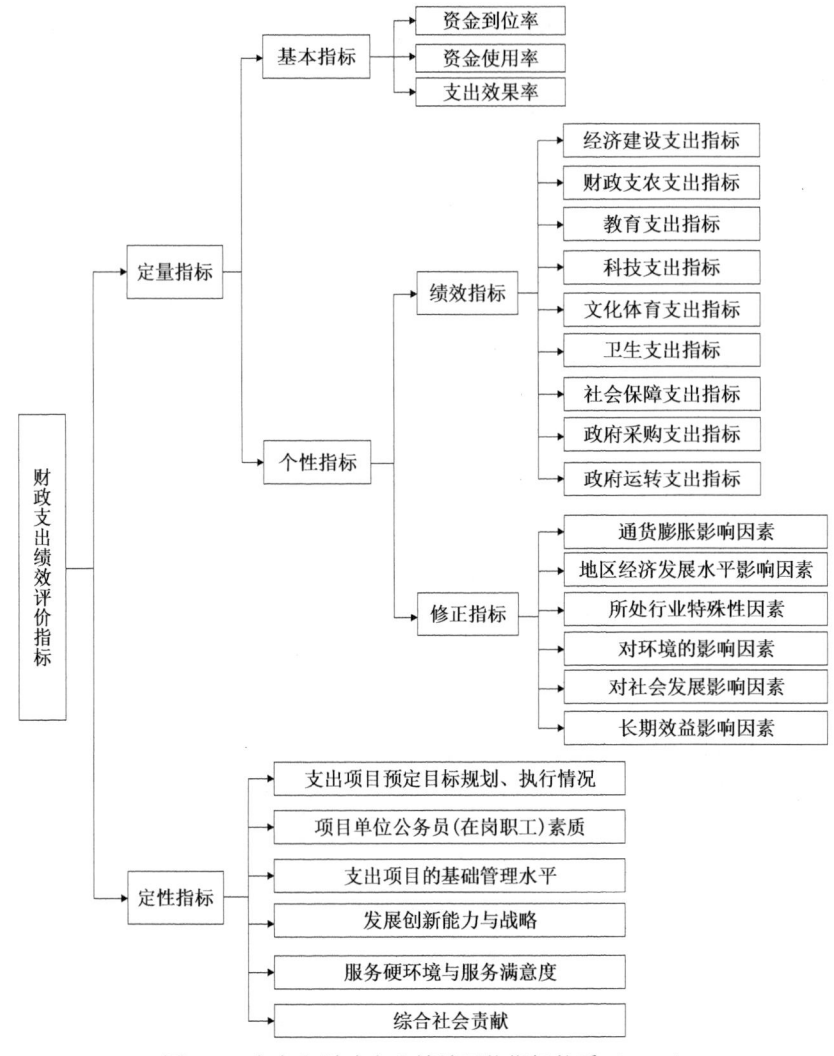

```
                                          ┌─ 资金到位率
                        ┌─ 基本指标 ──────┼─ 资金使用率
                        │                 └─ 支出效果率
                        │
                        │                           ┌─ 经济建设支出指标
                        │                           ├─ 财政支农支出指标
                        │                           ├─ 教育支出指标
                        │                           ├─ 科技支出指标
         ┌─ 定量指标 ───┤                 ┌─ 绩效指标┼─ 文化体育支出指标
         │              │                 │         ├─ 卫生支出指标
         │              │                 │         ├─ 社会保障支出指标
         │              │                 │         ├─ 政府采购支出指标
         │              └─ 个性指标 ──────┤         └─ 政府运转支出指标
财政                                       │
支出                                       │         ┌─ 通货膨胀影响因素
绩效 ────┤                                 │         ├─ 地区经济发展水平影响因素
评价                                       └─ 修正指标┼─ 所处行业特殊性因素
指标                                                  ├─ 对环境的影响因素
         │                                            ├─ 对社会发展影响因素
         │                                            └─ 长期效益影响因素
         │
         │                 ┌─ 支出项目预定目标规划、执行情况
         │                 ├─ 项目单位公务员(在岗职工)素质
         └─ 定性指标 ─────┼─ 支出项目的基础管理水平
                           ├─ 发展创新能力与战略
                           ├─ 服务硬环境与服务满意度
                           └─ 综合社会贡献
```

图 5-3　广东省财政支出绩效评价指标体系（2004）

（一）优化方案

根据实践经验，笔者认为把原有的五类财政支出项目绩效评价体系统一化更符合实际，即统一一至三级指标的内涵及权重，四级指标根据实际适当作个性化选择。原因如下：一是能较好处理评价体系的统一性与财政支出差异性关系，前三级指标和权重保持一致，既能增加可比性又易于实现智能化操作，在财政支出绩效评价日常化的趋势下非常实用；二是三级指标导向下的具体指标可进行个性

化选择，既体现了差异性，又突破了支出类别的限制，有利于寻找更具有针对性、更能反映项目绩效内涵的评价指标。同时，指标体系在实际运用中应"针对绩效、方便操作、形成特色"，特别是要方便操作，要求指标体系应涵盖尽量大的评价对象，具有更大的共性。据此，笔者设计了一个新的指标体系（见表5-1）。

表5-1 广东省财政支出绩效评价指标体系（建议方案）

一级指标		二级指标		三级指标	
指标名称	权重	指标名称	权重	指标名称	权重
项目投入	20	资金落实	8	1. 资金指标到位率	4
				2. 资金指标到位及时性	4
		资金支出	12	1. 资金支出率	6
				2. 资金支出相符性	6
项目过程	22	前期准备	7	立项论证充分性	7
		项目实施	7	1. 组织机构健全性	3
				2. 管理制度完备性	4
		项目监管	8	1. 财务合规性	3
				2. 实施规范性	5
项目绩效	58	经济性	7	预算控制	7
		效率性	9	项目完成进度情况	9
		效果性	31	1. 经济目标实现程度	8
				2. 社会目标实现程度	9
				3. 项目质量安全	9
				4. 可持续发展水平	5
		公共性（满意度）	11	1. 项目公共属性	4
				2. 项目外部效应	3
				3. 项目社会满意度	4

（二）四级指标库

在广东省级财政支出绩效评价指标体系建议方案的 18 项三级指标中，经济目标实现程度、社会目标实现程度、项目公共属性等指标为导向性指标，并非可操作的具体指标。要增强这类指标的可操作性，需根据不同类型财政支出的特点，在三级指标下增加有针对性的四级指标。为保证四级指标共性和个性的有机统一，建议建立四级指标库。

四级指标的设计立足于具体的财政支出项目的绩效目标，通过归纳和提炼，设计出最能评价财政支出绩效的关键性指标。逻辑上，四级指标基于三级指标的内涵，围绕"产出"和"效果"两个核心维度廓清外延，一方面要反映财政支出管理和使用单位围绕预设绩效目标"做了什么"（产出），另一方面还要反映其"做得怎么样"（效果）。四级指标通常体现的是财政支出所带来的经济社会的变化情况，属于增量指标。

四级指标主要有三个来源：一是直接从自评单位提供的自评报告中提取借鉴；二是对自评报告中的指标进行筛选、转换；三是依据三级指标重新设计。例如：针对城乡义务教育专项补助资金，可以提取出教师培训支出达标率、财政经费占学校总经费比重、校舍安全事故发生率、学生巩固率等系列指标作为反映其绩效目标实现程度的四级指标；针对小型水库除险加固资金，可将其社会经济效益进一步分解为灌溉效益、防洪效益和环境效益等四级指标。

本章小结

本章对财政支出绩效评价的组织体系（包含评价主体、组织模式、评价流程和结果应用）和技术体系（包含评价指标、指标权重、评分标准、评价周期）展开了讨论，同时还以广东省为案例进行了深入说明，阐明了组织体系和技术体系是财政支出绩效评价法制化的基本内容。进一步说，财政支出绩效评价的主体和组织模式的选择、方法和流程的确定、结果的应用，以及指标体系及其权重的确定、评分标准和评价周期的确定，都需要有法律制度的支撑才能发挥出最大效力。

第六章

财政支出绩效评价法制化的域外经验及借鉴

著名的研究法与社会变迁的先驱弗里德曼（Wolfgang Friedman）教授曾言：法之于社会变迁既是反应装置又是推动装置。人们或许对法被动反映社会有更多的认知，但是随着社会的发展，法对社会的积极推动的作用将会逐步加强。[①]经过多年的努力，发达资本主义国家形成了"自主的、普遍适用的法律体系和法律至上的观念"[②]。以英国和美国为代表的西方发达国家，具有较长的财政支出绩效评价历史，其实践经验丰富、有关技术成熟。作为法治国家，它们在财政支出绩效评价的发展过程中重视有关法律制度的制定，现已达到了较高的法制化水平。反过来，财政支出绩效评价的法制化又为具体实践提供了制度保障。这就形成了一个良性循环，推动了财政支出绩效评价的良性运行和可持续发展。要提升我国财政支出绩效评价的法制化水平，或可从西方国家财政支出绩效评价的法制化经验中汲取有益营养。

第一节 西方国家财政支出绩效评价法制化经验

一、美国财政支出绩效评价法制化经验

（一）美国财政支出绩效评价及其法制化过程

一般认为，20世纪上半叶，随着科学管理的兴盛，绩效评价在美国的私人

[①] FRIEDMAN W. Law in a Changing Society[M]. 2nd. Columbia：Columbia University Press，1972：11.
[②] 昂格尔. 现代社会中的法律[M]. 吴玉章，周汉华，译. 北京：译林出版社，2001：284.

部门萌芽。1921年，美国颁行《预算和会计法案》，要求设立预算局（BOB）和会计总署（GAO），分别从属于联邦政府财政部和国会。1928年，美国全国市政标准委员会成立，将兴盛于私人部门的科学管理和经济准则引入政府管理。结合后来的历程，该机构可视作美国财政支出绩效评价的发起者。30年代的经济大萧条，使联邦政府意识到财政支出的绩效评价在国家管理中的重要性，有关工作得以在政府内部持续推进。

20世纪50年代到80年代末，财政支出绩效评价及其法制化在美国得到进一步的发展。第二次世界大战后的美国，随着政府管理面临的挑战越来越大，财政支出绩效评价开始愈发受到重视。1950年，美国颁布了《预算与会计程序法》，规定联邦政府需开展预算的绩效评价工作。在经历了五六十年代的高增长期后，凯恩斯主义逐渐失灵，美国进入滞胀阶段，联邦政府预算赤字和债务规模不断扩大。为消除滞胀，美国政府交替使用紧缩财政政策和赤字财政政策，收效甚微。民主意识、参与意识不断增强的社会公众，在资源相对短缺而财政支出不断增长的情况下，对财政支出的绩效给予了空前的关注。彼时，新公共管理运动推动了新公共管理理念的传播，给美国政府推进财政支出绩效评价的发展带来了新的动力和思路，因之相继出台了一系列有关财政支出绩效评价的法律法规，比如《联邦信贷改革法案》（1990）、《首席财务官法案》（*T*1990）、《准时支付法》（1984）、《联邦管理人员财务诚信法案》（1982），以及更早的《国会预算和节流控制法》（1974）、《监察长法案》（1978）等。

进入20世纪90年代，面对一系列的挑战，时任美国总统的克林顿为提高政府的执行力，加强了对绩效管理的重视。1993年，美国成立了国家绩效评价委员会（national performance review，NPR）来全面推进联邦政府的绩效改革，负责人由美国副总统戈尔兼任。较之以往，此时的绩效评价融入了新公共管理、策略规划等新的理念。受此影响，美国政府对财政管理进行了改革，在预算编制中尝试引入理性的决策工具，开始以绩效评价结果为基础来引导预算。1993年，美国副总统戈尔提出了财政改革议题，主要有重视行政绩效、加强财务管理、引入企业弹性做法来改善预算编制流程等内容。随后，美国国会通过了《政府绩效评估与结果法案》（1993，以下简称GPRA）、《政府管理改革法案》（1994）、《联邦财务管理改进法案》（1996）等法案。这些法案（特别是 GPRA）显著提升了美国财政支出绩效评价的法制化能力与水平，预示着美国的财政支出绩效评价及其法制化步入到了成熟阶段。受此影响，美国不少州、地方政府为强化施政绩效与行政资源分配的因果关系，也在财政管理中引入了绩效评价这一管理工具。虽然各州、地方政府的具体做法存在较大的差异，但有一点则具有相当广泛的共性，即财政支出绩效评价的有关工作都是通过立法来推动的。上述法律制度的创制，为美国政府开展财政支出绩效评价提供了合法的权力来源及权力配置的依据。

（二）美国财政支出绩效评价的体系

1. 美国财政支出绩效评价的法制体系

1990 年颁布实施的《首席财务官法案》（CFOA），在美国财政支出绩效评价法制体系中有承上启下的作用，具有重要地位。它要求每个部要设立首席财务官（CFO）以有效衔接财政支出绩效评价工作，从而初步拟定了从总统管理及预算办公室（OMB）到几乎所有政府部门的纵向财务管理组织架构，推动了联邦政府财政支出绩效评价运营与管理体系的现代化。

美国国会于 1993 年通过的《政府绩效与结果法案》将美国的政府绩效管理法制化向前推进了一大步，它是美国财政支出绩效评价，甚至是国际政府绩效改革潮流中的代表性立法。GPRA 标志着美国政府的绩效改革进入成熟期，是美国财政支出绩效评价法制体系的基石。它使美国议会的监督体系进行了自 20 世纪 60 年代以来的首次方向转变，即从过程监督转向绩效结果监督。GPRA 把财政支出绩效评价原则界定为：联邦政府各机构承担完成工作计划的职责，通过透明化财政支出工作计划与预设绩效目标的评价报告来提升政府的服务质量和理性认知，进而提升财政支出的绩效。在这一原则的指导下，美国政府的效率明显提高，在不削减政府服务的前提下，在 20 世纪末消除了财政赤字，甚至在进入 21 世纪前还有 1230 亿美元盈余。GPRA 明确了美国财政支出绩效评价的目的：一是明确联邦政府机构承担管理和使用财政支出的责任，增强民众对政府的信心；二是预设财政支出的绩效目标，并围绕这些目标进行绩效评价，随后作出公开报告；三是以绩效结果、顾客满意度等为导向，提升财政支出绩效，落实公共责任；四是通过规划工作，提供绩效信息，倒逼政府雇员提升管理绩效；五是通过提供更为客观的有关法定的目标信息、财政支出使用绩效的信息，改进国会的决策。GPRA 要求联邦政府将绩效评价进一步制度化，具体为：联邦政府组成部门制定五年战略规划，明晰工作目标和对象、工作措施，制定科学的评价指标体系。[①]GPRA 同时还要求各部门每年都要提供年度绩效报告并向国会和社会公众公开。

为做好财政支出绩效评价的有关工作，美国国会以《政府绩效与结果法案》为核心，又通过了《联邦管理者财务操守法案》《政府管理改革法》（1994）、《联邦财务管理改进法案》（1996）、《债务征收促进法案》（1996）等法案。同期，美国各州根据实际情况持续推进绩效预算改革，行之有效的预算制度往往会被联邦政府加以吸纳。20 世纪 90 年代，全美 50 个州中，31 个州进行了以绩效为基础的预算立法，16 个州采用了行政命令等方式来规范运作，预算决策者的注意力已经转移到了财政支出的绩效上来。克林顿总统卸任后，继任的乔治·沃克·布什（别称小布什）总统在前任的基础上继续以绩效为基本手段推进政府管理改革。小布什政府的改革确立了"以公民为中心，以结果为，以市场为基础"的原则，强调预算与绩效紧密挂钩，力图通过资源的绩效分配来提高政府部门的绩效。

部门和项目是美国的财政支出绩效评价最重要的两个方面。部门绩效评价方面，联邦政府在 2003 年基于成效计分卡标准，制定了对联邦机构执行总统管理议程的工作成果进行绩效评价的评级制度。该制度下，各机构要接受工作状况及绩效目标完成情况的季度绩效评价，评价各机构绩效并提出改进意见的权力配置给了 OMB。项目支出绩效评估方面，总统管理顾问委员会在 2002 年引入了项目评估体系（program assessment rating tool），设计了 PART 调查表，于 2002 年 7 月定稿并发布使用。到 2008 年，所有的项目的绩效评价都将使用 PART 进行[②]。按照财政支出绩效评价的有关规定，各部门需制定长期绩效目标和年度绩效目标，绩效目标的制定权由管理及预算办公室和各机构共同享有。

---

① 单晓敏. 完善我国财政支出绩效管理的研究 [D]. 苏州：苏州大学，2013.
② 财政部财政制度国际比较课题组. 外国财政制度丛书——美国财政制度 [M]. 中国财政经济出版社，1998.

2. 美国财政支出绩效评价的权力体系和组织体系

美国的财政支出绩效评价奉行了美国建国即确立的分权制衡原则。GPRA 将绩效评价权赋予国会，NPR 负责联邦政府绩效改革的全面工作，国会会计总署（GAO）[①]和总统管理与预算办公室负责具体工作，各部的财政支出绩效评价一般由负责人承担。它们既有分工，又有合作，共同致力于财政支出绩效评价。其优点在于：充分运用评价结果，实行绩效预算；及时发现财政支出管理和使用中的问题，并向国会和政府提出解决问题的建议。

NPR 的第一任负责人是克林顿政府的戈尔副总统。在他的领导下，NPR 向克林顿总统提交的第一份报告就是对政府再造的建议。在这份名为《从烦琐出发，建立高效精简的政府》的报告中，委员会提出了政府再造的四个建议，即公众至上、充分授权、去除繁文缛节和精兵简政。同时，在另一份名为《加强政府间合作》的报告中，又提出了六个更加细化和深入的建议，即完善全国拨款系统，管制放松、杜绝官僚作风，简化偿付管理成本的程序，尽量减少文字报告，小额采购管理便利化和加强政府间协同和合作。

美国国会会计总署承担评价财政支出绩效之责任，以自然年度为评价周期，代表国会评价联邦政府各部门绩效（有时也委托独立第三方进行评价）。美国财政支出绩效评价主要包括：前端分析，即前期方案评估；评价性测定，即评价政策指标的制定和执行中的最优和意外等；过程评价，评价项目立项的合理性；经济效益量化评价和评价项目的获利能力、成本收益情况等；综合影响评价，评价方案实施的经济、社会、环境等各个方面的影响；持续性和长期评价，评价项目完成后，能否产生可持续影响；影响力评价、方案和问题监控评价等。

OMB 行使协助总统指导和监督预算的编制的职权，具体为通过评价政府各部门的工作计划、政策、预期绩效来确定财政支出的重点；审阅、评价联邦政府各部门的绩效评价报告及年度计划，作出是否调整预算的决策。联邦政府各部门承担制订年度计划、绩效自评等职责。具体为：距预算年度开始 5 个月时（即 4 月中旬）向 OMB、国会报送年度计划，报送国会的年度计划还要加上评价战略

[①] 2004 年 7 月 7 日，根据《2004 年审计总署人力资源改革法案》，GAO 改为美国政府责任署（United States Government Accountability Office），两者均简称 GAO。

规划；受国会会计总署委托开展绩效自评并提出合理化建议；对绩效目标的制定和绩效预算的编制等进行提供指导。在 CFO 的规制下，OMB 负责建立"管理副主任→联邦财务管理办公室（OFFM）→部门 CFO"的联邦财务管理组织体系，组织成立并主持 CFO 理事会；管理副主任、OFFM 享有财政支出绩效评价政策制定权；管理副主任每年还需出具联邦政府财务管理现状及五年计划报告，以及审核部门年度财务报表。

联邦政府各部门在财政支出绩效评价的权力和组织体系中处于较低层级，一般以被评价对象的角色出现。其主要职责有制定长期绩效目标和年度绩效目标，接受财政支出绩效评价，开展绩效自评等。

3. 美国财政支出绩效评价的法定程序

第一步，各部门制定战略规划和年度绩效计划，分别提交给国会中相应的专门委员会、美国审计总署。各联邦机构制定至少跨越未来 5 年的工作目标（可 3 年一修订）的战略规划和落实该规划的年度绩效计划，财政收支计划是其中的重要内容。战略规划明确了中长期工作目标，确定了未来 5 年的工作日程表，是年度目标和计划的基础。战略规划核心内容：一是阐释部门使命；二是战略规划目标及为实现目标而制定的其他目标；三是达成目标的路线图以及工作所需的资源；四是说明计划对绩效目标的囊括情况；五是描述计划的评价。年度绩效计划围绕战略规划制定，是对战略绩效目标的分解，是绩效管理的核心部分，由联邦管理与预算局局长监督实施。年度绩效计划聚焦于年度绩效水平和目标，再基于目标设计详尽的绩效指标、开列资源清单，打下评价基础。年度绩效计划主要内容为：一是设定绩效目标；二是客观、量化说明绩效目标；三是列明绩效目标实现的日程表、技术路线图和资源清单；四是构建绩效指标体系，用以测量有关产出、服务水平和结果。

第二步，各部门执行战略规划和年度绩效计划。

第三步，美国政府责任署（或其委托的独立第三方）或政府部门内部的评价机构对绩效进行评价后，将绩效评价报告递交至 OMB。年度绩效报告即每个机构在每财年提交给总统和国会的年度财政支出绩效报告。主要内容：一是报告实际绩效水平与预设绩效目标的差距，并提出如何改进；二是如用替代形式说明绩效情况，则需要在年度绩效计划的结果中注明原委；三是评价绩效目标的实现程度，如实现程度不足，则需说明具体原因。

第四步，结果应用。需要说明的是，虽然美国的法律没有规定财政支出绩效评价的结果必须与预算挂钩，但基于美国社会公众较强的监督意识，有关部门在编制下一财年的预算时会把绩效评价结果作为重要参考。

二、英国财政支出绩效评价法制化经验

英国是海洋法系的代表性国家，具有习惯法传统，有些具有法律效力的行为并不一定有对应的成文法。所以，尽管英国的财政支出绩效评价具有较高的法制化水平，但并没有体现在法律制度的数量上，我们可以通过分析其财政支出绩效评价的权力体系和组织体系来管窥其法制化的情况。

（一）英国财政支出绩效评价及其法制化历程

1. 经济和效率优先的探索阶段（1979—1985年）

英国是新公共管理运动的发源地之一，在这股浪潮中，英国政府以保守自由主义为依托，借鉴新制度主义、公共选择理论和企业管理的方法，开展了以新公共管理思想为指导的行政改革。改革规范了财政支出绩效评价，实现了规范化和常态化。这次改革始于1979年，由撒切尔首相推进。她成立了以雷纳勋爵为首席效率顾问的效率小组，对中央政府各部门的运作情况进行调研、审视和评估，并且根据实际需要制订提高政府部门经济性和效率性的方案。这次改革被称为"雷纳评审"（rayner scrutiny program），它的"以解决问题为导向"的"经验式调查"，致力于消解公共部门的不经济、内容过时、效率低下的现象。

英国财政部于1982年颁布了《财务管理新方案》，其目的在于树立成本意识、提高公共部门绩效水平、降低财政支出。该方案对各部门及其负责人提出了三个主要要求：一是要明确部门绩效目标、评价绩效产出的标准和方法；二是要列明达成绩效目标的资源清单，自身使用资源的责任清单；三是以"3E"为维度对财政支出进行绩效评价，具体说明各生产要素，绩效表现，主、客观条件之间相互作用的机理；四是基于"3E"设计评价指标体系，以便于进行纵、横向的对比，

找出存在的问题及解决方法，挖掘改革潜力。同年，为树立各部门"浓厚的绩效意识"，英国政府还颁布了《财务管理新举措》，初步规范了财政支出绩效评价的有关事项。1983年，英国第一个系统的绩效评价方案由当时的卫生和社会保险部提出，其指标数量近140个。1984年，财政部发表关于内阁各部门的财政管理改革白皮书，明确了绩效评价在人事管理、目标管理和提高效率管理方面的重要作用。同年，英国成立了国家审计办公室，专司财政支出绩效评价的工作。

2. 效益和质量优先的发展阶段（1986—1997年）

"质量优先"取代"效率优先"成为本阶段财政支出绩效管理的首要价值取向，有关工作更加系统、规范。本阶段的特点有：

一是绩效评价得到广泛应用。到20世纪80年代中期，前期的财政支出绩效评价积累了较丰富的经验，取得了良好的成效。为将绩效评价这一先进的监管手段尽快推广，撒切尔政府要求中央政府各部门尽快建立各自的绩效评价机制，并由财政部督促落实有关工作。

二是绩效评价应用的经常性。从以往的临时突击的方式转变为定期进行，且覆盖部门管理活动的全过程。

三是绩效评价法制化。1989年，财政部发布《中央政府产出与绩效评价技术指南》，进一步规范了绩效评价的有关术语、工作程序，点明了评价侧重点，提升了绩效评价工作的专业性。

四是绩效评价的系统性。英国于1988年启动了"下一步行动方案"，指出将服务和执行职能剥离出决策部门，通过绩效合同落实管理责任是解决政府管理问题的根本出路。这样就解除了原有机制加在公共产品和服务供给者身上的枷锁。该方案在价值理性方面，由规则导向转变为结果导向；在工具理性方面，由从属管理转变为契约管理。

1991年，梅杰首相开始推行"公民宪章运动"。运动要求：一是把服务绩效放在首位，公共产品和服务要值当其价；二是公开政府的服务清单、责任清单，接受公众监督；三是公开公共服务的信息，给予社会公众公共服务选择权。1997年，《地方政府法》颁布，明确规定了地方政府最佳绩效评价和管理制度的实行，每年的公共绩效管理工作等事项。同时还要求设置专门的机构、人员以及固定的绩效工作程序等。同年还颁布了《支出综合审查》，要求全面实行预算管理，建立后续3年每年的财政支出计划；各部门均需与财政部签订《公共服务协约》，设立各自绩效目标并作为绩效评价的依据。到此，英国完成了财政支出绩效评价规范化的进程。

3. 落实绩效预算的完善阶段（1998年至今）

1997年布莱尔取代梅杰成为新任英国首相。除了认可政府之前在绩效管理改革方面业已取得的成绩外，他也指出其中的不足并致力于将改革继续推向前进，提出了"让人民生活得更好"的执政理念。1998年，英国颁布了《未来的公共服务：1999—2002年公共服务协议》白皮书作为进一步推进政府绩效管理的蓝本。主要理念有：政府设立明晰的、以结果为导向的绩效目标；权力下移至公共产品和服务的供给者；增强、保持绩效审计和监督的独立性、有效性；公开既有绩效成果，以为中央和地方政府决策提供参考。其特点在于：用高标准为政府部门制定了最终的绩效目标；绩效目标以成果为导向，绩效目标本身明确、可测量、可行性强。

1999年，英国政府颁布了《现代化政府》白皮书，为首相布莱尔要建立的"现代化政府"背书，它提出以公共服务对象（即社会公众）为本，高效率、高质量的生产公共产品和服务的公共服务体系的目标，并把财政支出绩效评价作为建成"现代化政府"的重要工具。财政支出绩效评价的结果被广泛运用到绩效预算的编制过程中。

英国的绩效预算制度规定了以下流程：首先，预算部门牵头草拟"公共服务协议"，内含绩效目标、评价指标等标准。财政部门牵头征求利益攸关方、绩效专家的意见，以确定合理的预算基础。其次，财政部与各部签订《公共服务协议》，并以其为依据安排财政支出。最后，确定财政资源的分配和各部的绩效任务。预算执行过程中，各部门要对财政支出进行自我评价。各部门以季度为周期向财政部递交绩效任务进程信息，以半年为周期向公共支出内阁委员会（PSX）汇报本部门绩效目标完成情况、存在风险以及对应措施。

2004年，英国对1998年版的《未来的公共服务：1999—2002年公共服务协议》白皮书进行了修订。修订后的白皮书中与财政支出绩效评价有关的内容有：政府要提高服务标准，大胆设定绩效目标；服务直接供给者的权力和责任明确化，行动目标统一化；有机融合事实、典型事例和分析，以有效指导绩效目标的选择、界定和测量，使绩效的积极因素最大化；通过规定易被忽视领域的最低标准来使社会公众都可以受益于政府绩效的改进；程序标准化，以使高效能的规范服务可以常态化。

（二）英国财政支出绩效评价的体系

1. 财政支出绩效评价的权力体系

在财政支出绩效评价领域，英国也贯彻了分权制衡原则：指导权和监督权由公共服务和公共支出内阁委员会（PSX）行使；评价实施权由政府各部门和财政部共同行使，一般由政府各部门自行开展；检察权、监督权和建议权也由PSX行使。

2. 财政支出绩效评价的对象和内容

英国政府的财政支出绩效管理，其内容包括拟定绩效目标、展开绩效评价，其对象包括基层单位、地方政府和项目的绩效评价。评价的具体内容：一是立项决策的质量评价，主要评价立项方法的科学性，信息翔实性，依据充分性，在经济上和技术上的合理性和先进性等；二是经济性和有效性评价，主要评价项目本身的财务收益；三是技术方案的评价，关键评价指标是投资项目的方案设计与实施方案的效果；四是综合效益的评价，关键是对一个地区经济、社会和环境等宏观方面产生的影响。

3. 财政支出绩效评价的工作程序

财年伊始，政府各部与财政部签订《公共服务协议》，框定各部的责任、目标和具体措施。其中的责任条款把绩效责任明确给各部首长；目标条款规定了在一定的财政支出的总量下，要为绩效目标设计量化的评价指标体系；具体措施规定，各部在实践中，拟采取何种行政行为以完成既定目标。各部每年秋季向议会提交《秋季绩效评价报告》，报告要把本部门财政支出取得的实际绩效和《公共服务协议》里预设的绩效目标一一进行对比分析，同时还要对下一财年的绩效目标提出合理化建议。《秋季绩效评价报告》需向议会和社会公众公布。

4.财政支出绩效评价的结果应用

英国财政支出绩效评价的结果应用广泛。首先政府各部门每年要将《秋季绩效评价报告》用于对3年滚动计划的调整，长期经济目标和计划也是依据评价结果作出相应调整；其次财政部在指导下一年度政府预算的编制时，也将把财政支出绩效评价作为参考依据；最后，国会和内阁在考察政府各部门行政责任制的落实情况时，将评价结果作为重要参考依据。评价结果的充分合理应用，起到了提高政府工作效率、促进政府责任制落实的作用。同时，财政支出绩效评价报告要提交国会和向社会公众公开，起到了落实国会和社会公众监督权的作用。

三、澳大利亚财政支出绩效评价法制化经验

（一）澳大利亚财政支出绩效评价及其法制化历程

相较于英国和美国，澳大利亚财政支出绩效评价及其法制化的历史较短，但也有其特点。澳大利亚的财政支出绩效评价诞生在新公共管理的浪潮中。彼时的澳大利亚政府为解决一系列经济、社会问题，于1983年颁布了《霍克政府白皮书：改革澳大利亚公共服务》，提出了公共管理改革和建立高效的、节约的政府的目标。但直到1987年白皮书的设想才得到真正贯彻，贯彻的标志便是各级政府被要求启动绩效评价的计划。1988年，财政支出绩效评价延伸到每个政府部门。

进入20世纪90年代后，澳大利亚财政支出绩效评价聚焦在项目的有效性和结果与预算关联上。1997年，澳大利亚政府将财政部重组为财政与管理部，将目标和产出计划引入年度预算报告，出台了《财政管理和责任法案》（1997）。各部部长要将部门的目标和产出情况详细写入《部长预算陈述》，并提交给财政与管理部。随后澳大利亚政府在1998年发布了《辨析目标和产出》，1999年通过了《澳大利亚政府以权责发生制为基础（与现金发生制相对）的目标和产出框架指南》，2000年发布了《目标和产出框架》等，用以对政府各部门编制年度财政支出绩效评价报告和年度预算报告进行指导。财政支出绩效管理战略重点转移到注重投入和产出，以及预算和绩效评价结果。至此，澳大利亚完成了财政支出绩

效评价的法制化。

（二）澳大利亚财政支出绩效评价的权力体系

在澳大利亚财政支出绩效评价分工中，组织领导权配属财政与管理部，具体评价权配属政府各部门。

财政与管理部主要行使以下职权：一是"绩效改善实践原则"的制定、更新、发布、和解释，以便相关内容能翔实体现在递交议会的年度绩效报告和递交给部门预算报告中。二是对评价结果加以应用，对下一财年的预算安排进行指导。财政与管理部的评价包括政府部门、单位及项目组对绩效目标的管理与绩效评价。具体内容一是绩效目标的可行性；二是绩效指标的科学合理性；三是绩效产出与目标的可比性；四是对具体项目的投入产出进行对比。

联邦政府组成部门主要行使以下职权：一是在各部首长的领导下在部门内部开展绩效评价工作。各部因规模和机构设置不一，部门行使评价执行权的机构也不一样。二是编制本部门的财政支出绩效评价报告、评价框架，将评价报告提交到国会和财政与管理部，同时向公众公布。各部首长按年度将《部长预算陈述》提交到财政与管理部，对部门战略和预定绩效目标等事项进行详细阐述，将绩效目标量化成可评价的"产出"，同时说明达成绩效目标所需的资源和制度等。各部的财政支出绩效评价一般由内部人员和外部专家组成专家组，采取自评的方式进行。有时也会把绩效评价工作委托给独立第三方。各部每年还需提交《年度报告》，内容包括财政支出的绩效情况及相关责任的界定，《部长预算陈述》与实际结果的对比分析。《年度报告》依法必须向国会和公众公布。

（三）澳大利亚财政支出绩效评价的程序

第一步，制定部门事业发展目标。部门事业发展目标由内阁、财政部和各部共同制定，它是编制部门年度绩效计划和绩效预算的基础。其内容主要有：明确部门职责，确立最终发展目标，预估资源和技术的需求及不确定性因素，等等。

第二步，编制年度绩效计划，明确评价指标。各部的年度绩效计划根据部门事业发展目标进行编制,它与部门预算密切相关。其主要内容有:可量化的部门年度绩效目标;完成绩效目标必备的资源,采用的策略、方式,必经的过程等;绩效目标怎样作用于部门事业发展目标的实现;影响目标达成的潜在威胁;单位内部管理目标;评价方案等。澳大利亚设计了一套绩效评价指标体系,用以确保绩效能得到科学合理的评价。

第三步,编制绩效预算。内容主要有:部门管理费用成本和项目运营成本。其中前者主要包含工资、福利、水电费等一般性管理费用及其他低值易耗费用等,以部门人数为编制依据。后者主要包含需支付的其他退休金、失业金,以及对科教文卫体、生态环境可持续发展的转移支付。

第四步,撰写年度评价报告。政府各部在每一财年结束后,为提供财政支出绩效评价的基础信息,都要编制并提交部门年度财政支出绩效评价报告。其主要内容有:本财年预设绩效指标与实际绩效产出的比较,与过去财年绩效指标实现情况的比较,找出未实现绩效目标的原因和提出改进措施,从信度和效度等出发阐释报告,并提出对不科学的绩效目标的调整建议。

第五步,使用效益绩效评价。如前所述,对政府各部门的评价由议会和财政与管理部行使。具体流程是,财政与管理部预审通过本部门的报告后,再报议会审议通过。主要内容有:绩效目标的完成情况,绩效目标投入产出比,各项支出的合法合规性以及评价方法的科学性,等等。绩效评价的结果作为来年战略目标和预算安排的重要依据,会同时反馈给各部。

第六步,结果应用。澳大利亚基于目标与产出框架理论构建起来的绩效评价体系,为政府将服务公众的目标与绩效成果的联系起了积极作用,形成了结果导向型的管理责任机制,提高了政府效率。并且,将评价结果应用于各部门绩效目标的制定和绩效预算的安排,提高了财政支出的管理和使用绩效。

第二节　西方主要发达国家财政支出绩效评价法制化的特点及不足

一、西方主要发达国家财政支出绩效评价法制化的特点

（一）围绕核心法律构建了完整的法制体系

通过对西方主要发达国家财政支出绩效评价体系的审视我们发现，其法律依据都不是来自单一的法律，而是来自一个法律体系。而这个法律体系，都是几部法律围绕一部起核心作用的法律构成的。在这个法律体系中，核心法律具有较高的位阶和权威性，对财政支出绩效评价进行方向性、原则性的指导，属于顶层设计。其他法律可以视为从不同角度对核心法律的具体化和操作化。如美国的法律体系，其核心法律是国会于1993年通过的《政府绩效与结果法案》，辅之以《联邦管理者财务操守法案》《政府管理改革法》《联邦财务管理改进法案》《债务征收促进法案》等专门性、部门性的法律法规，共同构成了一个完善的财政支出绩效评价法律体系。

（二）法制化内容全面

法制化是有关工作顺利开展的前提和基础。西方发达国家对财政支出绩效评价的法律体系关注点和出发点不尽一致，但在核心内容上都包含了对财政支出绩效评价的强制要求、组织体系、技术体系、结果应用等关键要素，在体系上层次分明、相互配套衔接。在这方面，我国当前正缺乏一部统一的法律，导致了纵向上的中央和地方之间、横向上的政府各部门及各支出项目之间难以进行有效比较，制约了财政支出的运行效率。因此，我国必须加强财政支出绩效评价的法制化建设，为有关工作的顺利开展提供坚强的制度保证。

一是构建了权责明晰、相互制约但又各有特点的权力体系。在西方国家的政治谱系中，通常采用三权分立的架构，强调权力与权力之间的相互制约、相互监督。这种思想在财政支出绩效评价的权力分配中有所体现。在西方主要发达国

家，由于各国政体、行政机构设置等方面的不同，财政支出绩效评价的权力配置也有所不同。在澳大利亚，领导权由财政部实施，政府各部门负责绩效评价的实施，监督权和结果应用权主要由财政部通过审核评价报告和编制绩效预算的方式得到行使。在英国，指导权和监督权由 PSX 行使，评价权由政府各部门和财政部行使，检察权、监督权和建议权由公共服务和 PSX 行使。在美国的财政支出绩效评价权力体系中，领导权由国会享有，绩效评价实施权由国会会计总署负责，监督权由国会和社会公众分享，但有关法律并没有明确规定财政支出绩效评价的结果与预算挂钩。

二是设计有科学的程序。美国、英国、澳大利亚都属于海洋法系的国家，具有重视程序正义的传统。美国的程序设计为：编制战略计划→编制年度绩效计划→进行绩效评价→编制年度绩效报告→呈报、公开结果→评价结果应用。英国的财政支出绩效评价程序为：政府各部按年度与财政部签订《公共服务协议》→政府各部履行《公共服务协议》→各部向议会提交《秋季绩效评价报告》→向议会和社会公众公布《秋季绩效评价报告》→评价结果应用。澳大利亚财政支出绩效评价程序为：制定部门事业发展目标→编制年度绩效计划和评价指标→编制绩效预算→编制年度财政支出绩效评价报告→开展绩效评价，评价财政支出的使用效益→结果的应用。

三是合理应用评价结果。财政支出绩效评价的作用的充分发挥，关键在于评价结果的应用。虽然各国的制度不一，法律法规的规定也有所不同，但在财政支出绩效评价的结果的实际应用上，以下几点是共通的：一是应用目的。这个目的不是为了加强上级对下级、中央对地方的管理控制，而是为了切实提高财政支出的使用绩效。二是主要用途。首先是用于绩效预算的编制，其次是用于绩效计划的改进，最后是用于管理责任的界定。三是应用方式。西方国家对财政支出绩效评价结果应用的方式中，有一条是共通的，那就是将绩效评价结果向社会公众公开。这落实了社会公众的监督权，促进了财政民主。

（三）法律制度可操作性强

法制化水平较高的国家通常在财政支出绩效评价方面的可操作性更强。属于海洋法系的美国、英国、澳大利亚和加拿大的法律通常较为具体、细致，这就决定了法律具有良好的可操作性。如《政府绩效与成果法案》把国会对行政部门监督的重点确定为"绩效"和"结果"，并对各部门提出了具体化、可测量的工作要求等。

二、西方主要发达国家财政支出绩效评价法制化存在的问题

（一）波动性大

财政支出多样性的特点决定了其绩效评价系统的复杂性。在横向上，它涉及不同部门之间的利益权衡；在纵向上，它涉及中央和地方的博弈。西方发达国家多是实行两党制、多党制，其经济和财政法律制度并非一以贯之的相对稳定，而是随着领导人和政权的更替呈现出较大的波动。这对其科学性、客观性、有效性带来了不利的影响，对有关工作的开展产生了负面作用。如美国总统特朗普上台伊始，就退出了前任总统奥巴马苦心经营的TPP，体现了两党制国家经济政策的波动性。

（二）对市场过度依赖

西方发达国家均是市场经济发达的国家，在经济管理过程中首先使用的是那只"看不见的手"。经济、金融活动对市场有较大的依赖，容易受市场波动的影响。但财政支出并不是市场行为，它更多的是为了公共利益而进行的支出。快速变化的经济社会环境，产生了对财政支出绩效评价法律制度进行相应调整的需求，但鉴于法律的滞后性，这种调整在现实中总是大幅落后于市场的变化。另一方面，把主观的定性评价作为财政支出绩效评价的一个重要指标会降低绩效评价的信度。在美国绩效评价工具——PART模式中，评价主体可以根据有关方对提问的回答情况来作出绩效结果的判断。这种过于主观的做法很可能导致利益攸关方为了追求自己想要的绩效评价结果而说谎。但是在市场经济条件下，如果要进一步去证实或证伪这些回答又需要较高的监管成本，导致很多时候不得不采信这些难以证明的说法。

（三）评价指标体系有待完善

财政支出具有公共性，其产出并非像私人部门那样以利润为主，而是具有多样性、主观性、滞后性等特点。因此，财政支出的绩效用什么标准来衡量一直是一个世界性的难题。虽然财政支出绩效评价在西方发达国家行之有年，但至今也没有哪一个国家设计出了放之四海而皆准的财政支出绩效评价指标体系。财政支出为公共产品和服务的产出而列支，但公共产品，特别是公共服务非常难以量化，以至有时难以构建合适的指标体系。有些公共产品和服务明显需要增加财政支出以加强供给，这就与绩效预算的理念产生了冲突。对于类似问题，目前的研究成果尚无权威答案。

第三节　域外经验对中国财政支出绩效评价法制化的启示

"他山之石，可以攻玉。"我国要完善财政支出绩效评价的法制化，光靠自己的实践摸索还不行，也需要学习借鉴西方国家先进经验。总体上看，西方国家具有较高的财政支出绩效评价法制化水平，这对绩效评价功能的发挥起到了良好的促进作用。结合我国的财政支出绩效评价实践吸收、消化西方国家法制化的先进经验，能有效推进我国的财政支出绩效评价法制化建设。

一、我国已具备财政支出绩效评价法制化的可行性条件

（一）我国存在近期基本完成财政支出绩效评价法制化的可能

澳大利亚财政支出绩效评价及其法制化历程启示我们，中国完全有可能在短时间之内使财政支出绩效评价的法制化水平达到较高层次。1983年，澳大利

亚发表了《改革澳大利亚公共服务白皮书》，才标志该国开启了财政支出绩效评价法制化的历程。到 2000 年，用 17 年的实践基本完成了财政支出绩效评价的法制化。1987 年，我国国家计划委员会发布了《建设项目经济评价计划与参数》，开启了我国财政支出绩效评价法制化的大幕。30 年来，绩效评价在我国财政支出监管中得到了越来越多的应用，已具备较高的技术水平，有关部门也颁布了一些指导财政支出绩效评价实践的部门规章和地方性法规，试图构建成一个与实践相适应的法律体系。虽然这种尝试目前尚未成功，但也为最后的成功打下了较好的基础。

（二）财政审计法制化经验可资借鉴

审计与绩效评价同为财政支出监管的重要手段，各自发挥着应有的作用。与绩效评价相比，审计具有更长的历史，也更早地完成了法制化。绩效审计与绩效评价有着较多的共通之处。因此，英国等国在法制化过程中充分吸收了绩效审计法制化的既有经验。在英国现行有关财政支出绩效评价的法律法规中，就借鉴有《英国国家审计法》等审计法规的内容。以上经验说明，借鉴财政审计的法制化经验是财政支出绩效评价法制化的可行路径。

在审计方面，我国已经达到较高的法制化水平，财政支出绩效评价法制化可以进行借鉴。在长期的审计实践中，我国构建了包含《宪法》《审计法》《会计法》《预算法》《审计法实施条例》《审计准则》在内的财政支出审计法律体系。这个以《宪法》为基础，以《审计法》为核心，以其他法律为配套的法律体系为财政支出审计提供了可靠的法制化保障，保证了有关工作的顺利展开。

二、逐步推进经济体制改革、同步抓好有关财政事务法制化

财政支出绩效评价作为公共财政管理的一种重要方式，其发展必然会受到管理宏观环境的影响。西方主要发达国家法制化的发展过程和经验，是与其财政支出绩效管理甚至是国家行政的绩效管理法制化历程分不开的。财政支出绩效评

价置身于政府绩效管理改革的大潮中顺势而上,顺利地完成了法制化。反过来,财政支出绩效评价的法制化又推动了政府绩效管理的改革。

我国自2000年左右开始了从国家财政到公共财政的转变,现在正处于这一转变的关键时期,全面建成公共财政制度还需要一定的时间。财政支出绩效评价与财政监督、预算改革等财政事务具有紧密的关系,要推进财政支出绩效评价的法制化,也需同步推进有关财政管理事务的法制化。因而,学习西方主要发达国家法制化的先进经验,不能超前,也不能落后,要有条件、有步骤、分阶段地学习借鉴。

三、进一步培养提高政府和公民的绩效意识、法制意识

在经济方面,西方发达国家无一例外地采取市场经济且处于一个高度成熟的阶段。在政治方面,虽然政体各有不同,但都具有良好的民主氛围。在三权分立、执政党更替、法治政府的政治生态中,政府和社会公众的绩效认知日渐提高,激发了财政支出绩效评价及法制化的需求。由于国情的不同,我国政府及社会公众的财政支出绩效意识目前还未达到资本主义发达国家那样的高度。建立与之相适应的法制化体系是一个渐进的过程,需要政府及社会公众的广泛认同和积极参与。要完成财政支出绩效评价的法制化进程,需要各级政府和社会公众不断提高对绩效的认知,都要认识到财政支出绩效评价工作对促进财政支出监管由"重投入、轻产出""重分配、轻管理""重数量、轻质量"的粗放模式向科学化、规范化、精细化模式转变,提高财政支出绩效,缓解财政收支矛盾的重要意义。

法律必须被信仰,否则形同虚设。作为一个具有长期人治传统的国家,我国社会的法制意识还比较薄弱。虽然已进行了多年的法制建设,但社会公众,甚至是国家公务员的法制意识依然还有较大的提升空间。所以,我国还需要继续提升公民的法制意识,否则,即使具备了完善的财政支出绩效评价法制体系,也得不到真正有效的遵循和执行,自然也谈不上完成了法制化的历程。

四、构建以核心法律为基础、其他法律为补充的法律体系

世界各国的财政支出各有特点，但支出科目繁多是一个显著的共同点。我国把财政支出分为类、款、项三级，在《2017年政府收支分类科目表》中，仅最高一级的"类"就分一般公共服务支出、城乡社区支出、金融支出等，其下的款、项则更是数以百计。不同的财政支出有不同的用途、特点和绩效目标。面对这种情况，仅仅依靠一部法律来规范财政支出绩效评价无疑是不现实的。遍览西方各发达国家，其财政支出绩效评价的法制化都是建立在若干法律法规构成的法律体系之上的。对我国来说，最现实的办法是借鉴西方发达国家的做法，以一部统领性的法律为核心，围绕其制定一系列的补充性法律，从而构建一套完整的法律体系来指导财政支出绩效评价的实践。统领性的法律应具备较高的法律位阶，对财政支出绩效评价的目标设置、权力配置、程序安排、结果应用等共性内容作出统一规定；而不同财政支出的绩效目标、指标体系、评价方法等个性要求则由位阶较低的补充性的法律进行规定。这样，能较好地将有关法律的权威性和灵活性进行结合。

五、对财政支出绩效评价法制化内容的启示

在美国、英国、澳大利亚等国的立法实践中，不约而同地把分权制衡、严格程序和落实结果应用作为了财政支出绩效评价的重要内容。也正因为如此，上述国家的财政支出绩效评价实践在提高财政支出绩效的过程中起到了明显的作用。反观我国的实践，权力配置欠科学、程序设计不完善、结果应用不实正是制约绩效评价功能发挥的重要原因。因而，在提升我国财政支出绩效评价法制化水平的过程中，要把分权制衡、严格程序和落实结果应用放在优先的位置。

（一）将人大纳入财政支出绩效评价的权力体系

不受制约的权力容易导致腐败，会成为"侵犯公民权利、破坏社会自由的

最大根源和最大危险"[①]。理论上，评价权、组织权、管理权构成财政绩效评价的"三权"[②]。自然地，财政支出绩效评价也存在上述风险。为规避风险，崇尚三权分立的西方国家在财政支出绩效评价的法制化过程中，对有关权力的配置和制衡进行了合理设计。如美国的财政支出绩效评价，就由国会、国家绩效评价委员会、国会会计总署和总统管理与预算办公室等机构分别行使不同的权力，各种权力相互配合与制衡，协同落实有关工作。

而在我国的财政支出绩效评价体系中，有关权力却高度集中于财政部门。财政部门是财政支出的管理部门，自然要对财政支出的绩效承担应有的责任。而财政支出绩效评价却由财政部门来主导，这显然是一种既当运动员又当裁判员的做法，极大地影响了其权威性和公信力。绩效评价具有监督的功能，而承担监督政府机关职能的各级人民代表大会在财政支出绩效评价实践中却处于缺位状态。因此，在我国财政支出绩效评价法制化的进程中，要考虑充分发挥人大等机关的作用，做好分权与制衡。

（二）程序要体现平等和公开

程序公正在减少财政支出绩效评价过程中的技术性失误，防止评价者滥用自由裁量权，完善绩效评价实体规则，提高公众的认同度和信任度等方面具有积极的作用，是保证结果公正的重要手段。程序的科学、平等和公开是体现程序公正的关键。美国、英国、澳大利亚等国的财政支出绩效评价程序，涵盖了从制定绩效目标到运用评价结果等流程，评价客体能以平等的身份参与到绩效评价中去，评价的流程向社会公众公开。

我国财政部于2011年颁布的《财政支出绩效评价管理暂行办法》的第五章中对财政支出绩效评价的程序进行了设计。在我国的财政支出绩效评价实践中，财政部门或财政部门委托的第三方往往占据主导地位，作为实际上的被评价对象的预算部门（与财政部门有缴、拨关系的国家机关、政党组织、事业单位、社会团体和其他独立核算的法人组织）往往是被动地参与到财政支出绩效评价当中，整个财政支出绩效评价的过程呈现出了明显的封闭性。这一方面导致了评价客体

[①] 邱本.自由竞争与秩序调控[M].北京：中国政法大学出版社，2001：352.
[②] 包国宪，曹西安.地方政府绩效评价中的"三权"问题探析[J].中州学刊，2006（6）：44-45.

的合理诉求容易被绩效评价主体所忽视，另一方面，这也导致处在外部的社会公众的知情权和监督权难以实现。从技术上看，社会公众的满意度亦是财政支出绩效结果的重要组成部分，这种非公开的财政支出绩效评价，其本身的绩效水平，自然要大打折扣。因此，在我国财政支出绩效评价法制化的进程中，必须用法律的形式保证过程中的平等和公开。

（三）落实结果应用

没有结果应用，财政支出绩效评价就失去了意义。西方发达国家的财政支出绩效评价的结果应用主要体现在评价结果的公开、与预算编制挂钩等方面。这些内容也写进了美国、英国、法国等国的有关法律中，并由OMB等机构进行了较好的落实。公开评价结果，是政府对顾客诉求的一种回应，满足了社会公众的知情权和监督权，为参与权的实现打下了基础，体现了法治政府的价值属性。与预算编制挂钩，能对财政支出的管理和使用单位产生正向激励，鞭策其努力提高工作绩效。

在我国现行的法律体系中，已经对财政支出绩效评价的结果应用作出较为明确的规定。如《财政支出绩效评价管理暂行办法》在第七章中就要求预算部门要把绩效评价结果"作为改进预算管理和安排以后年度预算的重要依据"，提出"绩效评价结果应当按照政府信息公开有关规定在一定范围内公开"[1]。修订后的《预算法》也要求"各级预算应当参考上一年有关支出绩效评价结果，各部门、各单位应当按照绩效目标编制本部门、本单位预算草案"[2]。但这些要求在执法中并没有得到很好地落实。究其原因，应是在于没有明晰承担这些职责的具体机构。

本 章 小 结

本章对以美国、英国、澳大利亚为代表的西方发达国家的财政支出绩效评价的法制化过程和经验、问题等进行了梳理。西方发达国家具有较高的财政支出

---

[1] 参见《财政支出绩效评价管理暂行办法》第三十三条、第三十四条。
[2] 参见《预算法》第三十二条。

绩效评价法制化水平，有关实践卓有成效，其先进经验能为中国提升财政支出绩效评价法制化水平带来有益的启示。

美国、英国、澳大利亚的先进经验主要有以下几点：一是在法律体系的构成方面，以一部位阶较高的法律为核心，围绕其构建了较为完整的财政支出绩效评价法律体系；二是在法制化内容方面，涵盖了财政支出绩效评价各种权力的配置、程序设计和结果应用等关键要素；三是强调法律的可操作性，将权责落实到了具体机构，构建了明晰的权力责任体系。

西方发达国家的先进经验，为我国的财政支出绩效评价法制化提供了方向上的启示。这些启示不仅包含怎样构建、如何构建、构建什么样的法律体系等工具层面的内容，还包含了我国财政支出绩效评价法制化是否可行等价值层面的内容。具体来说有以下几点启示：一是通过对比澳大利亚的法制化时间节点和英国在法制化过程中对绩效审计法制化经验的借鉴，笔者认为我国具备在一个较短的时期内完成财政支出绩效评价法制化的可行性；二是逐步推进经济体制改革，同步抓好有关财政事务法制化，以及加强对政府和公民的绩效意识、法治意识的培养，对我国财政支出绩效评价法制化具有较大的推动作用；三是我国可以构建一个以一部基础法律为核心，辅之以若干补充法律的财政支出绩效评价法律体系；四是要以法律的形式将人大纳入财政支出绩效评价的权力体系，落实绩效评价前期和中期的公开，明晰各种权责的承担机构；五是狠抓财政支出绩效评价法律制度的落实。

第七章

完善我国财政支出绩效评价法制化的思路与对策

总结西方各国的经验，结合我国的实践，法制化是财政支出绩效评价的必由之路，也是全面推进依法治国、建设法治政府的客观要求。从解决实际问题和建设法治政府的视角来看，我国财政支出绩效评价在法制化的进程中，法制化的宗旨及原则，法制化的定位、模式及进路，法制化的内容框架，是必须要加以回应的内容。

第一节 财政支出绩效评价法制化的宗旨和原则

一、财政支出绩效评价法制化的宗旨

法制化宗旨是一个法制体系的基本价值判断的集中体现，它反映的是所构建的法制体系要解决的问题、达到的目标和调整的关系。[1]

（一）财政支出绩效评价法制化要解决的问题

为何评价、谁评价、评价谁、评价什么、如何评价、如何运用评价结果是财政支出绩效评价的基本问题，也是其法制化要解决的问题。不仅如此，其法制化还关系到如何立法、如何执法、如何救济，以及如何平衡各个主体之间的关

---

[1] 冉敏，李爱萍，王学莲. 中国政府绩效评估法制化立法宗旨和立法原则研究[J]. 青海社会科学，2012(5).

系、如何使各法律法规协调有序的问题。当然,"法制化"作为一个动态的过程,就法制建设薄弱的现状而言,更多体现在如何立法以及如何制度化的层面上。这要求对财政支出绩效评价本身要有丰富的实践经验以及深刻的认识。与此同时,应当认识到,法制化并不是一朝一夕就能完成的。它是一个渐进的过程,需要与实践有良好的互动,对现实需求有一定的反馈。因此,财政支出绩效评价法制化也是一个不断优化、不断成熟的过程。

(二)财政支出绩效评价法制化要达成的目标

就目标而言,财政支出绩效评价法制化有三:一是提升支出绩效。绩效评价不是对各种财政支出进行简单的评价和排名,它是与公共财政管理和法治政府责任紧密相连的。其目的在于通过绩效评价,揭示、解决财政支出管理和使用中的问题,促进财政支出绩效的提升。而法制化能对财政支出绩效评价的目标、过程、步骤、方式等提供国家强制力作为后盾,使其绩效的提升更有保障。二是回应公众诉求。作为绩效评价主要理论基础的新公共管理理论,强调管理行为的顾客导向。财政支出绩效评价给社会满意度指标赋予了较大的权重,通过对公民个体进行调查的方式来测评,体现了对公众诉求的重视和回应。法制化意味着把政府回应公众的诉求牢牢地钉在政府的责任清单上,成为一种刚性的制度安排。三是落实法治政府建设。财政支出绩效评价过程是一种公共权力的运行过程。法治政府框架下,任何公共权力的行使都必须要有法律的依据,即法无授权则无权。财政支出绩效评价法制化就是要使公权力的运行纳入法制化轨道,从制度上避免长官意志的影响。

(三)财政支出绩效评价法制化要调整的关系

财政支出绩效评价涉及评价主体、评价客体、评价监督者等多个利益攸关方,他们之间存在着复杂的权利义务关系,需要法律制度的协调。具体说来,我国财政支出绩效评价的主体有政府机构、各级人大、第三方评价机构等。在当前的制度下,政府机构一方面是最主要的评价主体,行使直接开展绩效评价、落实评价结果运用的权利;在其行使评价组织权时,一般会将具体评价权让渡给第三方评价机构,用公共服务外包的形式来完成财政支出绩效评价工作。在这种模式下,第三方评价机构就成了实际上的评价主体,享有开展评价活动的权利,承担向政府机构提交评价报告的义务,并为评价质量负责。各级人大作为权力机关,理论上应掌握评价权。在我国当前的实践中,由各级人大作为直接的评价主体开展财政支出绩效评价的案例还不多见。但随着法制化程度的加深,各种权利义务关系的理顺,各级人大作为评价主体出现的情况应该会成为一种常态。财政支出绩效评价的客体自然是各种财政支出,但财政支出既不是自然人,也不是法人,并不具备作为评价客体的资格。为使有关权利和义务能有所承载,财政支出的管理和使用者成为评价客体就顺理成章了。他们具有为绩效评价提供绩效信息的义务,也有根据评价结果获得奖励或要求救济的权利。财政支出绩效评价的监督者,是行使监督权的主体,它要监督的是绩效评价有关行为的合法合规性。监督方一般由各级人大、监察部门、社会公众及行业专家组成。除此之外,社会公众也是财政支出绩效评价的重要利益有关方,享有知情权、参与权、监督权等权利,在社会满意度调查时也负有提供真实满意度的义务。值得注意的是,财政支出绩效评价的各个利益攸关方的角色通常并非单一的,往往存在一个主体同时兼具多个身份的情况。如各级人大以评价主体身份出现时,其作为监督方的身份并没有受到根本性的影响。

二、财政支出绩效评价法制化的立法原则

立法原则是立法主体据以进行立法活动的重要准绳,是立法指导思想在立法实践中的重要体现[1]。《中华人民共和国立法法》(以下简称《立法法》)确立了我国立法的基本原则有:宪法原则、法治原则、民主原则和科学原则[2],这些原则是包含财政支出绩效评价立法在内的我国所有立法都必须遵守的普遍性原则。根据财政支出绩效评价的特点,在其法制化过程中还有一些个性化的立法原则需要遵守,主要有程序规范原则、多元主体参与原则、权责均衡原则和协调统一原则。

---

[1] 董保华. 论劳动合同法的立法宗旨 [J]. 现代法学,2007(6):69-75.
[2] 张文显. 法理学 [M]. 北京:高等教育出版社,2007:233.

(一) 权责均衡原则

财政支出绩效评价的主客体具有多元性,各自在评价过程中承担相应的权利与责任。有权必有责,有责要担当,失责必追究,这既是管理规律的要求,也是法理上的原则。一份权力要有相应的责任才能抑制权力的滥用;一份责任,要有相应的权力才具有履责的基础。对评价组织者来说,它应该具有评价组织权,同时对财政支出绩效评价负有总体责任;对评价者来说,它需要拥有实施具体评价的权力,对具体承担的绩效评价工作承担提供科学公正的结果的责任;对被评价对象来说,根据评价要求提供有关材料是其应有的责任,同时,根据"无救济则无权利"的法理原则,被评价者有权依据有关事实对评价结果提出自己的意见,以及拥有在必要的情况下要求复评的权力;评价监督者行使监督权,负有监督各方依法依规行事的责任。[①]

(二) 多元主体参与原则

法治政府强调多元主体参与。具体到财政支出绩效评价领域,多元主体参与原则要求政府、社会公众、独立第三方机构构成多元主体,摒弃以往政府唱独角戏的做法。评价主体的多元化,为财政支出绩效评价提供了更加全面的视角。基于各自立场的不同,不同的评价主体在评价时的关注焦点存在明显差异。如政府作为评价主体,其关注重点在于财政支出管理和使用是否遵循了既有的权力格局和有关规定,即管理绩效;如社会公众作为评价主体,其关注的重点在于财政支出的公共性是否得到体现,社会公众的诉求是否得到满足,即使用绩效。值得注意的是,以政府作为评价主体,难免既做运动员又做裁判员之嫌;以社会公众作为评价主体,又存在短期性、主观性等不足。这些弊端,需要掌握绩效评价专业技能的独立第三方来解决。独立第三方地位中立,态度客观,掌握丰富的专业知识和技能,以其作为评价主体,能保证财政支出绩效评价的科学性和公信力。综上所述,多元主体参与原则符合财政支出绩效评价的客观需要,体现了民主参与精神,符合法治政府的要求。

[①] 冉敏,李爱萍,王学莲. 中国政府绩效评估法制化立法宗旨和立法原则研究 [J]. 青海社会科学,2012 (5).

（三）程序规范原则

程序规范原则是指在科学的准绳下，规范财政支出绩效评价全过程。财政支出绩效评价以财政支出所形成的公共产品和服务作为评价对象，受结果导向。但凡评价，或多或少都会受到各种主客观因素的影响。要避免这些影响，保障评价结果的科学性和公信力，制度化的严格规范的评价程序不可或缺。具体而言，程序规范原则体现在三个方面。一是收集、固定和使用绩效信息要规范。全面翔实的绩效信息是作出科学公正的财政支出绩效评价的基础。对信息的收集、固定和使用进行科学规范，能保证绩效信息的信度和效度，为取得科学公正的绩效评价结果打下良好基础。二是利益攸关方的参与程序要规范。各利益攸关方都有以各种形式参与财政支出绩效评价过程的权利，但在哪个具体程序参与，以何种程序参与需要认真考量。如若不当，将产生负面影响。三是程序公开。程序公开有利于财政支出绩效评价有关主客体明确各自的权利义务，便于各方的制衡与监督，增强绩效评价的公信力。

（四）协调统一原则

就各国经验来看，财政支出绩效评价法制化的最终完成是以建立完善的法律体系为标志的。首先，这个法律体系内的法律法规应协调统一；其次，体系内与体系外的法律法规也要协调统一。这样才能整合各种资源，形成制度合力，系统推进有关工作的开展。就体系外来说，应注意与以下方面法律法规的协调统一：一是统计、审计的有关法律法规。统计、审计工作也是监管财政支出的重要手段，其数据是财政支出绩效评价信息的重要来源，为加强资源共享，双方的法律法规应协调统一。二是公共财政管理的法律法规。绩效评价是公共财政管理的一部分，两者法律法规的统一，利于强化结果应用，不断提升财政支出的绩效。三是党政考核和问责的法律法规。使财政支出绩效评价的结果成为党政考核和问责的依据。具体而言，就是财政支出绩效评价的法制化需要与《预算法》中年度预算的编制等内容协调统一，以使财政支出绩效评价的法律地位进一步强化。

第二节　财政支出绩效评价法制化的定位、模式与进路

一、财政支出绩效评价的立法定位

（一）立法主体：权力机关而非行政机关

各国实践表明，立法是推进财政支出绩效评价法制化必须采用的方法。这就产生了谁来立法，即财政支出绩效评价立法定位的问题。权力机关（人大及其常委会）和行政机关（人民政府、国务院组成部门）是《立法法》规定的立法主体[①]。当前，制定国家层面的统一法律法规已成财政支出绩效评价法制化的共识。那么，制定的主体宜是权力机关还是行政机关呢？

随着法治意识的不断增强，社会公众对政府的要求也随之变迁。[②] 相应地，监管财政资金的方式也从财务审计发展到绩效审计，再发展到绩效评价，以满足不断增长的民主要求，绩效评价的价值取向也显现出了新的特点。法治政府之下的绩效评价，绝非政府强化其控制力的"理性工具"。社会公众期望借其对政府加强监督，落实公共事务参与权。由此，绩效评价从政府内部管理的手段，向多元主体参与的国家权力运行和监督机制转变。相伴随的，社会公众与国家之间的互动渠道更为畅通，社会公众的权利将受到更为有效的维护。因此，绩效评价"是对政府工作好坏的评价、监督制度。公众可以依法通过政府绩效评价来监督政府，使政府机关不仅对上级机关负责，更重要的是对公民负责，形成上级自上

[①] 根据《立法法》的规定，我国的立法主体有全国人民代表大会和全国人民代表大会常务委员会，国务院，省、自治区、直辖市的人民代表大会及其常务委员会，设区的市的人民代表大会及其常务委员会，国务院各部、委员会、中国人民银行、审计署和具有行政管理职能的直属机构，省、自治区、直辖市和设区的市、自治州的人民政府等。

[②] 正如杨时展教授所说："在民主的启蒙时期，人民只要求取之于民的能有所限度，过此限度，人民有权拒绝。至于取之于民的如何花费，人民并不过问。随着社会的发展，民主意识的增长，人民逐渐要求一切取之于民的，必须用之于民，不按照人民意志来使用，人民就要求他负政治责任；随着社会的再进一步发展，民主权力的再进一步增长，人民又进而要求，一切取之于民的，必须经济有效地用之于民。用于民而不经济，用于民而没有达到人民预期的效果，政府仍要负责。"

而下的监督和公民自下而上的监督相结合的绩效推动机制"。[①] 既然行政机关成了被评价、监督的对象，那么，财政支出绩效评价有关立法的主体自然不能是行政机关，而只能是权力机关。

（二）立法层级：中央和地方相结合

《立法法》赋予立法权力的主体中，按层级分，可分为中央和地方两个层级。前者包括全国人大及其常委会和国务院，它们制定的法律法规属于中央立法。地方层级的主体包含地方人大及其常委会和地方政府，它们制定的法律法规属于地方立法。前文已回答了财政支出绩效评价应由权力机关还是行政机关立法的问题。在立法主体多元化的情况下，由哪个层级的权力机关开展财政支出绩效评价立法的问题又摆在了我们的面前。笔者认为，单从中央或地方层级来进行财政支出绩效评价立法，都无法完全解决实践中遭遇的法律困境。最适合当前国情的做法是中央和地方立法相结合的立法形式。

中央层级的立法具有较高的统一性：一是能保证法制的统一性。现行的《财政支出绩效评价管理暂行办法》由财政部制定，其法律位阶决定了它并不一定具有在全国范围内的统一性。如由中央层级的权力机关进行立法，则能因其较高的位阶获得全国范围内的权威性，利于法律法规在全国范围内统一实施。二是能保障结果应用的统一性。如果单由地方层级来规范评价结果的应用，制定主体的多元性必然带来标准的差异性，进而影响下一年度预算安排、有关部门和公务人员的奖惩等工作的开展，影响社会公众对政府的监督权的实现。三是能保障绩效评价权实施的统一性。由于中央层级制度供给的缺位，部分地方财政支出绩效评价依据的是政府的意见和方案，不可避免地造成了财政支出绩效评价的短期性、随意性、功利性和碎片化。中央层级立法，则能实现结果应用的法治化和常规化。四是能保障申诉和救济的统一性。绩效评价都具有一定的主观性，必然存在评价结果偏离客观实际的可能。而通常作为评价执行主体的政府因为维护自身利益的需要又缺乏改正错误的动力。因此，必须由中央层级的权力部门构建统一的申述和救济机制来保障被评价对象的合法权益。

[①] 常有有. 政府绩效管理立法研究 [J]. 甘肃政法学院学报，2011（11）.

从地方层级来看，地方财政支出绩效评价立法有助于促进法规与实践的紧密衔接。一般来说，中央层级的立法都具有原则性、普遍性的特点，可操作性低于地方层级立法。我国幅员辽阔，地区之间、城乡之间的经济社会发展存在明显差异，财政支出也各具特点。地方层级在中央层级立法的框架内针对各自特点进行针对性的再立法，有助于使财政支出绩效评价的普遍原则结合地方实际，保证法律法规与具体实践的紧密衔接。

二、立法模式的选择：统一立法

从西方发达国家的经验来看，统一和分散两种立法模式都有成功的案例。统一立法模式是指制定一部统一的法律，对财政支出绩效评价的组织体系、技术体系等有关内容进行集中规范；分散立法模式下，并不存在一部统一的法律，财政支出绩效评价的有关规范散见于不同的法律法规中，这些法律法规要么是针对财政支出绩效评价的某一方面而制定的，要么干脆就是针对别的事项而制定的，但附带了有关财政支出绩效评价的内容。

美国是统一立法的代表，通过《政府绩效与结果法案》来统一构建政府绩效评价的制度框架，并由其统率《单项审计法》（1984）、《公共服务法》（1990）、《项目评价与结果法》（2004）等政府绩效评价的各种法律规范，构成了美国财政支出绩效评价的法律框架。更多的国家采用分散立法的模式，规定政府绩效问题的立法主要分为三类：一是政府组织法，如英国《地方政府法》、新西兰《公共部门法》；二是财政和预算法，如澳大利亚《财政管理与经济责任法》、新西兰《公共财政法》《财政责任法》；三是审计基本法，如澳大利亚《审计长法》、新西兰《公共审计法》等。[1]

对我国来说，采用统一立法的模式最为合理。一是根据前文的论证，由全国人大常委会对我国财政支出绩效评价展开立法是最优选择，这当然已属于统一立法的范畴。二是尽管财政支出绩效评价的方法多种多样，但都是以结果为导向，以改进财政支出绩效为目的。作为一种监管方式的绩效评价具有较强的规律性和程序性。因此与 GPRA 相同，应对财政支出绩效评价进行统一立法。三是

---

[1] 张红. 我国政府绩效评估立法构想 [J]. 当代法学，2009（1）.

我国的立法习惯更偏向于统一立法。

三、财政支出绩效评价的法制体系

绩效评价在众多领域已行之有年，已取得了较多较好的实践经验和理论储备，拟由全国人大常委会制定的关于财政支出绩效评价的法律也应包含其他领域的绩效评价，那么，制定出来的法律将为《绩效评价法》。这部法律具有较高的位阶，将统一规范绩效评价的有关事项。但是，财政支出绩效评价内涵丰富，需要规范的权利义务关系和业务事项众多，非单部法律所能概括。因此，需要以《绩效评价法》为核心和基础，构建出一个科学合理的法制体系来加以指导和规范。

我国多年的法制化建设现已取得较好成效，其他领域的法制化经验可以为财政支出绩效评价法制化所借鉴。以审计的法制体系为借鉴，我国财政支出绩效评价的法制体系在形式上应包含全国人大常委会制定的、作为基础性法律的《绩效评价法》，国务院为落实其而制定的《绩效评价法实施条例》、财政部制定的《财政支出绩效评价实施细则》。此外，国务院各部委、各地方政府可以根据有关上位法制定适合本部门、本地区的财政支出绩效评价的部门规章和地方性法规（地方政府规章）作为补充。这些法律法规的有机结合便构成了完整的法制体系。

四、财政支出绩效评价法制化的进路

法制化进路的设计，要立足于我国财政支出绩效评价实践和法制化的历史及现状。回顾历史，我国财政支出绩效评价经历了从中央到地方、从局部到全面的法制化进路；着眼当下，地方政府对推进改革、强化政府财政管理的愿望更为强烈，已开展了积极的立法实践；立足未来，我国应充分吸收地方经验，把财政支出绩效评价法制化继续推向前进。从制定第一部关于财政支出绩效评价的部门规章起，在已经经历的和可以预见的将来的财政支出绩效评价法制化进程中，中央立法和地方立法相互促进，呈现出一种渐进式的法制化进路，主要可以分为以下几步：

第一步，中央部委因本部门内财政支出绩效评价的需要制定了针对性的规范性文件。

第二步，就某些面上的支出，财政部制定了适用更广的规范性文件和部门规章。

第三步，部分地方为指导本地的财政支出绩效评价实践，借鉴中央部委的规范性文件和部门规章，制定了地方性法规或地方政府规章。

第四步，列入国家立法计划。由全国人大制定并颁布《绩效评价法》作为有关法律体系的基础。

第五步，制定行政法规。由国务院制定颁布"绩效评价法实施条例"，将财政支出绩效评价作为其中的重要内容。

第六步，在《绩效评价法》《预算法》《绩效评价法实施条例》等法律法规的基础上，财政部吸收各方面的有关经验，将《财政支出绩效评价管理暂行办法》改造为新的部门规章即"财政支出绩效评价管理办法"。同时，各地依照以上有关上位法，结合地方实际修订或制定各自的有关法律法规。

前三步属于已经经历的财政支出绩效评价法制化，在前文中已有详细叙述，在此不做重复。走过后面三步，就基本实现了由制度化到法制化的转变。在财政支出绩效评价法制化进程中，应当充分发挥地方的创造性，鼓励有条件的地方先行先试，开展创制性立法，为全国的法制化建设积累经验。地方立法虽然法律位阶上属于低层次性，但在立法功能上属于实施性、补充性和协调性。地方立法不应当只是国家立法的简单追随者，相反，创造性和自主性应当成为地方立法的主流。[①]

第三节　财政支出绩效评价法制化的内容框架

经过近年来的建设，已初步形成了财政支出绩效评价法制化的内容框架，对组织体系、技术体系、业务活动等方面的内容进行了规范。随着法治政府建设

[①] 石富覃，包国宪. 我国政府绩效评价监管法制体系建设问题研究[J]. 甘肃社会科学，2011（3）：109-112.

和财政支出绩效评价实践的深化,财政支出绩效评价法制化的内容框架也需要进一步的拓展。

一、财政支出绩效评价的原则

在现有的法制化的内容框架下,已为财政支出绩效评价确立了四项原则。[①] 这些原则的正确性已被实践所证明,但面对内、外部环境的变化发展,要充分发挥作用,财政支出绩效评价还需遵守以下原则。

(一)"4E"原则

"4E"原则指的是经济性原则、效率性原则、效益性原则和公平性原则。它是绩效评价的理论基础,提供了绩效评价的标准与衡量原则。经济性、效率性、效益性和公平性四个原则,虽然各有侧重,但彼此紧密联系,是一个不可分割的有机整体。在财政支出绩效评价的语境中,经济性原则指的是在绩效目标恒定的情况下,为获得既定数量和质量的公共物品的产出(常量),通过优化决策管理机制,合理整合使用资源,使用尽可能少的财政支出(变量)来达成预设绩效目标。财政支出越少,经济性越好。效率性原则体现的是所取得的公共物品产出(变量)与财政所投入的各种资源(变量)之间的比率关系,比值越高,效率性越好。财政支出的管理和使用单位可以通过引入科学合理的技术方法来提高管理绩效和财政支出的效率。效益性原则是指财政支出的预设绩效目标(常量)在多大程度上得到了实现(变量),也就是财政支出行为在政治、经济、文化、社会、环境等方面达到了什么样的绩效水平,社会公众有什么样的满意度水平。公平性原则是指财政支出要以公众满意为导向,绩效指标和目标的设置必须考虑资源配置的公平性。换句话说,就是财政支出在管理和使用的过程中在多大程度上体现了公共属性。

[①] 即《财政支出绩效评价管理暂行办法》所规定的科学规范原则,绩效评价应当严格执行规定的程序,按照科学可行的要求,采用定量与定性分析相结合的方法;公正公开原则,绩效评价应当符合真实、客观、公正的要求,依法公开并接受监督;分级分类原则,绩效评价由各级财政部门、各预算部门根据评价对象的特点分类组织实施;绩效相关原则,绩效评价应当针对具体支出及其产出绩效进行,评价结果应当清晰反映支出和产出绩效之间的紧密对应关系。

（二）资源共享原则

财政支出绩效评价作为一种公共行为，必然伴随着公共资源的耗费。前文已述，财政支出绩效评价本身需要遵循"4E"原则。一方面，要得到科学的、具有公信力的评价结果，需要全面翔实的绩效信息作为支撑。而绩效信息的收集和整理，势必会消耗大量的公共资源与时间成本。如果能以法律的方式使财政支出绩效评价主体能与统计部门、审计部门共享有关资源，无疑能节约公共资源、提高绩效评价工作的效率。同时，被评价单位也少了部分应对有关工作之苦，可谓是一举两得。另一方面，财政支出绩效评价工作的重要产出是对财政支出绩效作出的定性和定量的判断，是对有关问题的揭示以及提出解决问题的合理化建议。若能将这些资源以法制形式加强共享，那么会对公务员的考评、绩效预算的编制、社会公众知情权的落实、统计和审计工作的开展等方面带来积极的促进作用。

（三）公民参与原则

财政支出源于公民，公民是财政支出的受益者和利益攸关方，自然享有绩效评价参与权。法治政府理论提出了建设服务型政府的要求，而判断一个政府是否是服务型政府，作为服务对象的公民最有发言权。公民获得法律授权参与财政支出绩效评价，监督政府对财政支出的管理和使用，一方面可以加强政府行政行为的公民导向意识，对公民的诉求给予积极的回应；另一方面也是对公民参与权、知情权、监督权等民主权利的有力保障。所以，财政支出绩效评价，应遵循公民参与的原则，将公民作为不可或缺的主体。具体而言，公民可以通过以下四种途径参与财政支出绩效评价。

一是利益代表参与模式。让每一位公民都具体参与到财政支出绩效评价中去显然是不合适的做法。合适的做法是推举出公民代表作为利益攸关方，在特定的时间节点、经过合理的程序、采用适当的方式参与到财政支出绩效评价之中。二是公共表达参与模式。这是一种与财政支出绩效评价公平性原则息息相关的模式。在具体实践中，评价主体通常会采用社会满意度调查的方式来评价财政支出的公平性，为保证调查的信度和效度，调查对象必须是一个公共群体。公民还可以通过公共表达空间来实现话语权,对财政支出的绩效进行理性讨论和评价,进行自由讨论和意见表达。三是专家参与模式。财政支出绩效评价是一项专业性很强的工作,需要绩效专家、财务专家、行业专家的通力合作才能取得科学准确的绩效评价结果。四是民间独立第三方参与模式。民间独立第三方具有独立性、客观性、专业性等特点,将其纳入到财政支出绩效评价的体系中,不仅可以更好地实现公民的多种民主权利,还可以节约大量的公共资源。西方国家中,美国的坎贝尔研究所就在政府绩效评价中取得了较好的收效。在我国,华南理工大学政府绩效评价中心等民间调查机构也在参与政府绩效评价方面正在发挥越来越重要的作用。

二、财政支出基本权力的配置

评价管理权、评价组织权和具体评价权是财政支出绩效评价中的基本权力。评价管理权是指宏观上管理评价活动的权力,其主要的管理对象是绩效评价组织机构;评价组织权是评价组织机构对评价过程进行方案设计和组织实施,并综合各种绩效信息得出绩效评价结论的权力;具体评价权是指选定的评价具体实施主体通过一定的绩效评价方法,根据具体财政支出使用后所生产出的公共产品的数量和质量,以及社会公众满意程度等信息,作出定性和定量的判断,得出绩效评价结果的权力。

(一)"三权"的具体内容

评价管理权主要包括:第一是监督管理评价组织机构。其目的在于保证评价方法的科学合理,评价过程的公开透明,以及评价结果的科学可信。为此,需要建立健全财政支出绩效评价监督机制,全面全程监督评价组织机构及其活动。第二是全面落实财政支出绩效评价制度,预防出现负面情况或及时处理负面情况。主要包含落实财政支出绩效评价的结果应用,防止出现"评价疲劳症",防止评价指标体系的片面性和评价方法的非科学性。第三是服务财政支出绩效评价组织机构,为其正常运行提供必要的外部环境,以及资金和技术等方面的支持。具体做法有加强财政支出绩效评价的法制、舆论、文化环境建设,培养公众绩效评价意识，梳理和维护绩效评价组织机构的地位和权威，推动财政支出绩效评价理论研究等。

评价组织权主要包括：第一是对具体评价者的组织。财政支出绩效评价越来越多地采用外包的方式进行，即评价组织者根据具体的评价项目所需，选择第三方开展具体绩效评价，包含了制定第三方准入制度、构建第三方数据库、评价项目招标、确定具体评价实施者等内容。第二是评价过程的组织。评价组织权的行使，要贯穿评价对象确定、评价模式选择、评价指标体系设计、评价时间及资源协调、评价工作人员选定及培训、评价信息收集和管理、现场核查、评价报告撰写、评价结果应用等财政支出绩效评价的全过程。第三是综合各方信息作出终评结论。实践中，财政支出绩效评价主体的多元化带来了意见和建议的差异化。绩效评价结果的最终确定，需要评价组织方综合考量，对各主体的评价信息和结果进行汇总、提炼，得出最终的评价结论。

具体评价权主要包括：第一是收集整理绩效信息并作出判断。收集丰富、翔实的绩效信息是作出科学客观绩效结论的基础。在财政支出绩效评价过程中，以评价指标体系为标杆，评价主体要认真收集各种一手绩效信息。待经过科学的方法整理出适配绩效评价指标体系的绩效信息后，评价主体就可以对评价客体的绩效表现作出定性或定量的判断。第二是对绩效表现作出客观中立的描述性说明。对那些不方便立即作出直接判断的绩效表现，评价主体可先作出具体、细致、客观中立的描述性说明。第三是进行原因分析，提出绩效改进意见和建议。通过对绩效信息的综合分析和与绩效目标进行比对，可以发现财政支出的绩效成绩和存在的主要问题。评价主体应运用专业知识，对问题的成因展开分析，并基于自身掌握的专业知识和绩效信息，提出解决问题的意见和建议。

（二）"三权"的配置

三种权力合理配置，若能形成有效的合作与制衡，就能充分发挥出绩效评价在财政支出管理和使用中的重要作用。在当前的实践中，三种权力的配置还谈不上科学合理。如通常由各级财政部门行使财政支出绩效评价的组织权，有时财政部门还会亲自行使具体评价权对部分财政支出展开绩效评价。但众所周知的是，各级财政部门同时也是财政支出的管理和使用者。这就造成了财政部门既是运动员又是裁判员的情况，这种身份冲突显然会影响评价的科学性和公信力。因此，在法制化进程中，十分有必要对有关权力进行科学的划分，以形成相互配合与制衡的格局。

法治政府理论强调权力的正和博弈以及多赢，倡导国家提供服务下的多元分权治理，提倡包含政府、市场、非政府组织和社会公众在内的多元治理主体通过合作、协商共同开展社会管理和公共服务。据此，笔者认为：政府的监督者即各级人民代表大会及其常委会应行使评价管理权，对政府绩效评价活动进行宏观管理（具体工作由人大财经委落实）；政府作为权力机关的执行机关的主要职责是组织而不是评价（具体工作由财政部门落实），行使评价组织权；财政支出绩效评价主体在组织机构的组织协调下负责具体的评价工作、行使具体评价权。

三、评价主体的选择

由谁来开展财政支出绩效评价？这是需要回答的一个基本问题。要成为评价主体，至少应该具备两个方面的要件：一是适合被授予具体评价权；二是具备开展绩效评价的能力。为了克服单一主体评价模式存在的弊端，如视角单一、难以制衡等，还应当采取多元主体评价的模式，保证财政支出绩效评价的公平性、科学性和全面性。根据要件，财政支出绩效评价的主要包括以下四个主体。

（一）财政部门

财政部门是财政支出的管理部门，成为评价主体是其履职所需。因为部门职能的关系，财政部门具备其他主体无法比拟的优势。财政部门对财政支出管理和使用的程序、绩效目标的设立、达成绩效目标所遭遇的困境、绩效信息的处理等方面都具有更为深刻的了解；在绩效信息的获取、有关资源的调配等方面也有相当的便利。虽然财政部门作为评价主体有进行自我评价之嫌，但财政部门作为自身工作的评价主体也体现了其主人翁地位，属于财政支出绩效评价自评中的一种，有助于其自查自纠，不断提升工作绩效。同时，财政部门是评价组织权的主要行使者，而要用好权力，必须具备一定的权威和对有关工作达到一定的熟悉程度。而财政部门成为评价主体之一，对加强权威和熟悉工作都大有裨益。作为管理部门，财政部门要根据评价结果承担相应的责任，按照权责对等原则，财政部门理应享有成为评价主体的权力。当然，以财政部门为评价主体具有身份上的特殊性，应作出合理的制度规制。例如将财政部门作为评价主体的权力和地位进行"虚化"，一般不以评价主体的身份参与财政支出绩效评价；再例如财政部门以评价主体的身份对财政支出的绩效作出"优"或"差"的判断，必须详细说明理由。

（二）第三方评价机构

随着绩效评价作用的凸显，其在管理和监督财政支出的过程中使用得越来越频繁。但鉴于体制内的绩效评价资源的有限性，要完成这些必要的财政支出绩效评价工作，必须要借助外部的力量。这里所说的外部力量便是第三方评价机构，它既包括属于市场化主体的会计师事务所、市场咨询公司等，也包括属于事业单位性质的科研院所、大专院校等。以第三方评价机构作为多元评价主体中的一元，其独立性和专业性是最大的优势。为最大限度地发挥第三方评价机构的作用，应采取有关措施、设计良好的有关制度。例如建立第三方评价机构库准入制度、财政支出绩效评价招投标制度、有关方配合并不得干扰第三方开展有关工作的制度等。

（三）社会公众

让社会公众参与财政支出绩效评价是法治政府的内在要求，符合财政民主化、法治化的基本原则，也是社会公众行使监督权的有效途径。根据公共选择理论与"企业化"政府理念，社会公众是消费者，是财政支出服务的对象，要对财政支出所提供的公共产品和服务的数量和质量展开绩效评价，必须要有消费者参与其中。财政支出所提供的公共产品和服务越是能满足消费者的各种需求从而使消费者感到满意，则财政支出的绩效水平越高。换句话说，要对财政支出展开绩效评价，社会公众答应不答应、赞成不赞成、拥护不拥护、满意不满意，应当是评价指标体系中的重要内容。以法制化手段强化社会公众的评价主体地位，是建设法治政府的一个重要体现，有利于公民权利的实现。

（四）行业专家

财政支出种类多样，对于其中一些专业性较强的财政支出的绩效信息，普通的评价主体很难对其作出严谨科学的绩效评价，势必影响评价效果。这时就需要行业专家参与绩效评价。这也是国际上开展财政支出绩效评价的一种通行的做法。在具体的操作中，可以以行业为划分标准，遴选不同行业的体制外专家作为财政支出绩效评价专家库的成员。这些专家应涵盖财务、管理、经济、社会、文化、环境等主要领域。同时，还应设计合理的行业专家选取制度，以便在开展具体工作时，选择适配的专家作为评价主体开展有关工作。

四、财政支出绩效评价的程序完善

根据行政法治的原则，财政支出绩效评价必须遵循法定的、公正的、公开的程序，否则便有滥用权力之嫌。财政支出绩效评价是由多个行为、步骤所组成的活动系统。通过法制化对财政支出绩效评价的程序作出相对统一的规定，可以有效避免外界干扰，提升绩效评价的规范性和合理性。现行的《财政支出绩效评价管理暂行办法》为财政支出绩效评价制定了九个程序。① 为增强科学性与回应性，财政支出绩效评价需要增加制定年度绩效评价计划与目标、调查社会满意度和听取利益攸关方的意见三个环节。

（一）制定年度绩效评价计划

绩效评价管理部门制定年度（或季度、月度）评价计划是有关工作开展的基础，也是绩效评价整个程序逻辑上的第一步。绩效评价的理论来源之一就是目标管理原理，缺少了明确的计划指引，会使有关部门的工作陷入混乱和无序之中，影响对评价资源的整合和配置。因此，需要财政支出绩效评价的管理部门在每一财政年度之初，根据实际情况的需要拟订一份财政支出绩效评价的年度计划，提交同级人大审议。在经同级人大审议通过后，将其作为年度财政支出绩效

---

① 即确定绩效评价对象、下达绩效评价通知、确定绩效评价工作人员、制定绩效评价工作方案、收集绩效评价相关资料、对资料进行审查核实、综合分析并形成评价结论、撰写与提交评价报告和建立绩效评价档案。

评价工作的指南。从内容上看，财政支出绩效评价年度工作计划主要应包括：绩效评价的目的和整体目标；达到目的和整体目标的路线图；所必需的软硬件资源的清单；对影响计划达成的内外部因素的预估分析等。需要注意的是，在制定年度财政支出绩效评价工作计划时，应当征求或考虑各利益攸关方意见和建议，特别是社会公众的意见和建议。

（二）调查社会满意度

财政支出的公共属性决定了社会满意度是其绩效的不可或缺的组成部分，因而，在财政支出绩效评价的程序中须要有调查社会满意度这一重要一环。满意度属于主观感受，一般采用满意度调查问卷的方式进行测量和量化。在调查前，须根据财政支出的特点设计好调查问卷，拟定好被调查对象的抽样方式，用科学的方法来保证满意度调查结果的信度和效度。建议这一程序放在制订财政支出绩效评价方案后，形成评价结论前执行，其执行可与资料审查等程序平行。

（三）听取利益攸关方对报告的意见

听取利益攸关方对报告的意见这一程序，拟安排在撰写报告后、报告定稿前。财政支出的各个利益攸关方都有权利参与到绩效评价中来。但鉴于保持绩效评价独立性的需要，利益攸关方不宜过晚，也不宜以听取对报告的意见以外的其他形式参与到财政支出绩效评价之中。在报告定稿前听取各利益攸关方的意见，有利于及时发现并改正报告中不完善的地方，避免报告公布后因其中的疏漏带来不利的后果。同时，这也利于利益攸关方展开及时的自我救济。当然，在这一环节，为保证绩效评价结果的客观公正，评价主体只需接纳合理的意见，对不合理的意见要予以坚决抵制。

五、财政支出绩效评价指标体系和评价标准

评价指标体系及评价标准科学性直接决定评价结果的科学性，其建设是一项长期系统的工程，需要各评价主体的共同参与。同时，随着国家大政方针的改变，财政支出绩效评价指标体系和评价标准还需要随之不断更新、补充和修订。

这是一项长期性、专业性的工作。

（一）构建科学完善的评价指标体系

科学完善的评价指标体系需要具备涵盖面广、操作性和通用性强、能客观全面地反映绩效水平等属性。各类财政支出在管理使用方式、绩效目标等方面存在着差异，缺乏构建统一指标体系的基础。但取好各类财政支出的"最大公约数"，构建一个一级指标和部分二级指标统一的指标体系还是存在相当可能性的。这些一级指标包括：前期准备、过程管理、绩效产出和社会满意度等。至于再次级的指标，可以考虑按财政支出的分类构建次级指标体系模块，供具体的评价项目参考选用。目前，义务教育、公共卫生、社会保障等财政专项支出资金量大、社会关注度高、资金投入长期化，是绩效评价重点关注的对象，对评价指标有较大的需求，可以考虑以它们为对象建立第一批指标体系模块。或者，可考虑赋予评价组织方一定的自由裁量权，允许其视被评价的财政支出的具体情况按照科学、合理的原则制定指标体系。需要说明的是，虽然进行量化评价便于衡量和比较，但并非所有的绩效指标都能加以量化，量化所有的绩效指标是不现实的，也是不必要的。实践证明，定量与定性指标相结合，以定量指标为主的指标体系是最为合理的。

（二）制定合理规范的评价标准

评价标准的科学性，关系到指标体系的作用是否能充分发挥。要为财政支出绩效评价制定一个科学合理的评价标准，需要做到以下几点。

一是对应评价指标体系。一般来说，针对不同的财政支出，评价标准是有所不同的，有时即使是同一财政支出，因为外部环境的变化，评价标准也可能会不同。不同的评价对象有与之适配的不同的评价指标体系，也需要不同的评价标准与之适配。评价主体在评价前，应进行充分的前期调查，在深入了解评价目标、评价指标等情况后，再着手制定评价标准。

二是以官方权威数据为基础。绩效评价一般以量化数据作为评价标准，量化数据的来源必须要有权威性才能使评价标准获得广泛的公信力。在设计评价标准时，宜在财政支出历年的预决算数据、有关领域的统计数据的基础上，汇总分析凝练成评价标准。对非官方的数据，要少用、慎用。

三是要动态调整。社会经济的发展日新月异，绩效评价的标准也会随之改变。要使评价标准适应时代的发展，就必须对其进行动态调整，使之与社会经济的发展水平相适配。一方面，要充分利用新技术、新设备带来的便利，提升评价信息的收集范围和效率，提升评价信息收集整理的标准化水平，保证信息的质量，及时更新评价标准；另一方面，要不断借鉴企业、非政府组织在绩效评价标准方面的先进经验，提升在评价标准管理方面的水平。

六、财政支出绩效评价的申诉、救济机制

有权利必有救济。财政支出绩效评价难免会出现被评价对象不服评价结果的情况，此时，被评价对象就产生了申诉和救济的需求。申诉制度是指评价主体的绩效评价结果不能使评价对象信服，评价对象依照有关法律法规的规定向有权受理申诉的机关申请申诉，受理机关依法审查申诉申请，依法对申诉事项展开调查并提出解决办法的法律制度。这是对评价客体合法权益的保护制度，有利于化解因评价产生的矛盾，利于提高绩效评价工作水平。

完善的财政支出绩效评价申诉制度，必须对下列事项作出明确的规定：一是申诉主体，即谁有权提出申诉。有权提出申诉的主体，必须是绩效评价的利益攸关方，且会受到评价结果的显著影响。这样的利益攸关方有两个，一个是财政支出的管理者和使用者。二是申诉对象，即向谁申诉，谁有权接受申诉并作出有关反应。因申诉可能导致绩效评价结果的改变，所以申诉对象应该具有很高的权威性并且掌握评价权，也就是人大机关。三是申诉程序，即如何处理申诉申请。人大财经委在受理申诉后，应视具体情况决定是否启动再评价程序，即组织独立第三方机构对该财政支出的绩效进行再评价。再评价因事关重大，应由绩效评价委员会组织实施，以保证评价结果的客观性和权威性。所以，评价申诉制度是有效的纠错工具：一方面通过申诉程序，启动相应的调查，对绩效评价中存疑的事项进行再评价，促进各方良性互动，降低沟通成本；另一方面，申诉程序的开启能对绩效评价的公平和公正产生倒逼机制，促进评价能力和效率的提升。

七、财政支出绩效评价的结果应用

财政支出绩效评价的作用主要体现在评价结果的应用上,评价结果的有效应用能切实提高绩效评价的影响力和约束力。为加强结果应用,应加强结果运用机制建设,将评价结果与公共财政改革实践结合,以治理为导向,把绩效评价的结果反馈到实践中,用以对财政支出的管理和使用进行指导和规范。建立健全财政支出绩效评价结果应用机制,实质上就是要在财政支出绩效评价的基础上建立健全与之衔接的后续机制,例如满足社会公众知情权的公开制度;落实有关责任的责任追究机制;优化管理部门内部管理,提高资源配置效率的内部竞争机制;对有关部门、人员进行考核、奖惩的机制等。根据我国财政支出绩效评价的法制化现状,需要建立健全以下几方面的制度来加强结果应用。

(一)作为政府信息进行公开与比较

首先,公开、比较评价结果是社会公众的要求。财政支出与公众的生活密切相关,归根结底是为公众服务的,只有将财政支出置于公众的监督之下,公共利益才能得到保障。公布并比较评价结果,会使财政支出的管理和使用者感到一种压力,是社会公众进行监督的有效途径。[1]如果社会公众无从获取绩效评价结果,公众的监督权就不能得以实现。其次,将考评结果公开、比较有利于提升财政资金管理和使用部门的工作绩效。通过比较,有关部门能明白自身是否有不足,不足之处何在,才可能克服自满情绪,明白今后努力的方向所在。最后,公开财政支出绩效评价的结果,体现了法治政府中建设透明政府、责任政府的内涵。它也是沟通政府和社会公众的有效渠道,利于社会公众理解并支持政府对财政支出的管理和使用。政府和社会公众在财政支出管理和使用的问题上形成了良好的互信和互动,就可以形成一个良性循环,助力财政支出绩效的进一步提高。

财政支出绩效评价结果的公开与比较制度应当做好与《中华人民共和国政府信息公开条例》的衔接,明确公开的方式和范围等事项。财政支出绩效评价结果的有关信息可以通过报纸、政府公报、网站、微博、微信等传统和现代的媒介

---

[1] 杨寅,黄萍.政府绩效评估的法律制度构建[J].现代法学,2004(6).

向社会公众公开。除涉及国家秘密、商业秘密以及《中华人民共和国政府信息公开条例》规定的不宜公开的信息外，财政支出绩效评价的有关信息都应该主动公开或依申请公开。根据当前实际，在法律制度中对财政支出绩效评价的结果比较作出统一明确规定的条件尚不成熟，但可以用"同类财政支出绩效评价结果可以进行相互比较，以体现相互学习、竞争观念"的表述进行倡导。

（二）作为总结与奖惩的依据

绩效反映了有关部门和人员的工作成绩，结果导向下，评价结果越好则工作成绩越好，反之则相反。此处所说的总结，指的是在财政支出绩效评价结束后，评价客体从绩效评价结果出发，对财政支出的管理和使用进行审视和反思，总结正反两方面的经验，对反映出来的问题进行重点剖析，以查找原因、确定解决方案、争取更好绩效。要让总结取得实效，避免落入形式主义的窠臼，关键还是须有法律制度作依托，奖优罚劣。因此，财政支出绩效评价法制化应做好与《公务员法》《审计法》等法律法规的衔接，以绩效评价结果为依据，对有关部门和人员开展行之有效的奖励和惩罚。给予奖励或惩罚，应与财政支出绩效评价的等级相对应，在优秀、良好、中等、合格、较差五个等级中，应对优秀等级给予奖励，较差等级给予惩罚。对合格等级，也应通过合适的方式予以提醒，以免其降低绩效等级。当然，在确定给予奖励或惩罚时，除了绩效等级，还需要考虑绩效的存量、增量和不可抗力的影响。

（三）作为预算编制的依据

2014年，修订后的《预算法》将财政支出绩效评价的结果与年度预算的编制挂上了钩。[①]财政预算的编制是行政行为的基础、核心步骤，预算的丰盈程度决定了预算单位可支配的行政资源的多寡，也在较大程度上决定了其提供的公共产品和服务的数量。财政资金的有限性与公共需求的无限性存在永恒的矛盾，为了生产出数量更多、质量更好的公共产品，有限的财政资金当然要配置到绩效结

---

① 参见《预算法》第三十二条：各级预算应当根据年度经济社会发展目标、国家宏观调控总体要求和跨年度预算平衡的需要，参考上一年预算执行情况、有关支出绩效评价结果和本年度收支预测，按照规定程序征求各方面意见后，进行编制。

果更好的单位和部门。因此，在编制新一财政年度的预算时，对上一财年绩效评价结果为优的财政支出，应视其绩效目标适当增加财政预算，反之则要核减其财政预算。要特别说明的是，因为财政支出的目的是满足公共利益，并非是为了满足预算单位的利益，所以在编制绩效预算时，年度预算的增加和核减的幅度都不能过于剧烈，以免某方面的公共利益受到损害。所以，绩效预算的使用范围应当有一个范围，诸如医疗、教育、环境保护等基本公共支出，不宜或慎重采用绩效预算，而那些采用竞争方式来进行财政资金分配的支出领域，则是绩效预算大显身手的广阔舞台。

本 章 小 结

本章的内容对为什么要进行财政支出绩效评价、评价谁、谁来评价、如何评价这几个基本问题进行了回答。笔者认为，在法治政府框架下，绩效评价不仅仅是提高财政支出绩效、缓解财政支出的有效性与社会公众需求的无限性的矛盾的手段，更是实现公民民主权利的必然要求，是建设透明政府、服务政府、责任政府的重要途径。财政收入取之于民、用之于民。在我国现行政治体制下，由各级人民代表大会行使财政支出绩效评价管理权、财政部门行使组织权、第三方机构行使具体评价权是理想的财政支出绩效评价权力结构。以现行的法律法规为基础，我国的财政支出绩效评价法制化，在理念方面需要更多地融入法治政府的内容，在法治框架方面需要构建一个以高位阶法律为核心的法制体系，在内容方面需要进一步加强对社会公众参与、评价程序、结果应用等方面的法制化。

结论及讨论

在全面依法治国、建设法治政府的背景下，财政支出绩效评价及其法制化日益受到社会的重视。作为重要的管理和监督方式，财政支出绩效评价的理念导向、组织体系、指标体系、制度机制等无不影响财政支出的经济性、效率性、效果性和公平性。尽管已有学者就如何通过法制化来充分发挥绩效评价在财政支出管理和监督中的作用，但这些研究多从管理学、财政学的角度出发。笔者在本书中从法制化的视角出发，对财政支出绩效评价法制化的现状、存在问题及原因、法制化的对策进行了探讨，主要结论如下。

一是财政支出绩效评价是公共财政改革，财政支出绩效评价法制化是依法治国的客观要求。绩效评价是财政支出管理和使用的指挥棒，有什么样的绩效评价，就会有什么样的财政支出管理和使用行为。在我国现行体制下，对财政支出进行绩效评价在某种程度上可视为是对其管理和使用单位的评价。随着新《预算法》把绩效评价结果与年度预算的编制相挂钩，各主客体对财政支出绩效评价的重视程度日益加深。我国财政支出绩效评价的实践表明，法制化建设是优化和完善财政支出绩效评价的必由之路。

二是财政支出绩效评价法制体系内涵丰富，各次级体系联系紧密，互相影响和制约。因而，应从整体视角出发对财政支出绩效评价法制体系进行研究。在构建财政支出绩效评价法制体系的过程中，要统筹考虑组织体系（包含评价主体、组织模式、评价流程、结果应用等内容）、技术体系（包含评价指标、指标权重、评分标准、评价周期等内容）等次级体系之间的有机联系。以此合理配置有关权利义务关系，提升财政支出绩效评价法制体系的科学性、公信力和执行力，框定合理的评价目的和功能。

三是财政支出绩效评价的法制化属于以法治政府理论为基础，法学、财政学、公共管理学等学科的交叉研究范畴。因此，理论融合及创新是财政支出绩效评价法制化的基础。为什么要评价、谁来评价、评价什么、如何评价，以评价结果如何使用等是需要财政支出绩效评价法制化研究回答的基本问题，需要构建科学合理的理论模型加以解释。构建科学合理的理论模型，重点在于有效整合法治政府理论与新公共管理理论。

四是我国已具备了财政支出绩效评价法制化的客观条件。自20世纪80年代我国首次开展财政支出绩效评价以来，各种形式的财政支出绩效评价在全国各地得到了实践，初步进行了法制化。进入21世纪以来，财政支出绩效评价发挥了越来越重要的作用，也日益受到重视，成了一种重要的财政支出管理和监督的手段。为充分发挥财政支出绩效评价的作用，国家主管部门和部分地方政府部门制定了有关部门规章和地方性法规、地方政府规章，为我国的财政支出绩效评价法制化积累了经验、奠定了基础。此外，美、英等国的财政支出绩效评价法制化经验和我国审计的法制化经验也可以作为财政支出绩效评价法制化的有益借鉴。

五是科学界定财政支出绩效评价各项权力的归属是法制化的重点指向。财政支出绩效评价包含评议权、评价管理权、评价组织权、评价实施权四项基本权力，界定好这些权力的归属才能调整好有关权力（权利）义务关系。财政支出取之于民、用之于民，其最终的评议权无疑应归于社会公众；人民代表大会是人民的代议机关，代表人民对财政支出绩效评价进行管理、行使评价管理权；各级政府是同级人大的执行机关，接受同级人大的监督，行使评价组织权；财政部门作为专业部门，由其或其依法选择的其他机构对财政支出展开绩效评价工作，行使评价实施权。

六是加强财政支出绩效评价的法制化，需要构建合理的财政支出绩效评价法制体系。这个体系应以由全国人大常委会制定的《绩效评价法》为核心，将绩效评价的权力归属、有关程序、指标及标准体系、结果应用等事项以法律的形式确定下来。围绕这个核心，国务院需制定"绩效评价办法实施条例"，对其进行细化和操作化；国家财政部依据前两者将《财政支出绩效评价管理暂行办法》修订为"财政支出绩效评价管理办法"以下简称"管理办法"，对有关事项进行有针对性的、具体的规范；各地人大或政府根据自身情况，参考有关上位法制定符合本地实际的财政支出绩效评价地方性法规或地方政府规章。此外，财政支出绩效评价涵盖评价原则、评价主体、评价客体、评价程序、指标体系与标准、评价方法、结果应用等众多内容，仅凭一部"管理办法"难以对有关内容进行有效的规范。因此，要构建完善的财政支出绩效评价法制体系，还需要围绕"管理办法"等法律法规制定财政支出绩效评价专家库制度、财政支出绩效评价招投标制度、财政支出绩效评价结果应用制度、财政支出绩效评价信息公开制度等有关规定。这样，才能构建一个完善的财政支出绩效评价法制体系。

由于本研究涉及法学、财政学、公共管理学等多学科领域，具有较强的导向性、政策性和操作性。笔者虽穷尽心力，但无奈理论背景和实践资源均有所欠缺，故在理论模型的构建、法制化内容的归纳方面仍然还存在一定欠缺。放眼将来，绩效评价在中国的运用势必更加频繁，需要不断地加强法制化建设来对有关事项进行规范。为营造一个良好的财政支出绩效评价法制环境，未来的研究还需要在以下几个方面展开深入的探讨。

一是财政支出绩效评价与公务员考评的关系。结果的充分应用是发挥绩效评价作用最重要的途径。财政支出绩效评价名义上是对财政支出进行绩效评价，但它的绩效是由人决定的，因绩效而进行的奖惩最终也是要落实到具体的自然人（即公务员）身上。根据财政支出绩效评价的结果和公务员在财政支出管理和使用过程中的权责关系，对公务员进行科学的考评，是构建财政支出绩效评价法制体系必须面对的问题，需要进一步思考。

二是如何进行立法衔接的问题。本书由于主题和篇幅所限，对财政支出绩效评价的立法衔接点到即止，并未做深入的论述。从整体上来看，财政支出绩效评价与《预算法》《公务员法》《审计法》《政府信息公开法》等法律具有明显的关联。从更高的层次上看，做好有关立法衔接能拓展财政支出绩效评价的外部空间，对进一步推进我国的法制化建设也具有一定的意义。

三是绩效评价作为一种有效的管理和监督的手段，实际应用范围已超越财政支出。一旦绩效评价在其他公共管理领域的应用频繁且成熟，那么，进行财政支出绩效评价的法制化也就顺理成章了。以我国当前的趋势以及发达国家的经验来看，这是一个大概率的事件。理论研究者应以发展的眼光来看待这个问题，进行超前研究，以便及时应对有关变化。

四是财政支出绩效审计与绩效评价的关系。财政支出绩效审计与绩效评价均为财政监管的重要手段，两者既有共性又性质有别。相对而言，绩效审计体现工具理性，重点关注财务过程的合法合规性，以及财政支出目标的完成情况；财政支出绩效评价作为政府绩效评价的组成部分，是民主范畴的技术工具和目标评价的纠错机制，更加关注宏观层面财政支出编列及其绩效目标的科学性与民主性，并将财政支出的责任主体——主管部门、监管部门与使用单位视为被评对象，追求公共财政的公信力（或者说有公信力的执行力），并非单纯的技术工具。实现财政治理体系与能力现代化，落实新预算法要求，应进一步厘清绩效审计与绩效评价的功能定位及适用范围。

五是财政支出绩效评价法制化建设的配套条件。财政支出绩效评价法制化包含许多要件，比方说评价项目制度化、规范化，评价所需资源的配套协调等，都需要一系列配套制度加以保障。对此问题研究，已有文献多加关注，但不系统、深入。如何按照依法治国、法治政府的总体战略构想，为财政支出绩效评价法制化提供各种配套条件值得进一步研究。

本书的两个重要的并行的关键词是"绩效评价"与"法制化"，涉及公共管理与法学两个学科理论，属于跨学科领域。学术实践上，公共管理研究具有较强的实践指向性和明显的问题导向出发，致力于如何解决问题以及探寻解决问题的方法论；而法学领域的研究则对研究对象给予更多的关注，积极探寻内在逻辑的一致性。法律不是万能的，法制化并不能解决当前财政支出绩效评价中的一切问题，它仅仅是在当前财政支出绩效评价的理论研究已经储备了足够的"知识"、社会实践已经积累了足够的"经验"的基础上向前跨进的关键步骤。公共管理学、法学等学科关于政府绩效评价研究和实践的成果依然是财政支出绩效评价法制化不可或缺的"前见"。总之，本书论述抛砖引玉，期望能使在此领域的研究有长足的发展。

附录 1

中共中央国务院关于全面实施预算绩效管理的意见

(2018年9月1日)

全面实施预算绩效管理是推进国家治理体系和治理能力现代化的内在要求，是深化财税体制改革、建立现代财政制度的重要内容，是优化财政资源配置、提升公共服务质量的关键举措。为解决当前预算绩效管理存在的突出问题，加快建成全方位、全过程、全覆盖的预算绩效管理体系，现提出如下意见。

一、全面实施预算绩效管理的必要性

党的十八大以来，在以习近平同志为核心的党中央坚强领导下，各地区各部门认真贯彻落实党中央、国务院决策部署，财税体制改革加快推进，预算管理制度持续完善，财政资金使用绩效不断提升，对我国经济社会发展发挥了重要支持作用。但也要看到，现行预算绩效管理仍然存在一些突出问题，主要是：绩效理念尚未牢固树立，一些地方和部门存在重投入轻管理、重支出轻绩效的意识；绩效管理的广度和深度不足，尚未覆盖所有财政资金，一些领域财政资金低效无效、闲置沉淀、损失浪费的问题较为突出，克扣挪用、截留私分、虚报冒领的问题时有发生；绩效激励约束作用不强，绩效评价结果与预算安排和政策调整的挂钩机制尚未建立。

当前，我国经济已由高速增长阶段转向高质量发展阶段，正处在转变发展方式、优化经济结构、转换增长动力的攻关期，建设现代化经济体系是跨越关口的迫切要求和我国发展的战略目标。发挥好财政职能作用，必须按照全面深化改革的要求，加快建立现代财政制度，建立全面规范透明、标准科学、约束有力的预算制度，以全面实施预算绩效管理为关键点和突破口，解决好绩效管理中存在的突出问题，推动财政资金聚力增效，提高公共服务供给质量，增强政府公信力和执行力。

二、总体要求

（一）指导思想。

以习近平新时代中国特色社会主义思想为指导，全面贯彻党的十九大和十九届二中、三中全会精神，坚持和加强党的全面领导，坚持稳中求进工作总基调，坚持新发展理念，紧扣我国社会主要矛盾变化，按照高质量发展的要求，紧紧围绕统筹推进"五位一体"总体布局和协调推进"四个全面"战略布局，坚持以供给侧结构性改革为主线，创新预算管理方式，更加注重结果导向、强调成本效益、硬化责任约束，力争用3—5年时间基本建成全方位、全过程、全覆盖的预算绩效管理体系，实现预算和绩效管理一体化，着力提高财政资源配置效率和使用效益，改变预算资金分配的固化格局，提高预算管理水平和政策实施效果，为经济社会发展提供有力保障。

（二）基本原则。

——坚持总体设计、统筹兼顾。按照深化财税体制改革和建立现代财政制度的总体要求，统筹谋划全面实施预算绩效管理的路径和制度体系。既聚焦解决当前最紧迫问题，又着眼健全长效机制；既关注预算资金的直接产出和效果，又关注宏观政策目标的实现程度；既关注新出台政策、项目的科学性和精准度，又兼顾延续政策、项目的必要性和有效性。

——坚持全面推进、突出重点。预算绩效管理既要全面推进，将绩效理念和方法深度融入预算编制、执行、监督全过程，构建事前事中事后绩效管理闭环系统，又要突出重点，坚持问题导向，聚焦提升覆盖面广、社会关注度高、持续时间长的重大政策、项目的实施效果。

——坚持科学规范、公开透明。抓紧健全科学规范的管理制度，完善绩效目标、绩效监控、绩效评价、结果应用等管理流程，健全共性的绩效指标框架和分行业领域的绩效指标体系，推动预算绩效管理标准科学、程序规范、方法合理、结果可信。大力推进绩效信息公开透明，主动向同级人大报告、向社会公开，自觉接受人大和社会各界监督。

——坚持权责对等、约束有力。建立责任约束制度，明确各方预算绩效管理职责，清晰界定权责边界。健全激励约束机制，实现绩效评价结果与预算安排和政策调整挂钩。增强预算统筹能力，优化预算管理流程，调动地方和部门的积极性、主动性。

三、构建全方位预算绩效管理格局

（三）实施政府预算绩效管理。

将各级政府收支预算全面纳入绩效管理。各级政府预算收入要实事求是、积极稳妥、讲求质量，必须与经济社会发展水平相适应，严格落实各项减税降费政策，严禁脱离实际制定增长目标，严禁虚收空转、收取过头税费，严禁超出限额举借政府债务。各级政府预算支出要统筹兼顾、突出重点、量力而行，着力支持国家重大发展战略和重点领域改革，提高保障和改善民生水平，同时不得设定过高民生标准和擅自扩大保障范围，确保财政资源高效配置，增强财政可持续性。

（四）实施部门和单位预算绩效管理。

将部门和单位预算收支全面纳入绩效管理，赋予部门和资金使用单位更多的管理自主权，围绕部门和单位职责、行业发展规划，以预算资金管理为主线，统筹考虑资产和业务活动，从运行成本、管理效率、履职效能、社会效应、可持续发展能力和服务对象满意度等方面，衡量部门和单位整体及核心业务实施效果，推动提高部门和单位整体绩效水平。

(五)实施政策和项目预算绩效管理。

将政策和项目全面纳入绩效管理,从数量、质量、时效、成本、效益等方面,综合衡量政策和项目预算资金使用效果。对实施期超过一年的重大政策和项目实行全周期跟踪问效,建立动态评价调整机制,政策到期、绩效低下的政策和项目要及时清理退出。

四、建立全过程预算绩效管理链条

(六)建立绩效评估机制。

各部门各单位要结合预算评审、项目审批等,对新出台的重大政策、项目开展事前绩效评估,重点论证立项必要性、投入经济性、绩效目标合理性、实施方案可行性、筹资合规性等,投资主管部门要加强基建投资绩效评估,评估结果作为申请预算的必备要件。各级财政部门要加强新增重大政策和项目预算审核,必要时可以组织第三方机构独立开展绩效评估,审核和评估结果作为预算安排的重要参考依据。

(七)强化绩效目标管理。

各地区各部门编制预算时要贯彻落实党中央、国务院各项决策部署,分解细化各项工作要求,结合本地区本部门实际情况,全面设置部门和单位整体绩效目标、政策及项目绩效目标。绩效目标不仅要包括产出、成本,还要包括经济效益、社会效益、生态效益、可持续影响和服务对象满意度等绩效指标。各级财政部门要将绩效目标设置作为预算安排的前置条件,加强绩效目标审核,将绩效目标与预算同步批复下达。

(八)做好绩效运行监控。

各级政府和各部门各单位对绩效目标实现程度和预算执行进度实行"双监控",发现问题要及时纠正,确保绩效目标如期保质保量实现。各级财政部门建立重大政策、项目绩效跟踪机制,对存在严重问题的政策、项目要暂缓或停止预算拨款，督促及时整改落实。各级财政部门要按照预算绩效管理要求，加强国库现金管理，降低资金运行成本。

（九）开展绩效评价和结果应用。

通过自评和外部评价相结合的方式，对预算执行情况开展绩效评价。各部门各单位对预算执行情况以及政策、项目实施效果开展绩效自评，评价结果报送本级财政部门。各级财政部门建立重大政策、项目预算绩效评价机制，逐步开展部门整体绩效评价，对下级政府财政运行情况实施综合绩效评价，必要时可以引入第三方机构参与绩效评价。健全绩效评价结果反馈制度和绩效问题整改责任制，加强绩效评价结果应用。

五、完善全覆盖预算绩效管理体系

（十）建立一般公共预算绩效管理体系。

各级政府要加强一般公共预算绩效管理。收入方面，要重点关注收入结构、征收效率和优惠政策实施效果。支出方面，要重点关注预算资金配置效率、使用效益，特别是重大政策和项目实施效果，其中转移支付预算绩效管理要符合财政事权和支出责任划分规定，重点关注促进地区间财力协调和区域均衡发展。同时，积极开展涉及一般公共预算等财政资金的政府投资基金、主权财富基金、政府和社会资本合作（PPP）、政府采购、政府购买服务、政府债务项目绩效管理。

（十一）建立其他政府预算绩效管理体系。

除一般公共预算外，各级政府还要将政府性基金预算、国有资本经营预算、社会保险基金预算全部纳入绩效管理，加强四本预算之间的衔接。政府性基金预算绩效管理，要重点关注基金政策设立延续依据、征收标准、使用效果等情况，地方政府还要关注其对专项债务的支撑能力。国有资本经营预算绩效管理，要重点关注贯彻国家战略、收益上缴、支出结构、使用效果等情况。社会保险基金预算绩效管理，要重点关注各类社会保险基金收支政策效果、基金管理、精算平衡、地区结构、运行风险等情况。

六、健全预算绩效管理制度

（十二）完善预算绩效管理流程。

围绕预算管理的主要内容和环节，完善涵盖绩效目标管理、绩效运行监控、绩效评价管理、评价结果应用等各环节的管理流程，制定预算绩效管理制度和实施细则。建立专家咨询机制，引导和规范第三方机构参与预算绩效管理，严格执业质量监督管理。加快预算绩效管理信息化建设，打破"信息孤岛"和"数据烟囱"，促进各级政府和各部门各单位的业务、财务、资产等信息互联互通。

（十三）健全预算绩效标准体系。

各级财政部门要建立健全定量和定性相结合的共性绩效指标框架。各行业主管部门要加快构建分行业、分领域、分层次的核心绩效指标和标准体系，实现科学合理、细化量化、可比可测、动态调整、共建共享。绩效指标和标准体系要与基本公共服务标准、部门预算项目支出标准等衔接匹配，突出结果导向，重点考核实绩。创新评估评价方法，立足多维视角和多元数据，依托大数据分析技术，运用成本效益分析法、比较法、因素分析法、公众评判法、标杆管理法等，提高绩效评估评价结果的客观性和准确性。

七、硬化预算绩效管理约束

（十四）明确绩效管理责任约束。

按照党中央、国务院统一部署，财政部要完善绩效管理的责任约束机制，地方各级政府和各部门各单位是预算绩效管理的责任主体。地方各级党委和政府主要负责同志对本地区预算绩效负责，部门和单位主要负责同志对本部门本单位预算绩效负责，项目责任人对项目预算绩效负责，对重大项目的责任人实行绩效终身责任追究制，切实做到花钱必问效、无效必问责。

（十五）强化绩效管理激励约束。

各级财政部门要抓紧建立绩效评价结果与预算安排和政策调整挂钩机制，将本级部门整体绩效与部门预算安排挂钩，将下级政府财政运行综合绩效与转移支付分配挂钩。对绩效好的政策和项目原则上优先保障，对绩效一般的政策和项目要督促改进，对交叉重复、碎片化的政策和项目予以调整，对低效无效资金一律削减或取消，对长期沉淀的资金一律收回并按照有关规定统筹用于亟须支持的领域。

八、保障措施

（十六）加强绩效管理组织领导。

坚持党对全面实施预算绩效管理工作的领导，充分发挥党组织的领导作用，增强把方向、谋大局、定政策、促改革的能力和定力。财政部要加强对全面实施预算绩效管理工作的组织协调。各地区各部门要加强对本地区本部门预算绩效管理的组织领导，切实转变思想观念，牢固树立绩效意识，结合实际制定实施办法，加强预算绩效管理力量，充实预算绩效管理人员，督促指导有关政策措施落实，确保预算绩效管理延伸至基层单位和资金使用终端。

（十七）加强绩效管理监督问责。

审计机关要依法对预算绩效管理情况开展审计监督，财政、审计等部门发现违纪违法问题线索，应当及时移送纪检监察机关。各级财政部门要推进绩效信息公开，重要绩效目标、绩效评价结果要与预决算草案同步报送同级人大、同步向社会主动公开，搭建社会公众参与绩效管理的途径和平台，自觉接受人大和社会各界监督。

（十八）加强绩效管理工作考核。

各级政府要将预算绩效结果纳入政府绩效和干部政绩考核体系，作为领导干部选拔任用、公务员考核的重要参考，充分调动各地区各部门履职尽责和干事创业的积极性。各级财政部门负责对本级部门和预算单位、下级财政部门预算绩效管理工作情况进行考核。建立考核结果通报制度，对工作成效明显的地区和部门给予表彰，对工作推进不力的进行约谈并责令限期整改。

全面实施预算绩效管理是党中央、国务院做出重大战略部署，是政府治理和预算管理的深刻变革。各地区各部门要更加紧密地团结在以习近平同志为核心的党中央周围，把思想认识和行动统一到党中央、国务院决策部署上，增强"四个意识"，坚定"四个自信"，提高政治站位，把全面实施预算绩效管理各项措施落到实处，为决胜全面建成小康社会、夺取新时代中国特色社会主义伟大胜利、实现中华民族伟大复兴的中国梦奠定坚实基础。

附录 2

广东省战略性新兴产业发展 LED 专项资金绩效第三方评价报告

说　明

广东省人大常委会专项委托华南理工大学承担"广东省第二、第三批战略性新兴产业发展专项资金 LED 与新能源汽车项目第三方绩效评价"研究。评价范围包括省级财政下达第二、第三批战略性新兴产业发展专项资金的 LED 和新能源汽车两类项目，合计 14.261 亿元，涉及 108 个子项目，覆盖全省 19 个地市与若干省直单位。本报告针对 LED 项目，为评价结果的组成部分。

财政专项资金绩效评价是指基于结果导向和公众满意度导向，运用科学方法、规范流程、相对统一的指标及标准，对财政专项资金支出的产出与效果进行综合性测量与分析的活动。评价遵循"评估水平、识别问题、方便操作、驱动进步"的原则，即采用科学、规范的方法，依据既定指标体系，基于预定绩效目标，系统评判全省战略性新兴产业专项资金（LED 与新能源汽车项目）绩效，对各子项目实施的经济性、效率性、效果性和公平性进行评析，评估整体绩效水平，发现存在问题，提出绩效改善与预算优化的对策建议。

本项评价肩负着省级人大开展财政重要专项资金绩效监督试点的使命，并为优化全省财政专项资金分配机制、合理配置公共财政资源提供重要依据，为此，我们更关注报告的宏观性、整体性、前瞻性与政策效应。评价重点针对三个层面：一是宏观层面专项资金立项决策及管理办法设定目标的科学性与可行性；

二是中观层面地方主管部门对资金监管的有效性；三是资金基层用款单位使用资金的合规性。同时，评价试图厘清现行体制下财政专项资金绩效评价的两大核心问题：一是资金过程控制与结果导向的关系，二是资金使用绩效与管理绩效的关系。

在全国范围内，由人大直接委托第三方实施财政专项资金绩效评价属首例。作为探索性工作，在将近半年的评价过程中，我们得到了全省相关部门及社会人士的积极配合。对于评价结果，期望理性对待。

本报告由华南理工大学政府绩效评价中心主导完成，郑方辉教授主持，本书作者参与本项目的实施研究工作。相关领域专业机构、会计事务所参与了评价工作。在此一并感谢。

一、评价说明

（一）评价背景与目的

战略性新兴产业是以重大技术突破和发展需求为基础，对经济社会全局产生重要引领作用，知识技术密集、物质资源消耗少、成长潜力大、综合效益好的产业。近年，广东省委省政府落实国务院部署，把加快发展战略性新兴产业作为推进全省产业结构转型升级、加快经济发展方式转变和建设幸福广东的重要举措，并按"有所为、有所不为"的原则，确定了高端新型电子信息、新能源汽车、半导体照明（LED）、生物、高端装备制造、节能环保、新能源和新材料等领域作为培育重点，其中前三个为率先突破产业。

广东省战略性新兴产业发展专项资金为鉴于全省战略性新兴产业发展基础相对薄弱的现状，为进一步加快经济增长方式转变，推动产业结构调整和转型升级，由省委省政府批准省财政设立的用于"十二五"期间支持全省战略性新兴产业发展的专项资金（共220亿元），资助范围包括高端新型电子信息、新能源汽车和半导体照明（LED）行业关联项目。至2013年，经有关部门研究，再将这批资金的剩余部分整合为省级战略性新兴产业发展扶持基金，明确采用直接补贴或股权投资方式落实支出。

广东省战略性新兴产业发展专项资金绩效情况专题调研已列入省人大常委会 2014 年监督工作计划。省人大常委会办公厅、省社科联在 2014 年 7 月 25 日联合主办专题座谈会，指出人大将在财政重要专项资金的使用监督上有所作为，包括挑选群众最关注的专项资金、引入第三方专业机构提供客观的绩效评估信息等，以促进政府决策的更加民主化和科学化，推动我省构建科学合理、透明公正、高效有序的财政专项资金分配机制。本年度挑选省级战略性新兴产业发展扶持基金的 LED 与新能源汽车两类项目，委托第三方进行绩效评价，本报告即为其中 LED 项目评价的分报告。事实上，这两类项目 2010—2011 年下达的部分（共 6.95 亿元）已作为全省首批战略性新兴产业发展资金由省财政厅于 2012 年委托第三方进行了绩效评价，故本次评价亦为了解后续年度资金拨付使用情况，监督有关项目的整改效果。

财政专项资金绩效评价是基于结果导向和公众满意导向，运用科学方法、规范流程、相对统一的指标及标准，对资金支出的产出与效果进行综合性测量与分析。具体地，评价遵循"评估水平、识别问题、方便操作、驱动进步"的原则，即采用科学、规范的方法，依据既定指标体系，基于预定绩效目标，系统评判全省战略性新兴产业发展专项资金 LED 项目绩效，对各子项目实施的经济性、效率性、有效性和公平性进行评析，并评估整体绩效水平，发现存在问题，以及提出绩效改善与优化支出的对策建议。评价的重点主要在三个层面：一是宏观层面专项资金立项决策及管理办法设定目标的科学性与可行性；二是中观层面地方主管部门对资金监管的有效性；三是资金基层用款单位使用资金的合规性。同时亦触及并试图厘清现行体制下财政专项资金绩效评价的两大核心问题：一是资金过程控制与结果导向的关系，二是资金使用绩效与管理绩效的关系。另外，由于肩负省人大开展财政重要专项资金绩效监督试点工作的使命，并为优化全省财政专项资金分配机制、合理配置公共财政资源提供重要依据，故在实践层面要求我们更关注评价的宏观性、整体性、前瞻性与政策效应。

（二）评价对象与范围

本次评价范围是省级财政下达第二、第三批战略性新兴产业发展专项资金的 LED 和新能源汽车两类项目，合计 14.261 亿元，涉及 108 个子项目。作为分报告，我们关注其中的 LED 部分涉及 9.37 亿元共 72 个子项目，具体分配情况如表 1 所示。

表 1　广东省第二、第三批战略性新兴产业 LED 项目资金分配表

序号	资金下达文件	下达时间	金额（亿元）	项目数（个）
1	关于下达第二批省战略性新兴产业发展专项资金（LED 产业）项目资金的通知（粤财工〔2011〕599 号）	2011 年 12 月 21 日	4.3	29
2	关于下达第三批省战略性新兴产业发展专项资金（LED 产业）项目资金的通知（粤财工〔2012〕372 号）	2012 年 8 月 31 日	4.17	36
3	关于下达粤东西北地区 LED 公共照明示范项目预算指标的通知（粤财工〔2012〕587 号）	2012 年 12 月 24 日	0.9	7
合计	—	—	9.37	72

（注：粤财工〔2011〕599 号、〔2012〕372 号文下达资金中各有 1 笔为项目评审与管理经费，共计 320 万元，实际资助产业共 70 个项目。）

设立本专项资金的目的是支持"十二五"期间全省战略性新兴产业发展。根据《广东省战略性新兴产业发展"十二五"规划》，我省战略性新兴产业发展目标为：到 2015 年高端新型电子信息、新能源汽车、LED 三大产业率先突破，其他产业初具规模，全省总产值突破 2.5 万亿元，增加值占生产总值比重达到 10% 左右，对经济增长的贡献率显著增强；在主要领域突破掌握一批具有自主知识产权的关键技术和标准，自主创新能力和产业技术水平显著提升；形成一批具有国际影响力的大企业和创新力强的中小企业，企业实力显著增强；形成 3—5 个产业链较完整、配套体系较完善、产值超千亿元的新兴产业集群，产业体系进一步完善。同时《广东省推广使用 LED 照明产品实施方案》中提出的目标为：自 2012 年起用 3 年时间在公共照明领域完成 LED 产品推广应用，实现同比口径下节能 50% 以上，拉动全省 LED 产业健康快速发展，到"十二五"期末实现年产值 5000 亿元以上。因为《广东省战略性新兴产业发展扶持基金管理暂行办法》和 LED 项目资金管理文件中未对资金支出再设置具体量化目标，故前述规划成为本次评价在宏观层面的一项重要依据及内容参考。

（三）评价流程及方法

评价主要采用目标与实施效果比较的方法，并在技术层面，结合了定性评

价与定量评价、指标评价与模糊评价、主观评价与客观评价、单位自评与专家评价等多种方法，力图实现评价结果的客观真实及科学有效，增强评价的公信力。从操作上讲，财政专项资金绩效评价一般包括单位自评、书面评审和现场核查三个主要环节，具体内容如下：

1. 单位自评

要求各用款单位和资金主管部门按要求提供基础信息表、自评报告与关键佐证材料。地市、省级主管部门应对项目单位自评材料的完整性、规范性与真实性进行审核，在汇总、核实材料的基础上，形成规范（针对整体分析）的自评报告。评价方以项目单位自评分为数据源，得到全省项目绩效自评结果，并按项目类别、项目属地、指标层级等进行结构分析，作为下一阶段评审工作的重要参考。

2. 书面评审

审核项目单位报送自评材料的完整性、及时性和内容有效性。包括：是否按照评价要求及时提供自评材料；资金使用与项目实施是否符合资金管理办法的规定与要求，是否存在违规、违纪甚至违法的行为；立项申报的绩效目标是否实现，以及所取得的社会经济效益，等等。书面评审的主要方法是目标对比与效益分析，重点考查项目实施的产出（"做了什么"）和效益（"做得怎么样"），并通过专家评审得到自评审核得分，与项目单位及主管部门自评结果形成对照，从中发现差异及问题，为遴选出一定数量的、覆盖全省代表性区域的典型项目进行现场核查提供依据。

3. 现场核查

现场核查的目的：一是为弥补自评材料中对资金投入、实施过程与目标实现等情况反映的不足；二是对重点项目实施进展与绩效结果进行跟进，对优秀项目管理经验进行总结；三是以现场核查项目为代表，通过对其材料质量、管理过程及绩效完成等方面重点考查，形成专家评分与核查意见，作为书面评审结果的补充。现场核查一般采取答辩会与现场勘验的方式，由对应项目内容的财务、管理和技术三个领域资深学者、研究人员或实务专家组成核查小组。

4. 专家评审会

在单位自评、书面评审与现场核查的基础上，由评价方组织有关专家召开评审会。其主要议程：一是听取主管部门及个别用款单位对专项资金立项、分配、使用和监督等情况的总体报告；二是就评价中发现的若干问题展开质询与答辩；三是由专家依据评审和答辩情况，对专项资金管理绩效、监督绩效所对应指标进行评分，作为总体评价结果的重要组成部分。

财政专项资金绩效评价报告结构与内容如图1所示。

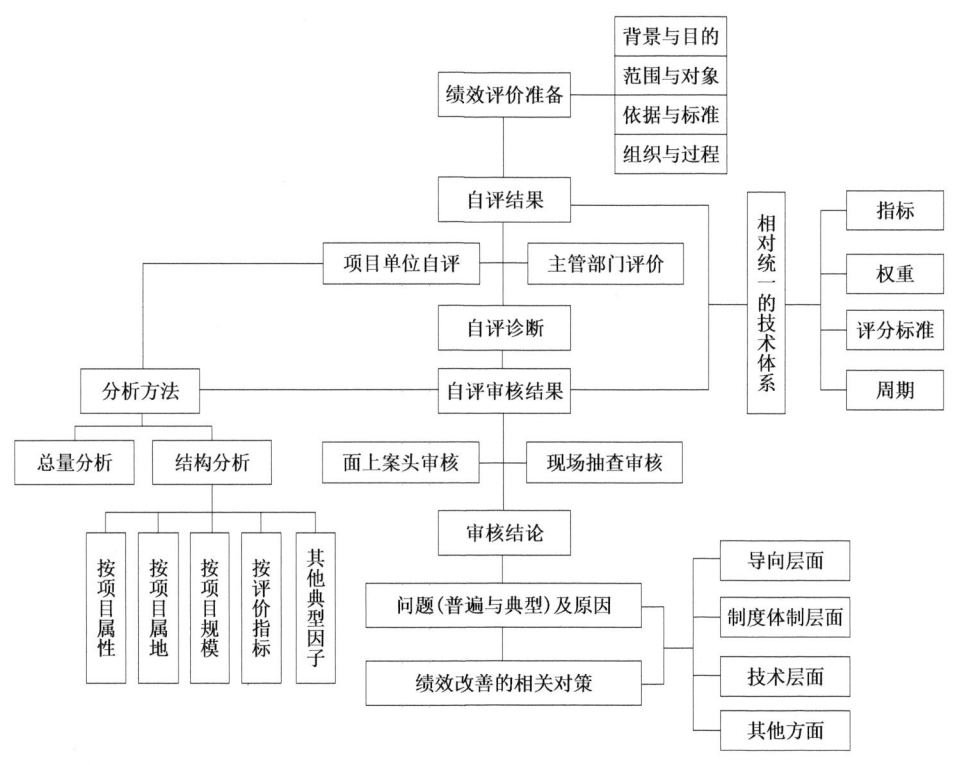

图1　财政专项资金绩效评价报告结构与内容

5. 数据分析与报告撰写

评价报告分为专项简报与专业报告两个版本，后者对前者进行专业论证和技术补充。报告的规范体例包括五个部分：评价说明、评价结果、主要成绩、存在问题及原因分析、对策建议。作为专业报告，我们将发现的问题梳理成宏观、中观、微观三个层面，分别对应三个层次的评价重点，具体为涵盖了专项资金的分配机制与分配合理性、资金绩效目标设置与相关规则的可行性、资金使用与项目过程对管理制度的执行情况、财政及主管部门对资金监管的有效性、项目总体完成进度与绩效目标实现等环节内容。

（四）评价指标体系

制订科学的评价技术方案是保证评价结果客观有效的前提，而指标体系作为评价技术的核心。借鉴层次分析法和专家咨询等手段，并经过若干年的实践探索，广东省财政专项绩效评价已形成了相对成熟的通用模型。应该说，这一模型针对"项目式"资金的使用绩效评价具有良好的适用性。

就本次评价而言，基于战略性新兴产业发展专项资金特性及监督试点要求，我们对该模型做了进一步的调整和优化，如表 2 所示。其中资金使用绩效评价基本沿用了现成的指标结构，由 3 项一级指标、9 项二级指标和 15 项三级指标组成。需要指出的是，社会经济效益和可持续发展两项在操作上仍为指标导向，需要根据项目属性及目标进一步设计个性化的四级指标。为此，我们在参考《广东省财政支出绩效评价试行方案》及有关研究的基础上，设计了企业规模与经营业绩、技术水平与自主创新、行业引导及示范效应作为社会经济效益的四级指标，公共平台与产业链完善作为可持续发展的四级指标，详见表 3 所示。

表 2　广东省战略性新兴产业发展专项资金绩效评价指标体系（权重：%）

评价维度（方式/权重）	一级指标 名称（权重）	二级指标 名称	权重	三级指标 指标说明与评分标准（按 100 分制）
自评工作组织质量（课题组评审，占总评分 10%）	材料完整性		30	基础信息表占 15 分、指标自评分表占 15 分、自评报告占 30 分、佐证材料占 40 分
	报送及时性		30	在 2014 年 10 月 8 日前提交得 100 分，10 月 8 日～15 日提交得 80 分，15 日后提交得 60 分以下
	材料有效性		40	根据各省级主管部门（专项资金）自评报告的撰写质量及提供佐证材料充分性评分
专项资金管理绩效（专家评审，占总评分 30%）	论证决策充分性		15	1. 资金投向占 30 分，符合公共财政投入及战略性新兴产业发展扶持方向得 30 分，否则酌情扣分； 2. 实施方案与论证占 30 分，有完整的资金实施方案及可行性研究报告（论证充分）得 25 分以上，实施方案或可行性论证欠充分得 10～25 分，无方案或论证得 10 分以下； 3. 资金分配合理性及依据占 40 分，其中按年度、地区、项目分配合理占 20 分，提供评审与论证依据占 20 分，根据实际情况评分

续表

评价维度(方式/权重)	一级指标名称(权重)	二级指标名称	权重	三级指标 指标说明与评分标准(按100分制)
专项资金管理绩效(专家评审,占总评分30%)		目标设置科学性	15	1. 目标完整占30分,有根据专项资金属性和资助项目类别设置绩效目标得20分以上,目标不完整得10～20分,无目标得0分; 2. 目标具体化占40分,目标值能量化的有明确量化值,不能量化的有进行层次、阶段性分解得30分以上,部分量化或具体得10～30分,无量化或具体得10分以下; 3. 目标值合理占30分,合理可实现并提供论证依据得20分以上,部分合理或不能提供依据得10～20分,不合理得10分以下
		管理办法可行性	20	1. 管理制度健全占40分。包括资金管理办法、项目指南、指导意见、实施细则、资金及项目监管上的其他要求等,视其内容完备性评分; 2. 管理办法可行占60分。其中设定绩效目标20分,明确各方权责20分,相关要求切实可行占20分,根据实际情况评分
		专项资金公共属性	15	1. 资金性质(设立依据)占40分,属国家基本政策或重点民生保障投入得30分以上,属政府职能或公共服务开展经费得30～40分,属对市场/企业资助得20分以下; 2. 资助对象占30分,资助弱势群体(如城乡困难群众)得20分以上,资助政府职能部门(含事业单位)得10～20分,资助市场主体(如企业)得10分以下; 3. 外部效应占30分,产生正的外部效应(如引导、示范作用)得10分以上,产生负的外部效应(如非公平竞争)得10分以下
		总体目标实现程度	20	1. 项目完成进度及质量占30分,根据本次评价涉及所有项目的总体完成情况评分; 2. 行业规模(产值/就业/利税等)扩大占15分,根据实际情况评分; 3. 行业基础性材料研发、关键技术设备突破占25分,根据实际情况评分; 3. 行业标准体系/公共服务平台建设占20分,根据实际情况评分
		专家满意度	15	对应专项资金内容设计满意度调查问卷,根据专家调查结果评定
专项资金使用绩效(现场核查,占总评分60%)	前期工作(20)	前期研究	7	论证与申报 / 7 / 资金投向和结构合理性与合规性,是否符合公共财政扶持方向及资金设立目标
		目标设置	6	目标完整性 / 3 / 目标设置是否全面体现资金目标的全部内容 目标科学性 / 3 / 目标设置明确合理、细化量化程度,与项目属性、特点、内容相关,体现决策意图
		保障机制	7	组织机构 / 3 / 实施机构是否健全、分工是否明确 制度措施 / 4 / 是否制定了相应的资金、项目管理制度以及项目实施方案(计划)

续表

评价维度(方式/权重)	一级指标 名称(权重)	二级指标 名称	权重	三级指标		指标说明与评分标准(按100分制)
专项资金使用绩效(现场核查,占总评分60%)	实施过程(30)	资金管理	17	资金到位	5	资金的到位情况,包括到位比率及到位及时性
				资金支付	4	各类资金的实际支出情况
				财务合规性	8	资金支出规范性(资金管理、费用支出等制度是否严格执行);会计核算是否规范(支出依据不合规、虚列项目支出;截留、挤占、挪用资金;超标准开支等情况)
		项目管理	13	实施程序	8	实施过程是否规范,包括是否符合申报条件;申报、批复程序是否符合相关管理办法;项目招投标、调整、完成验收等是否履行相应手续等
				项目监管	5	主管部门对项目的检查、监控、督促等管理情况
	目标实现(50)	经济性	5	预算(成本)控制	5	项目成本(预算)控制、节约等情况
		效率性	10	完成进度及质量	10	项目实施(完成)的进度及质量等情况
		效果性	30	社会经济效益	25	项目实施直接产生的社会、经济效益,主要通过个性指标完成情况得以反映
				可持续发展	5	项目完成后,后续政策、资金、人员机构安排和管理措施等持续性,以及项目实施对环境资源影响
		公平性	5	社会满意度	5	项目与增加公共利益、公共福利和保障公共安全方面的关联程度,实施是否引起纠纷、诉讼、信访、上访甚至违法犯罪
专项资金监督绩效	针对资金监督部门,采用明确监督职责(20%)、制定监督办法(20%)、采取监督措施(20%)、及时下达资金(10%)、审批资金支付(10%)、违规项目问责(20%)6项指标,由评审专家组进行主观评价					

表3　广东省战略性新兴产业发展专项资金绩效评价四级指标表（权重：%）

三级指标	四级指标	权重	指标说明与评分标准
社会经济效益	企业规模与经营业绩	9	反映受资助企业的经营规模与业绩变动情况，其中经营规模（就业人数）占50%，经营业绩（总产值）占50%；项目实施后比实施前有增加得40%以上（按比例加分，加满50%为止），无变动得30%，有减少得30%以下（按比例扣分）
	技术水平与自主创新	8	反映受资助产业技术水平与自主创新能力提升情况。其中技术进步占50%，根据同行业相比实际状况评分；自主创新占50%，按近两年获得官方认证或行业认可的自主创新成果每项得20%加满为止
社会经济效益	行业引导及示范效应	8	反映受资助企业的在行业内的引导和示范效应，根据其经营辐射范围与其他相关因素评分
可持续发展	公共平台与产业链完善	5	反映受资助产业（项目）带来对所在行业公共服务平台及产业链完善的贡献度，根据实际情况评分

如前所述，由于专项资金绩效涉及多个层次不同主体，包括省、地市、县（市、区）三级主管部门及财政部门，以及用款或监督机构、受益群体等，每一主体的责任有别；即从系统层次论的角度看，专项资金绩效评价存在管理绩效与使用绩效之分。为此，我们在针对用款单位资金使用绩效评价指标体系的基础上，进一步设计针对主管部门的专项资金管理绩效指标，即以资金使用绩效评价的二级指标为基础，采用论证决策充分性、目标设置科学性、管理办法可行性、专项资金公共属性、总体目标实现程度和专家满意度等6项指标进行评价。此外，单位自评的功能是提供第三方评价的基础信息，履行资金主管部门的基本责任，故针对其自评工作组织质量采用材料完整性、报送及时性、材料有效性等3项评价指标。所有评价指标的权重为参考专家咨询调查结果确定，其中资金使用绩效评价考虑到覆盖面的不同，评分由自评审核（针对所有项目，占30%）与现场核查（针对25个抽查项目，占70%）两部分合成。在资金整体绩效评分的构成上，综合考虑各种评价方式的功能和地位，自评工作组织质量、专项资金管理绩效和专项资金使用绩效三者权重确定分别为10%、30%和60%（见图2）。

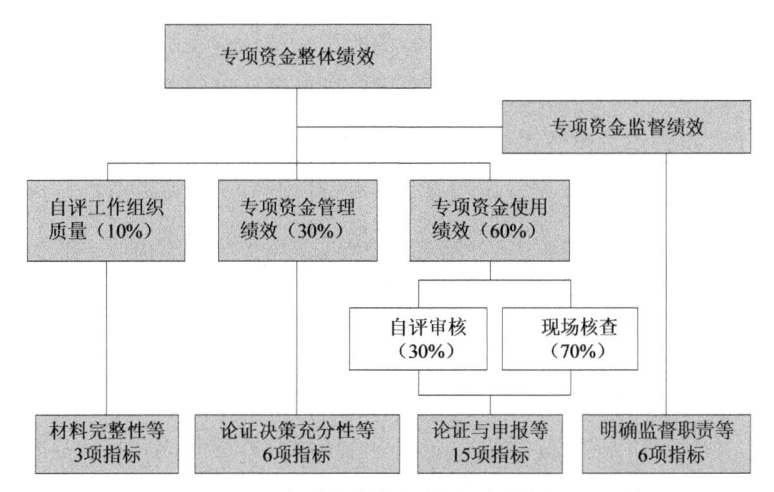

图 2 专项资金整体绩效评分构成

（五）其他说明

一是现场核查抽样计划。本次评价 LED 专项资金共涉及 72 个子项目，按 30% 比例需现场核查 22 个（以上）项目，分布在全省不同区域。在前期预评价的基础上，综合考虑必要性、可行性等因素，并按项目类别、地区分布、资助金额等因素，在全省共配额抽取 25 个项目作为现场核查样本，分配情况见表 4。

表 4　广东省战略性新兴产业发展专项资金绩效评价 LED 项目现场核查抽样表

区域	地市	项目（个）	金额（万元）	抽样（个）	区域	地市	项目（个）	金额（万元）	抽样（个）
珠三角	省直	11	13520	6	粤东	揭阳	1	1200	1
	广州	7	10500	2	粤西	阳江	1	1200	0
	深圳	3	3000	1		湛江	1	1200	1
	珠海	1	1000	0		茂名	1	1500	0
	佛山	8	15680	3	粤北	韶关	1	1500	0
	惠州	9	9600	2		清远	2	2500	1
	东莞	12	12100	5		河源	1	1500	0
	中山	5	5000	2		梅州	1	5000	1
	江门	3	3300	0		云浮	1	1200	0
粤东	汕头	1	1000	0	合计		72	93700	25
	潮州	2	2200	0					

注：1. 肇庆、汕尾 2 市未有项目及资金分配；2. 省直部分包含项目评审与管理经费，分 2 次下达共 320 万元，不参与抽样。

二是满意度调查方案。公共财政追求的目标是社会福利最大化。作为政府绩效评价的组成部分，财政资金绩效评价的目标导向是提高政府财政的公信力，即公众对财政支出的满意度。考虑本项资金及评价的专业性，为增强针对性与合理性，我们在宏观评价中导入专家满意度，在微观评价（现场核查）中导入公众满意度。实际操作时，LED与新能源汽车两类项目采用通用的调查问卷，总样本量不少于1000份。其中针对LED行业的调查对象及样本分配情况：第一，行业企业。涵盖同一行业所有企业，包括申请企业、补助企业及其他企业等；每个企业完成3—5份，由中层以上技术/管理人员填写；样本量不少于150份。第二，主管部门。涉及省、市（县）两级，由省科技厅、省财政厅及相关省直主管部门负责组织本系统人员填写，其中省直每部门完成3～5份，市（县）每部门完成2～3份；样本量不少于60份。第三，专家学者。包括省人大财经咨询专家、法律咨询专家、LED技术专家、政府绩效管理专家等，由评价方负责联络（省人大财经委协助）完成，样本量不少于30份。第四，人大代表。面对全国及广东省人大代表（请省人大财经委协助联络），通过电子邮件或书面寄送等方式发放100份，回收（样本量）不少于70份。第五，媒体编辑记者。通过评价方组织的渠道，向广东省内有关媒体记者发放30份以上，回收不少于20份。第六，社会公众。由评价方组织专人或通过网络等途径完成调查，覆盖资金/项目分配的主要地区，并根据性别、年龄、户籍、学历、职业等因素进行配额，样本量不少于200份。在问卷中设置甄别问题，包括"对行业是否关注"及"了解程度"两项，用以筛选有效的调查样本。满意度问卷调查样本分配表（两个行业合计）见表5所示。

表5 满意度问卷调查样本分配表（两个行业合计）

对象类别	样本分布（计划）	最小样本量（份）
企业	LED行业申请企业、补助企业与其他企业，每个企业完成3～5份	150
主管部门	省、市两级相关主管（监督）部门，省直每部门5～8份，市（县）每部门3～5份	60
专家学者	省人大财经、法律咨询专家，LED技术专家，绩效管理专家	30
人大代表	广东省人大代表	70
媒体编辑记者	广东省内有关媒体记者	20
社会公众代表	覆盖资金/项目主要地区，按性别、年龄、户籍、学历、职业等因素进行配额	200
合计		530

三是评价工作进度安排。本项评价总共历时半年，主体工作在 3 个月内完成，包括前期准备（制订方案、下发评价通知）、收集评价信息、书面评审、现场核查、撰写报告与意见征询等环节，进度计划如表 6 所示。评价基准日设定为 2014 年 6 月 30 日。

表 6　广东省战略性新兴产业发展专项资金绩效评价时间表

工作内容	2014年7~8月	2014年9月	2014年9~10月	2014年11月	2014年12月
前期准备（方案及招投标）	→				
项目单位与主管部门自评		→			
自评审核			→		
现场核查			→		
报告撰写				→	
报告修改与提交（意见征询）					→

（作基本流程）

二、自评结果

自评是取得专项资金绩效信息的主要途径，也为第三方评价结果的重要参考。自评的主体分为用款单位、主管部门和监督部门三类，由各单位按照规定内容及格式填写《基础信息表》，对照《指标评分表》进行自评打分，提供主要成绩、问题与对策的说明，并提交相应的佐证材料；省级主管部门应汇总全省项目自评结果，撰写书面自评报告及提供必要佐证。

（一）主管部门自评结果

1. 主管部门自评分及其特点

省科技厅在自评报告中，对广东省第二、第三批战略新兴产业发展专项资金 LED 项目绩效的自评总分为 94.2 分，等级为优。其中 3 项一级指标得分率分别为前期工作 98.0%、实施过程 93.3%、目标实现 93.0%，三者差距较小，极差为 5 个百分点。从具体指标来看，评价共采用 17 项三级指标如图 2 所示。其中制度措施、行业引导及示范效应 2 项得分率最高，为 100%；得分率在 90% 以上的有 15 项；预算（成本）控制与可持续发展 2 项得分率相对较低，亦不低于

85%。总体而言,各项指标自评得分率较高,反差不大。

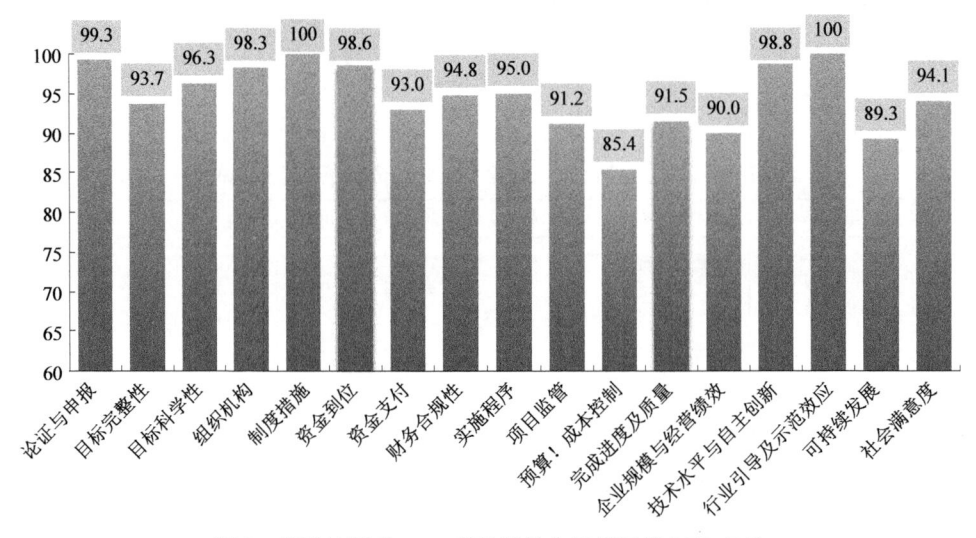

图3 省科技厅对LED项目绩效自评指标得分率(%)

2. 主管部门自评绩效表现

省科技厅自评将LED项目实施的主要成绩概括为以下5个方面:一是产业规模迅速壮大。全省LED产业到2013年实现了2810亿元产值,完成两次千亿级跨越,并连续3年位居全国第一,已成为我国甚至全球重要的LED产品生产基地。二是产业集聚优势明显。目前全省共有LED研发和生产的规模以上企业4000余家,带动就业近300万人,其中上市企业达25家,占全国LED上市公司总数的六成,总市值近1000亿元,已初步形成以深圳国家级LED产业基地为龙头,以广州、惠州、东莞、江门、佛山等5个省级LED产业基地及珠海、中山等地市为产业集聚带的"一核一带"产业发展格局。三是核心技术取得重大突破。通过省工研院半导体照明产业技术研究院建设、省半导体照明产业联合创新中心、标准体系、标准光组件应用等项目的实施,高效整合全产业链优势资源,营造了良好的产业发展平台,使我省成为全国唯一的半导体照明标准化示范区,目前已初步建成广东半导体照明标准体系,一些核心标准有望由地方标准上升到国家标准甚至国际标准;同时通过重点支持企业开展核心技术研发,突破制约我省产业发展的关键和共性技术,打造了一批具有较强技术创新能力的龙头企业。

四是推广应用成效显著。自2008年以来，全省累计推广应用LED路灯近150万盏，LED室内照明产品超过400万盏，示范路段超过3万公里，总体节能率达55%，累计节约用电超过10亿千瓦时，示范规模和建设进度均在全国名列前茅。五是产业发展环境显著改善。通过设立标杆体系、标准化应用、产业基地建设、粤东西北绿色照明示范等项目实施，逐步改变了LED产业标准缺失及世界大厂抱团"围城"的情况，实现绕开国际技术封锁，打造"广东"品牌，目前"标准光组件应用联盟"已带动全省180家优秀LED企业加入，21个组件产品已投入生产，推动了产业链、价值链由低端向中高端转变，产业生态日益完好，取得政府、企业、社会三赢的局面。

同时，自评也指出了存在的问题和相应的改进措施：一是项目监管力度不足；如在立项环节，要经过指南编制和发布、申报组织和受理、立项评审和考察、项目公示和报批等步骤，同时在中期检查与结题验收上的工作力度上尚显不足。二是个别项目进度缓慢，资金支出率不高；如审计和财政部门的有关评审指出，全省共有8个项目未按计划启动，专项资金平均支出率小于20%，项目总体按计划完成率不到80%，"绿色照明示范城市"按进度完成率不足50%。三是个别企业专项资金使用不够规范；监督检查发现个别企业对专项资金没有按规定专款专用，没有设立专账核算等。

（二）监督部门自评结果

省财政厅作为资金监督部门，在专项资金与项目实施监管中扮演了重要角色。自评显示，省财政厅针对战略性新兴产业发展专项资金LED与新能源汽车项目主要采取了以下监管措施：

第一，制定专项资金使用管理规则。根据省政府有关文件精神，省财政厅负责落实扶持资金、研究制订相应的资金管理办法。为此，印发了《广东省战略性新兴产业发展专项资金管理办法（试行）》（粤财工〔2010〕276号）并于2013年完成有关修订，明确了专项资金使用原则及部门职责、扶持范围和方式、竞争性分配组织实施方式、监督检查与绩效管理等方面内容。

第二，参与专项资金分配和拨付。根据项目计划按规定下达资金预算，按照国库支付程序将专项资金拨付至有关地市，由地市财政部门将专项资金支付给项目承担单位,并要求各地加强对专项资金的监督管理,确保资金安全、专款专用,严禁截留或挪用。

第三,加强和规范专项资金管理。其具体包括:一是规范资金分配程序,明确要求专项资金按照"制订年度申报指南、下发项目申报通知、组织项目申报、竞争性评审、项目公示、报批下达"的程序组织实施;二是实行项目制管理,由省级主管部门会同省财政厅下达项目计划,明确项目名称、资助单位、资助金额等,省财政按项目计划下达资金;三是保障资金安全,通过各级国库拨付资金,并要求各地加强对资金的监督管理,确保资金安全和专款专用;四是建立绩效管理制度,会同有关部门按规定组织开展专项资金绩效评价工作(2012年委托第三方完成了对首批省战略性新兴产业发展专项资金使用绩效评价),评价结果作省级主管部门专项资金切块调整的重要依据;五是建立监督检查机制,会同有关部门共同开展对专项资金使用情况的监督检查,明确相关责任追究机制;六是配合人大和审计等相关部门加强对专项资金的监管,通过监管查找问题、完善管理、切实提高财政资金使用绩效,2013年以来已结合审计监管部门意见,对省战略性新兴产业发展专项资金的管理和使用方式进行了整体改革,如依法依规抓好审计问题的查处和整改、严格规范财政经营性专项资金使用管理机制、组织做好省财政厅牵头安排资金的检查工作、整合设立省级战略性新兴产业发展扶持基金、加强政银企合作专项贴息资金管理等。

(三)用款单位自评结果

1. 总体结果

省第二、第三批战略性新兴产业发展专项资金资助的72个LED项目中,有68个按时完成了自评(其中阳江市科信局示范应用项目未按指标进行自评打分),另外2个评审与管理经费项目不纳入自评、中国联通广东分公司的示范应用项目确认已终止、东莞市邦臣光电有限公司的技术研发及产业化项目未见提交自评材料。针对67个项目的统计结果:一是总体上,全省第二、第三批LED项目用款单位自评分均值为90.5分,等级为优,表明除个别以外,单位普遍认为其所承担的项目在前期准备、过程管理和目标实现等方面均取得很好效果;二是结构上,不同项目之间自评分存在明显差距,其中最高的是广东昭信企业集团有限公司的技术研发及产业化项目(99.95分),最低的是河源市科学技术局示范应用项目（66.0分），如图4所示，自评分在90分以上的项目有45个（占67.2%），在80～90分的有16个（占23.9%），在80分以下的有6个。

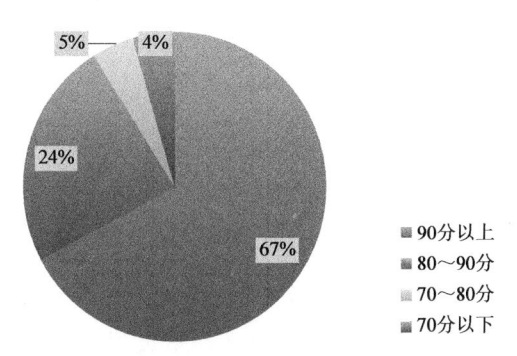

图4　全省LED项目单位自评分区间分布

2. 按项目分类结果

依据资金用途，全省72个项目可划分为公共平台（7个）、技术研发及产业化（47个）、示范应用（16个）和管理/评审经费（2个）四类，四者实施内容及绩效目标差别较大，其中管理/评审经费不纳入自评。从结果看：技术研发及产业化类自评分均值相对较高（91.1分），其次为示范应用类（90.3分），公共平台类自评分相对较低（87.1分）；但3个类别差距不大，且得分总体较高。相比之下，公共平台类得分偏低的主要原因是项目进度比计划延迟较多，目标未能实现，专项资金支出率低。全省LED项目自评分按类别统计结果如图5所示。

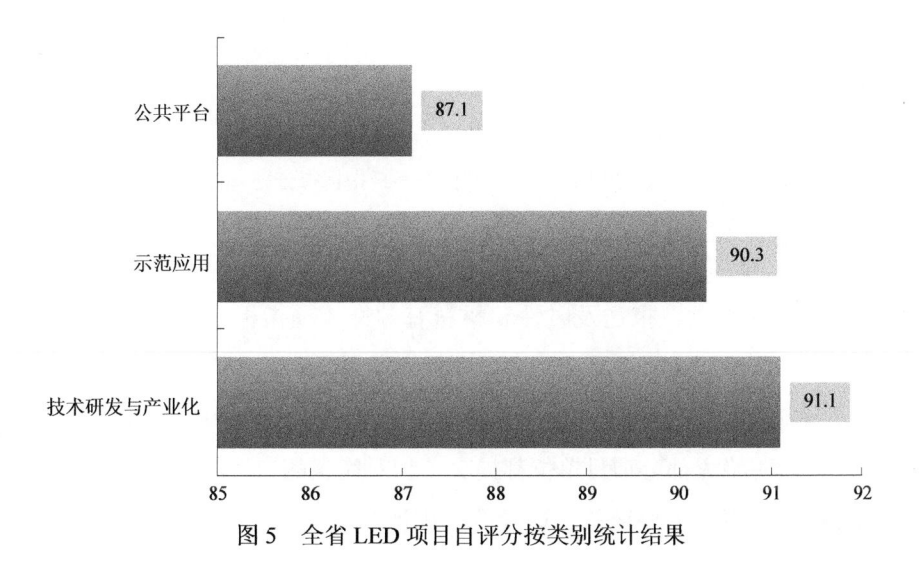

图5　全省LED项目自评分按类别统计结果

3. 按指标分类结果

针对所有项目采用统一的评价指标体系，分析指标得分率可有效识别专项资金绩效的强弱项，发现成绩与问题。从用款单位自评结果看，3项一级指标得分率（均值）分别为前期工作占95.9%、实施过程占89.7%和目标实现占89.0%，可见三者得分较高且差异不大（与省科技厅评价结果基本一致）。具体而言，17项三级指标得分率如图6所示。可见，其中最高的是论证与申报性98.9%，其次为目标完整性95.5%，最低的是资金支出率78.1%；得分率高于90%的有10项，低于80%仅1项。三级指标的自评结果显示，项目单位自认为其在论证申报、目标设置与制度建设等方面绩效总体较好，在资金管理和项目监管方面仍需进一步规范。

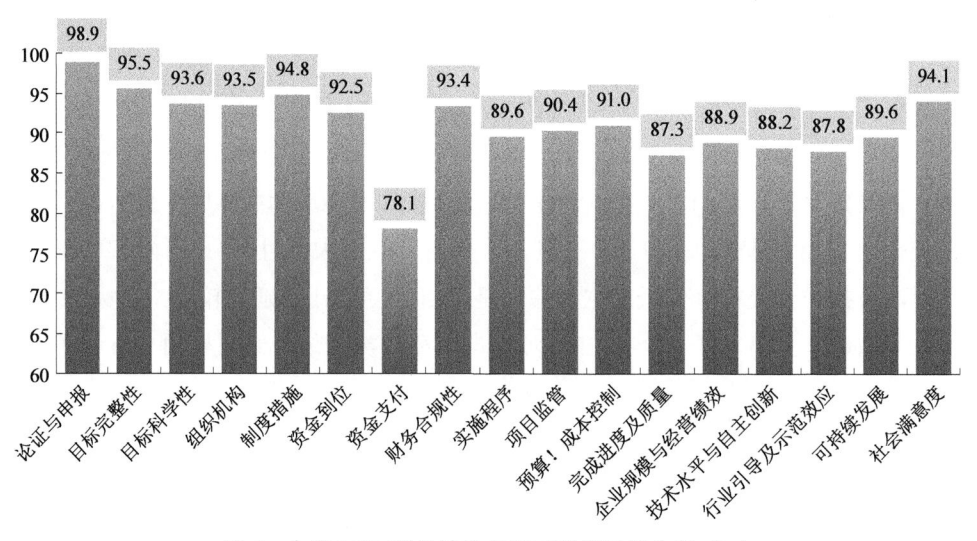

图6　全省LED项目绩效自评三级指标得分率（%）

（四）对自评过程及结果评析

采用材料完整性、报送及时性和材料有效性3项指标，对各部门及用款单位自评过程（自评工作组织质量）进行评价，结果显示：

一是材料完整性。所有项目得分率均值为85.2%，其中61个项目得分率在80%以上，表明绝大部分项目单位都提交了相对完整的自评材料，包括基础信息表、指标自评分表、主要绩效表现及有关佐证。不足的地方（扣分的主要理由）

在于 1 个项目未提交自评材料，以及部分项目所提交佐证材料不充分。

二是报送及时性。所有项目得分率均值为 86.1%，其中 66 个项目得分率在 80% 以上，表明绝大部分项目单位都按评价《工作方案》要求（在 10 月 15 日前）及时递交了自评材料（不含后续补充的材料）。扣分的主要理由在于部分项目材料递交晚于省科技厅通知要求（在 10 月 8 日前）的时间，以及 1 个项目未提交自评材料。

三是材料有效性。所有项目得分率均值为 83.5%，其中 62 项目得分率在 80% 以上，表明大部分项目单位所提交的自评材料质量较高、佐证有力。扣分的理由在于部分项目针对实施过程规范性所提供的佐证材料不充分（如招投标文件、监督检查记录等缺失），以及针对用款合规性所提供的财务明细账、大额原始凭证等不规范。

综合 3 项指标，全省 LED 项目自评工作组织质量评分（均值）为 84.8 分，等级为良。评价认为，总体上各单位自评工作组织得力，材料报送及时且质量较高，自评结果相对客观，但也存在不足之处，主要包括：一是个别项目未按要求及时完成自评、材料递交不完整或佐证不充分，自评信息前后有矛盾；二是个别指标自评分有失客观，主要集中在完成进度及质量、社会经济效益等领域；三是省级主管部门自评报告中汇报的绩效，未将专项资金资助项目所取得的成绩与 LED 产业自然发展的成果作有效区分，针对存在问题反映欠充分，分析不够透彻，等等。对于此类情况，希望引起有关方面的重视。

三、第三方评价结果

按照评价方案要求，利用各项目单位和主管部门报送的自评材料，由第三方组织专家进行评审：一是针对自评材料，对项目实施与资金使用情况进行审核，并按指标体系进行评分（占 30%）；二是为进一步验证自评结果，以及核准自评审核中发现的疑点，抽取一定比例项目实施现场核查，亦按指标体系评分（占 70%）；这两项结果组成专项资金使用绩效。在此基础上，组织召开专家评审会，取得专家对资金管理绩效和监督绩效的评分，并结合自评工作组织质量，依据既定的算法，计算专项资金整体绩效评分。在总体和结构两个层面，第三方评价结果与用款单位及主管部门的自评结果形成互证。

（一）资金整体绩效

专项资金整体绩效由自评工作组织质量、资金管理绩效、资金使用绩效三个部分按比例合成，则依据各维度评价结果（如图7所示），计算广东省第二、第三批战略性新兴产业发展专项资金LED项目整体绩效评分（均值）为80.3分，等级为良。

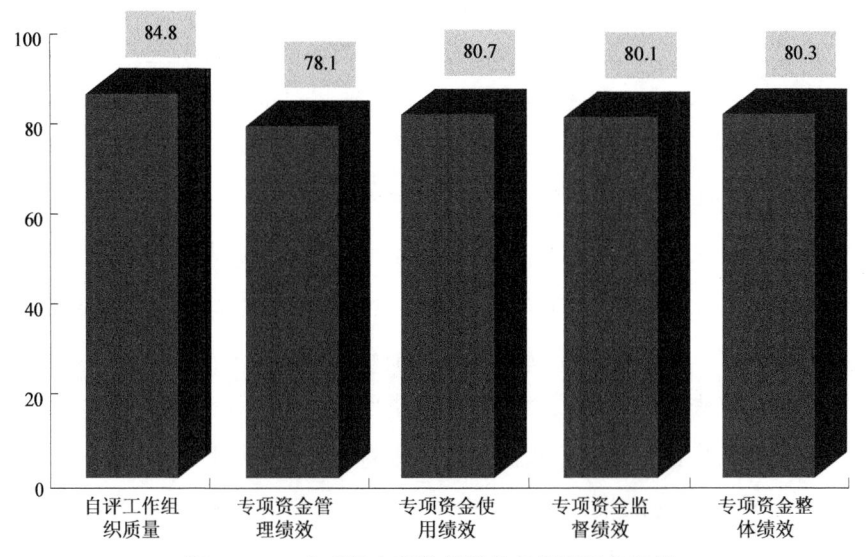

图7 LED专项资金整体绩效及各维度评价结果

可见，一是总体评分较高，各维度均值都在75分以上，表明LED专项资金无论在主管部门管理、财政部门监督还是项目单位使用以及自评工作组织等方面都相对较为规范，达到预期效果；二是各维度结果存在明显差距，相比而言，自评工作组织质量评分最高，其次为资金使用绩效，资金管理绩效较低，不同维度均值极差为6.7分，表明专项资金实施各具体环节表现有差异；三是资金使用绩效高于资金管理和监督绩效，这在一定程度上折射出微观层面的项目单位用款合规性普遍较好（资金使用绩效等级普遍在良以上），换句话说，影响专项资金效益进一步发挥的因素主要在上层，或为资金管理办法（规则）的合理性、监管的有效性等方面。LED专项资金使用绩效评分区间分布如图8所示。

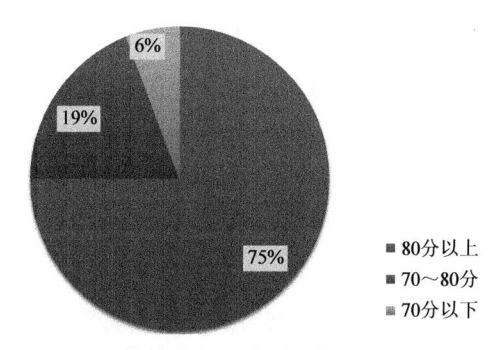

图 8　LED 专项资金使用绩效评分区间分布

（二）资金管理绩效

专项资金管理绩效评价采用论证决策充分性、目标设置科学性、管理办法可行性、专项资金公共属性、总体目标实现程度和专家满意度 6 项指标，由评审专家（共 11 位）进行现场评分。结果显示，全省 LED 专项资金管理绩效评分（均值）为 78.1 分，等级为中；表明总体来看，省科技厅在 LED 专项资金的管理上采取了必要措施，取得一定效果，但绩效仍有待提高。LED 专项资金管理绩效指标得分率如图 9 所示。

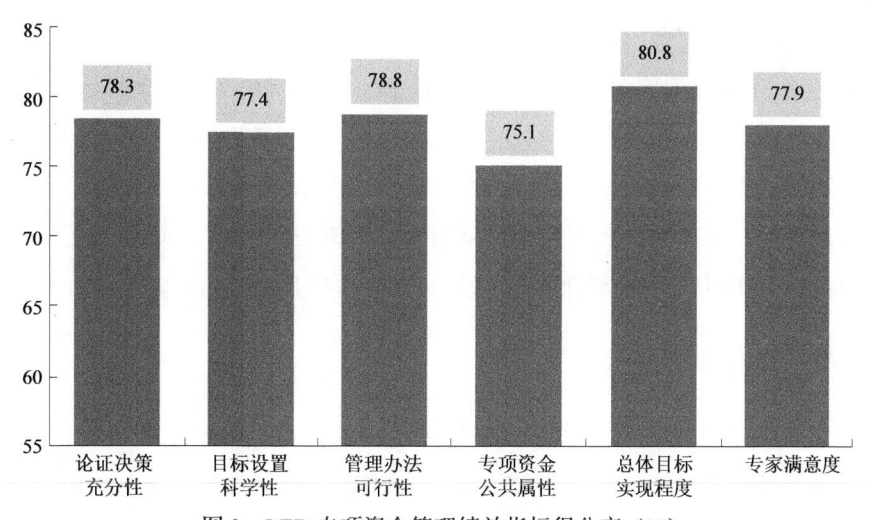

图 9　LED 专项资金管理绩效指标得分率（%）

从 6 项具体指标得分率来看，全都达到 70%，其中相对较高为总体目标实现程度（80.8%），相对较低为专项资金公共属性（75.1%）。总体上，资金管理绩效 6 项评价指标得分率差距不大。而得分较低的专项资金公共属性，其主要理由——与会专家普遍认为，以扶持战略性新兴产业发展为目的，现有财政资源却未能重点投入到政府应承担主要责任的重大技术设备研发及关键原材料突破等环节，而是部分被企业用于提高自身利润的"边际技术改进"及产业化方面，资金效益（公共属性）未能充分发挥。

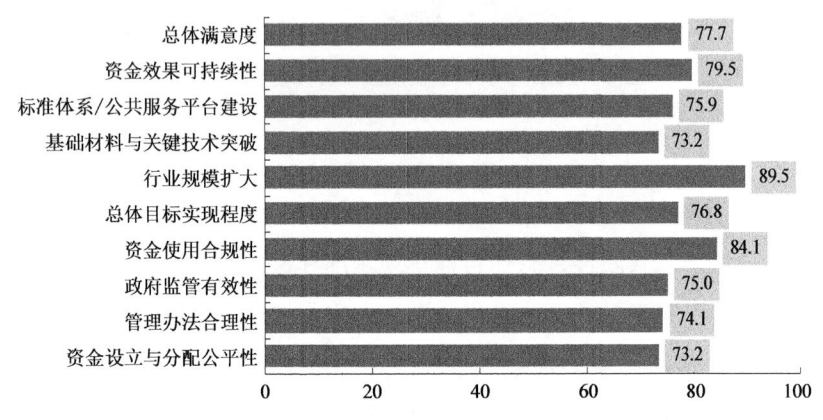

指标	得分率
总体满意度	77.7
资金效果可持续性	79.5
标准体系/公共服务平台建设	75.9
基础材料与关键技术突破	73.2
行业规模扩大	89.5
总体目标实现程度	76.8
资金使用合规性	84.1
政府监管有效性	75.0
管理办法合理性	74.1
资金设立与分配公平性	73.2

图 10　LED 专项资金管理绩效专家满意度具体指标得分率（%）

进一步地，专家满意度是采用了专项资金设立及分配的公平性等 10 项指标，由专家根据评审所掌握信息的主观判断进行评分，则不同指标得分率高低在一定程度显示了 LED 专项资金在管理上的强弱项。可见，10 项满意度指标得分率介于 73.2%～89.5%（如图 10 所示），存在一定差距；相对较高的是行业规模扩大与资金使用合规性 2 项，专家对这两方面普遍较为乐观；相对较低的有资金设立及分配公平性、管理办法合理性、基础材料与关键技术突破 3 项。显然，这些方面成为制约 LED 专项资金管理绩效提升乃至整体产业发展的重要因素。

（三）资金监督绩效

针对资金监督部门的工作表现，采用明确监督职责、制定监督办法、采取监督措施、及时下达资金、审批资金支付和违规项目问责 6 项指标，由 11 位评审专家进行评价。结果显示，全省战略性新兴产业发展专项资金监督绩效评分（均值）为 80.1 分，等级为良。总体上，财政部门在专项资金监督上履行了必要职责，但绩效有待提高。

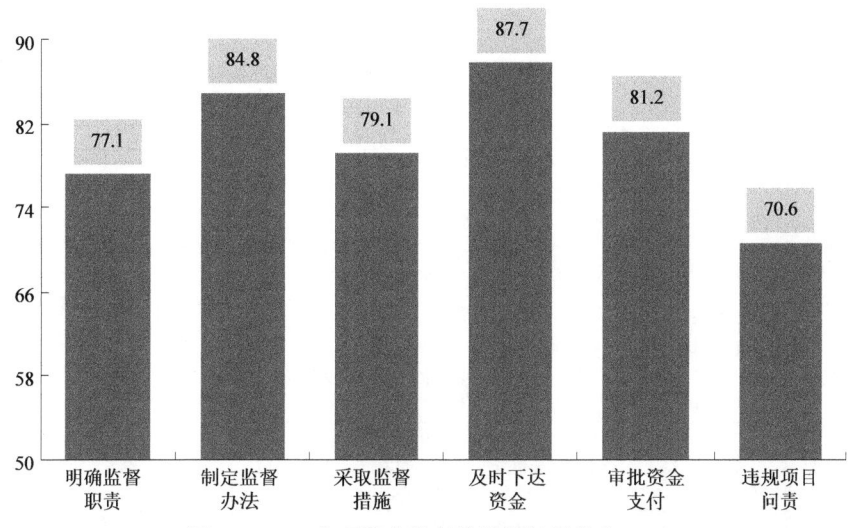

图 11　LED 专项资金监督绩效指标得分率（%）

从 6 项具体指标得分率来看（如图 11 所示），有 3 项得分率在 80% 以上，3 项指标在 70%～80%，其中较高的是制定监督办法（84.8%）与及时下达资金（87.7%），较低的是违规项目问责（70.6%）；6 项指标存在一定差距。这一结果表明，财政部门在明确资金监督职责、采取有效监管措施，特别是在加强违规项目问责等方面仍需进一步努力。

（四）资金使用绩效

1. 总体结果及特点

最后，专项资金使用绩效由自评审核与现场核查两部分合成，表 7 为 LED 专项资金资助的 72 个项目得分一览表。

表 7　LED 专项资金使用绩效评分一览表

序号	属地	项目单位	项目名称	递交材料时间	自评质量评分	资金使用绩效 自评审核	资金使用绩效 现场核查	资金使用绩效 总体评分
1	省直	广东省生产力促进中心	广东 LED 室内照明标杆体系研究与实施	20141008	93.7	83.3	82.4	82.7
2	省直	省科技评估中心	第二批省战略性新兴产业发展专项资金（LED 产业）项目评审及后续管理经费	未提交	—	—	—	—

续表

序号	属地	项目单位	项目名称	递交材料时间	自评质量评分	资金使用绩效 自评审核	资金使用绩效 现场核查	资金使用绩效 总体评分
3	省直	广州市质量监督检测研究院	广东LED产业共性技术检测与研发创新服务平台	20141009	87.0	86.8	—	86.8
4	省直	广东国晟投资有限公司	广东省广晟资产经营有限公司LED照明示范工程	20141008	91.0	85.7	81.1	82.5
5	省直	南方电网综合能源有限公司	LED照明灯具推广项目	20141009	89.3	83.1	81.3	81.8
6	东莞	东莞市科磊得数码光电科技有限公司	快速热传导LED封装系列模组光源的关键技术研究及产业化	20141011	85.5	85.2	—	85.2
7	东莞	东莞市凯格精密机械有限公司	面向大功率与高密度集成LED固晶与焊线装备的关键核心技术研究与产业化	20141014	76.5	81.5	—	81.5
8	东莞	东莞市福地电子材料有限公司	高压LED芯片和陶瓷基光源模组关键技术研发及产业化	20141011	89.7	79.1	77.3	77.8
9	东莞	东莞市科学技术局	LED照明示范工程（东莞）	20141010	87.0	81.3	80.5	80.7
10	东莞	东莞市邦臣光电有限公司	高光学折射率长寿命硅胶及多芯片COB封装关键技术的开发及产业化	未提交	—	—	—	—
11	东莞	东莞勤上光电股份有限公司	新型高导热LED封装基板及模块化光源	20141009	87.8	87.2	85.1	85.7
12	佛山	广东昭信企业集团有限公司	高产能智能MOCVD设备的研制及产业化	20141014	86.8	87.1	—	87.1
13	佛山	佛山市禅城区经济促进局	广东省"万家亿盏"LED室内照明示范区建设	20141014	87.0	82.2	—	82.2
14	佛山	佛山市南海区生产力促进中心	广东省半导体照明产业联合创新中心建设	20141013	86.2	83.2	—	83.2
15	佛山	广东量晶光电科技有限公司	高量子效率LED外延和芯片技术的研发和产业化	20141010	80.0	86.1	—	86.1
16	佛山	佛山市国星光电股份有限公司	新型高导热LED封装基板及模块化光源研究及其产业化	20141010	85.6	85.2	83.9	84.3
17	广州	晶科电子（广州）有限公司	基于大规模集成电路的新型高效大功率LED芯片技术开发及其应用产品产业化	20141009	90.5	86.1	—	86.1
18	广州	广州百货企业集团有限公司	广百集团LED照明示范工程	20141008	94.4	79.3	77	77.7
19	广州	增城经济技术开发区管委会	增城LED产业基地建设	20141014	81.5	69.1	—	69.1
20	惠州	惠州市洲明节能科技有限公司	LED多功能系统三维集成技术	20141008	91.0	82.2	—	82.2

续表

序号	属地	项目单位	项目名称	递交材料时间	自评质量评分	资金使用绩效 自评审核	资金使用绩效 现场核查	资金使用绩效 总体评分
21	惠州	惠州雷士光电科技有限公司	新型高导热LED封装基板及模块化光源研制与产业化	20141013	89.5	85.2	—	85.2
22	惠州	惠州比亚迪实业有限公司	新型高效LED的研发及在汽车组合前灯上的应用	20141010	81.5	85.9	84.4	84.9
23	惠州	惠州元晖光电有限公司	集成芯片式无电容电源的LED模组研制及产业化	20141010	91.5	86.5	—	86.5
24	江门	江门市奥伦德光电有限公司	基于氧化锌外延透明电极结构的新型高效大功率LED芯片技术、装备及其产业化	20141009	89.5	80.9	—	80.9
25	梅州	广东赛翡科技有限公司	LED蓝宝石衬底ASF工艺创新	20141009	89.5	85.7	83.9	84.4
26	汕头	汕头市骏码恺撒有限公司	应用与LED的高光学折射率长寿命硅胶的研发	20141009	86.0	79.0	—	79.0
27	中山	木林森股份有限公司	基于COB封装工艺的一体化白光LED智能照明模块研究及产业化	20141010	88.5	88.2	83.7	85.0
28	中山	中山达华智能科技股份有限公司	新型高显色性荧光粉、荧光粉薄膜涂覆及塑封成型设备国产化	20141013	82.0	81.1	—	81.1
29	中山	中山市鸿宝电业有限公司	高导热高绝缘纳米涂层技术在LED系统集成模组产品上的应用及产业化	20141010	88.0	81.8	—	81.8
30	省直	广东科学中心	广东省LED主题园建设	20141008	86.0	79.1	—	79.1
31	省直	广东科学中心	项目评审、管理经费	未提交	—	—	—	—
32	省直	广东省标准化研究院	广东省LED照明产业标准化公共平台建设	20141008	95.9	82.6	80.4	81.1
33	省直	中国联合网络通信有限公司广东分公司	中国联合网络通信有限公司广东省分公司LED照明综合应用示范项目	项目已终止	—	—	—	—
34	省直	广东国晟投资有限公司	采用国产MOCVD在图形衬底上制备高光效LED外延片的技术攻关	20141008	94.4	80.0	78.7	79.1
35	省直	南方电网综合能源有限公司	LED照明产品全生命周期节能监管服务平台建设及其关键技术研究	20141009	89.9	77.6	78.0	77.9
36	潮州	广东金源照明科技有限公司	基于塑料散热器无基板COB封装技术的LED室内灯具研制及产业化	20141014	85.0	85.1	—	85.1
37	东莞	东莞市星宇光电科技有限公司	大功率高聚光（光束角＜10°）投射LED光源的研发和产业化	20141008	90.4	83.9	—	83.9

217

续表

序号	属地	项目单位	项目名称	递交材料时间	自评质量评分	资金使用绩效 自评审核	资金使用绩效 现场核查	资金使用绩效 总体评分
38	东莞	东莞勤上光电股份有限公司	光度色度均匀分布的平面化配光LED一体化灯具	20141009	84.9	85.3	82.9	83.6
39	东莞	广东银禧科技股份有限公司	LED高效导热高分子复合材料及其散热技术	20141009	84.3	82.7	—	82.7
40	东莞	东莞帝光电子科技事业有限公司	新型优化配光与散热技术的高效节能LED背光模块研究及产业化	20141008	89.5	82.4	—	82.4
41	东莞	广东志成冠军集团有限公司	LED照明自动化质检核心工艺和关键装备的研制与产业化	20141011	81.5	82.0	80.3	80.8
42	东莞	东莞市中镓半导体科技有限公司	基于蓝宝石及GAN基衬底的新型图形化技术研究及产业化	20141009	87.0	86.9	—	86.9
43	佛山	佛山市蓝箭电子有限公司	新型片式LED全自动在线监测与分类及装带成套设备	20141008	89.5	81.8	—	81.8
44	佛山	佛山市国星光电股份有限公司	高效LED外延芯片结构设计及产业化关键技术研发	20141010	85.0	84.0	82.8	83.2
45	佛山	佛山市南海区联合广东新光源产业创新	LED照明标准光祖件的研究与实施	20141010	89.3	87.9	81.7	83.6
46	广州	广州硅芯电子科技有限公司	高效节能超高密度LED显示模块关键技术研发及产业化	20141009	87.0	84.4	—	84.4
47	广州	广东省中科宏微半导体设备有限公司	国产MOCVD装备工艺创新	20141009	84.4	82.5	83.4	83.1
48	广州	广州光为照明科技有限公司	调光混色半导体照明关键技术调研与产业化	20141010	82.3	83.2	—	83.2
49	广州	广州国际商品展贸城股份有限公司	广东新光源全产业链展贸公共服务平台	20141008	89.5	76.7	—	76.7
50	河源	河源市科学技术局	河源市绿色照明示范城市工程	20141009	74.5	60.8	—	60.8
51	惠州	惠州三华工业有限公司	整体超薄结构新型LED显示背光模块关键技术研究及产业化应用	20141008	92.2	83.6	—	83.6
52	惠州	TCL集团股份有限公司	基于整体超薄结构液晶显示背光模块技术的高效智能液晶电视研究及产业化	20141009	84.9	85.8	—	85.8
53	惠州	惠州伟志电子有限公司	基于高聚光超大功率LED光源的海洋诱鱼集鱼系统核心技术研发及产业化	20141008	85.6	84.0	—	84.0

续表

序号	属地	项目单位	项目名称	递交材料时间	自评质量评分	资金使用绩效 自评审核	资金使用绩效 现场核查	资金使用绩效 总体评分
54	惠州	惠州市兆光光电科技有限公司	新型优化配光与电源驱动技术的高效节能LED显示屏模块研制及产业化	20141009	85.0	84.8	—	84.8
55	惠州	惠州市得天自动化设备有限公司	国产LED芯片全自动检测分选装置核心技术突破及产业化	20141014	62.0	63.2	62.2	62.5
56	江门	广东科杰机械自动化有限公司	功率型LED自动焊线机和固晶机设备的关键技术与整机产业化	20141008	82.5	79.2	—	79.2
57	江门	鹤山丽得电子实业有限公司	基于电镀镍金属基板和表面光子晶体结构的高效大功率LED芯片研发及产业化	20141009	84.7	83.6	—	83.6
58	清远	广东先导稀材股份有限公司	LED外延原材料高纯金属有机化合物（MO源）的研究与开发	20141008	90.3	87.4	—	87.4
59	韶关	韶关市路灯管理处	韶关市公共照明示范工程	20141010	71.0	74.0	—	74.0
60	深圳	深圳雷曼光电科技股份有限公司	新型优化配光与高效节能LED显示屏光源器件和模块关键技术研究及产业化	20141011	83.5	87.6	85.3	86.0
61	深圳	深圳市邦贝尔电子有限公司	基于梳状结构、埋坑通孔倒装式封装及小体积长寿命电源驱动等关键技术集成的LED照明产品研发及产业化	20141013	83.5	83.4	—	83.4
62	深圳	深圳万润科技股份有限公司	基于空气射流散热与无线寻址控制的LED模组化灯具研制及产业化	20141008	82.5	83.7	—	83.7
63	中山	欧普照明电器（中山）有限公司	创新型平面化配光LED光源和平面发光灯具的集成技术研发	20141009	88.5	83.7	82.3	82.7
64	中山	中山市华艺灯饰照明股份有限公司	陶瓷基LED模组化结构光源和一体化照明系统集成及产业化	20141011	85.0	83.0	—	83.0
65	珠海	广东德豪润达电气股份有限公司	高显色高效率高稳定性LED模组灯具的研制及产业化	20141014	87.6	87.2	—	87.2
66	潮州	潮州市科学技术局	潮州市推广使用LED照明产品综合应用示范工程	20141014	76.5	76.2	—	76.2
67	揭阳	揭阳市科学技术局	揭阳市绿色照明示范城市工程	20141009	74.5	74.2	73.8	73.9
68	茂名	茂名市科学技术局	茂名市LED公共照明示范工程	20141009	80.0	73.8	—	73.8

续表

序号	属地	项目单位	项目名称	递交材料时间	自评质量评分	资金使用绩效 自评审核	资金使用绩效 现场核查	资金使用绩效 总体评分
69	清远	清远市城市综合管理局	清远市 LED 照明节能改造项目	20141014	74.0	85.6	83.0	83.8
70	阳江	阳江市科技工业和信息化局	阳江市 LED 照明示范工程	20141011	44.0	57.7	—	57.7
71	云浮	云浮市城市综合管理局	云浮市 LED 公共照明示范项目	20141011	81.5	84.6	—	84.6
72	湛江	湛江市城市综合管理局	湛江市城市道路 LED 照明节能改造示范工程	20141013	79.2	72.8	72.4	72.5

这一结果的主要特点如下所述。

一方面，资金使用绩效良好，自评审核分略高于现场核查分。从评分均值看，72 个项目（实际有评分 68 个）自评审核为 81.7 分，现场核查为 80.3 分，使用绩效总体为 80.7 分，三项评分均值都在 80 分以上，差距较小，表明全省 LED 专项资金使用绩效处于"良好"水平；从评价方式看，自评审核分略高于现场核查分，差值仅 1.4 分，一定程度上显示各单位自评资料所反映情况相对真实，自评结果比较客观。

另一方面，68 个项目资金使用绩效评级为良以上超过 7 成。首先，从合成分值看，68 个项目资金使用绩效评分在 80 分以上（等级为良）的有 51 个（占 75.0%），评分在 70～80 分（等级为中）的有 13 个（占 19.1%），在 70 分以下（等级为低）有 4 个；其次，从现场核查分看，25 个项目评价等级为良、中、低的分别有 18 个、6 个和 1 个；再次，从自评审核分看，68 个项目评价等级为良、中、低的分别有 52 个、12 个和 4 个。

2. 按项目分类结果

对纳入评价的公共平台、技术研发及产业化、示范应用三类项目分别进行统计，结果显示，技术研发及产业化项目资金使用绩效相对较高，全省均值为 81.9 分；其次为公共平台项目，均值为 79.2 分；示范应用项目相对较低，均值为 78.4 分（如图 12 所示）。自评审核与现场核查评分都与此呈现一致特点，其中自评审核分均值技术研发及产业化类（83.6 分）比示范应用类（77.0 分）高出 6.6 分，现场核查分均值高出 2.3 分。总体而言三类项目差距不大。

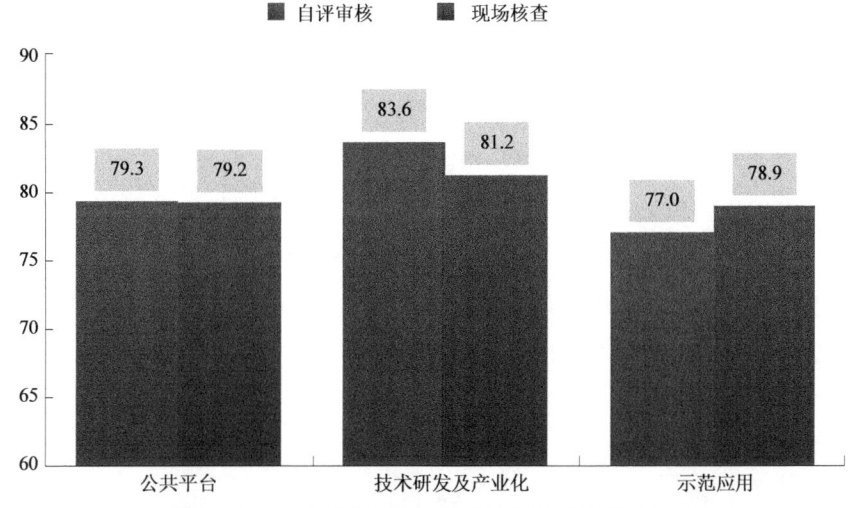

图 12　LED 专项资金使用绩效按项目分类统计结果

　　三类项目资金使用绩效评分高低的原因较为复杂，但从一个角度可以大致分析。以现场核查 25 个项目为样本，针对单位自筹资金到位率、省财政资金支出率及按计划进度实施项目数 3 项关键指标的统计结果（如表 8 所示）：技术研发及产业化项目平均值都远高于另外两类，示范应用项目平均值总体较低。可见，示范应用类在三个类别项目当中实施情况相对较差，不仅所需配套资金缺口较大（到位不及时），资金支出率低（未验收或未达到付款条件），且完成进度滞后于计划，绩效未能充分发挥。当然，因为示范应用项目多数由市县政府职能部门承担，对地方财政配套和单位自筹资金投入及支出情况难以统计，导致该类均值与实际存在误差。

表 8　三类项目现场核查情况统计表

项目类别	单位自筹资金到位率（%）	省财政资金支出率（%）	按计划进度实施的项目数/总项目数
公共平台	47.0	15.5	1/2
技术研发及产业化	97.3	73.3	12/15
示范应用	29.4	44.1	0/8
总体	62.7	60.0	13/25

3. 按指标分类结果

　　在资金使用绩效层面，包括自评审核与现场核查，针对所有项目采用统一的评价指标体系，分析指标得分率可有效识别评分的强项与弱项，发现成绩和问题。从合成分值来看，3项一级指标得分率（均值）分别为前期工作83.1%、实施过程77.9%和目标实现81.2%，三者得分存在一定差距，实施过程得分偏低；17项具体指标得分率如图13所示，其中较高的是目标完整性（84.9%）和组织机构（84.4%），较低的是资金支付（57.9%），除该项外其余指标都相对接近；可见制约LED专项资金使用绩效提升的主要是资金支出率偏低，进而影响到项目完成进度与社会经济效益实现。从自评审核与现场核查评分来看，两类指标得分率高低分布较为接近，并与前述结果呈现一致。

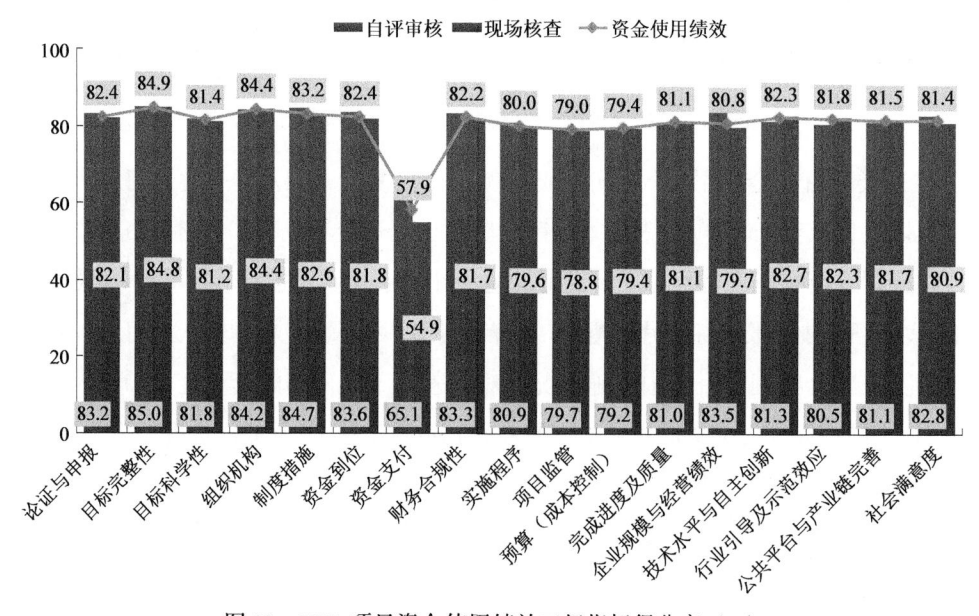

图13 LED项目资金使用绩效三级指标得分率（%）

4. 满意度调查结果

针对LED专项资金，根据预设的满意度调查方案及调查管道发放与回收问卷。尽管满意度本质上为一种"概念评价"，但评价内容相对具体，我们首先利用设置的甄别问题进行问卷筛选。对应"行业关注"与"了解程度"两个方面的结果显示，选择"关注"和"比较了解"以上受调查者占总体的比例约为70%（各类别有差异）。结合其他问卷有效性甄别条件，最终确定用于LED项目资金使用绩效满意度评分统计的问卷共有585份，作为实际调查样本。经受访者性别、年龄、学历等各项比对后发现，抽样代表性良好。基于问卷结构，对调查结果按以下三个方面进行归纳分析。

表9　LED项目资金使用绩效满意度调查有效样本量分布表

调查对象	企业管理者	主管部门工作人员	相关领域专家学者	广东省人大代表	媒体编辑记者	社会公众代表	合计
有效样本量（份）	159	63	45	76	23	219	585

（1）满意度评分

满意度评分为针对全省战略性新兴产业发展及专项资金管理的各环节，由受访者进行主观评价，并作为总体结果（资金使用绩效）的重要构成部分。统计表明，一是从总体来看，受访者对近年广东省战略性新兴产业发展及LED专项资金绩效评分（百分制）接近80分，等级为良，趋于乐观但评分有待提高；二是从专项资金管理的各环节来看，满意度评分较高的有资金投入的及时性（84.6分）、资金投入的针对性（80.8分）、单位使用的合规性（86.2分）与经济目标实现效果（87.1分），而较低的是资金设立与分配公平性（75.3分）、管理办法的合理性（74.2分）及社会目标实现效果（76.4分）等；三是不同类别调查对象中，企业、主管部门及社会公众评分较高，专家学者、人大代表及媒体记者评分较低，而相对来讲，后者应更为理性（如表10所示）。

表10　全省LED专项资金绩效满意度评分表（%）

评价内容		企业	主管部门	专家学者	人大代表	媒体记者	社会公众	总体
近年广东省战略性新兴产业发展		81.4	82.4	75.4	76.3	76.4	82.4	79.4
近年LED专项资金绩效总体评价		82.5	84.7	77.5	78.5	78.5	84.5	80.5
其中	资金设立与分配公平性	79.3	85.1	70.3	74.3	73.3	78.3	75.3
	资金投入的及时性	82.5	83.2	81.6	81.6	81.6	87.6	84.6
	资金投入的针对性	83.8	83.4	77.8	79.8	76.5	84.8	80.8
	政府监管的有效性	82.4	81.5	72.4	75.4	75.4	81.4	77.4
	单位使用的合规性	88.7	78.4	84.2	82.2	84.2	89.2	86.2
	管理办法的合理性	76.2	79.3	72.2	70.2	73.2	76.2	74.2
	经济目标实现效果	90.1	85.0	83.1	83.1	84.1	91.1	87.1
	社会目标实现效果	80.2	82.0	71.4	75.4	76.3	79.4	76.4
	资金效果的可持续性	83.6	80.9	76.9	75.9	75.9	81.9	78.9
	专项资金的社会反映	81.1	84.0	74.1	73.1	78.3	79.1	77.1

另外，满意度作为专项资金绩效的主观评价结果，与客观指标评价结果形成对照。为此，我们在资金管理绩效和使用绩效两个维度，将客观指标与满意度评分进行对比。由图 14 所示可见，无论对于管理绩效还是使用绩效，主观评价结果都略高于客观评价，但差值不大。相对而言，基于客观数源及评分标准的分值不如主观判断评分，当中折射出我国财政专项资金绩效评价的民意环境、公众理性和技术条件等更加深刻的问题，也为战略性新兴产业扶持资金管理和 LED 产业进一步发展的现实约束。

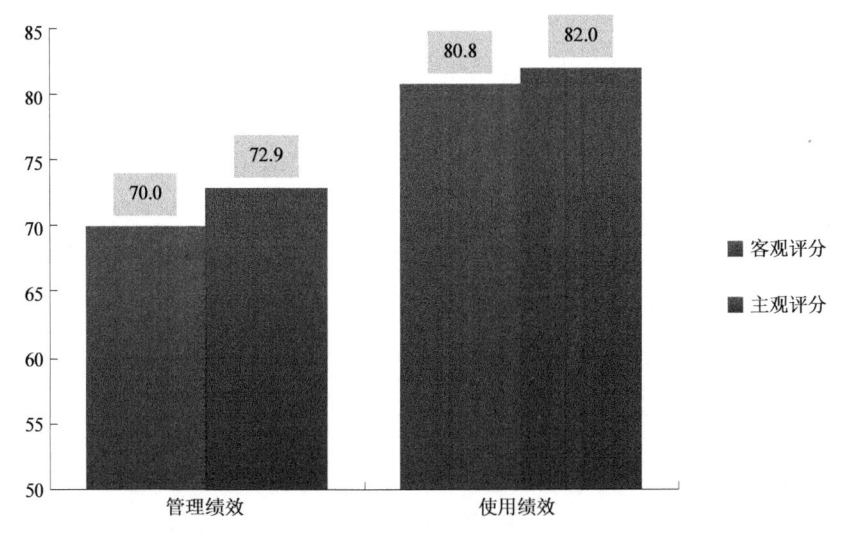

图 14　LED 专项资金绩效评价客观与主观评分对比图（%）

（2）行业认知

调查问卷中还针对战略性新兴产业及 LED 行业发展认知设置了若干关联性的问题。从调查结果（见表 11）来看，一是关于"LED 行业与战略性新兴产业的关联性"，认为"十分密切"或"比较密切"的受选比例接近五成；二是关于"战略性新兴产业的主要标志"，受选项集中在"新的产业""拥有核心技术"和"解决经济社会发展瓶颈问题"等方面；三是关于"专项资金对行业技术突破及自主创新的作用"，超过 80% 受访者认为是"有作用"或"作用较大"的，关于"专项资金所取得成绩"，主要集中在"扩大了产业规模""提高了市场占有率""增强了自主创新"和"建立了服务平台"方面；四是"关于 LED 行业目前发展遇到的问题",受访者认为主要在"缺乏核心技术""缺少专业人才""缺少长远规划"和"政府干预不当",而"造成问题的原因"则在于"前期论证不充分""部门协同不足"和"资金管理办法不合理"等。毫无疑问,这些调查结果将从一个侧面给 LED 专项资金绩效管理提供重要的信息。

表 11　全省 LED 专项资金绩效满意度行业认知调查结果

问题	选项	受选比例(%)	问题	选项	受选比例(%)
LED 与战略性新兴产业关联性	十分密切	20.3	专项资金对行业关键技术突破及自主创新的实际作用	作用很大	17.6
	比较密切	28.5		作用较大	28.4
	关联不大	23.6		有些作用	37.9
	没有关联	16.9		没有作用	11.3
	说不清	10.7		说不清	4.8
战略性新兴产业的主要标志(多选)	新的产业	58.1	LED 专项资金所取得的主要成绩(最多选3项)	扩大了产业规模	75.2
	拥有核心技术	70.3		提高了市场占有率	48.2
	技术先进	47.2		突破了关键技术	25.6
	高附加值	42.3		增强了自主创新	43.6
	较强的外溢性	38.5		建立了服务平台	39.4
	国际竞争力强	26.1		培养了人才队伍	27.6
	解决经济社会发展瓶颈问题	75.6		弥补产业空白	20.1
	其他	20.1		其他	20.3
目前 LED 行业发展的主要问题(多选)	产业规模小	28.8	造成 LED 行业发展问题的主要原因(最多选3项)	前期论证不充分	63.8
	市场开发不足	30.3		部门协同不足	48.9
	缺乏核心技术	80.7		监管不到位	40.5
	缺少专业人才	50.2		资金使用欠规范	31.9
目前 LED 行业发展的主要问题(多选)	政府扶持不足	38.9	造成 LED 行业发展问题的主要原因(最多选3项)	资金管理办法不合理	45.4
	政府干预不当	45.4		财政资金绩效目标难以设立和检验	36.0
	缺乏长远规划	69.2			
	其他	18.1		其他	33.5

(3) 对策建议

对于战略性新兴产业发展及政府扶持方式,问卷也设置了若干问题。调查结果显示,一是就"政府对战略性新兴产业的扶持倾向",认为应"补助消费者"的占相对多数;二是就"政府资助企业的理想方式",认为应"竞争分配重点资助"

的受选比例最高,而"股权投资"的受选比例最低;三是就"省人大委托第三方评价专项资金绩效的态度",超过80%受访者认为"有必要";四是就"提高专项资金绩效应重点关注"的领域,多数人认为应该在"管理绩效"和"监督绩效"层面。这些结果也给政府未来产业扶持政策的选择与专项资金监管提供了有价值的参考。

四、主要成绩

简言之,绩效即"成绩与效益"。财政专项资金绩效的量化评价为分析资金的"经济、效益、效果、公平"提供了方法论。基于前述评价结果,以及评价过程中掌握的各类信息,本章从宏观与整体的角度梳理了有关部门所采取的针对性的工作措施,并概括全省LED产业发展及专项资金实施取得的主要成绩。

(一)工作措施

根据《广东省促进战略性新兴产业发展领导小组主要职责及各成员单位工作职责》与专项资金管理办法要求,省级战略性新兴产业发展专项资金管理实行"权责统一、分工合作"的原则,其中LED项目切块资金以省科技厅为主管部门,负责组织项目申报与评审、下达项目计划、开展监督检查和项目验收等,省财政厅作为监督部门需配合科技部门研究制订有关资助政策、落实扶持资金、牵头制发资金管理办法与加强资金使用监督。从近年实施情况看,有关部门认真研究精心组织,采取了一系列积极措施,使全省LED产业发展战略与专项资金管理工作得到有效推进。

1. 投入9.37亿元资助70个项目,覆盖产业链主要环节

LED产业为广东省实现率先突破的三个战略性新兴产业之一。按照省政府的统一部署,省财政自2010年起每年投入4.5亿元专项资金,连续支持5年。就本次评价的第二批(2011年)、第三批(2012年)资金而言,通过竞争性评选,先后支持了共70个LED产业项目,累计投入财政资金9.37亿元。其中2011年立项28个,总计4.3亿元;2012年立项42个,总计5.07亿元。从资助项目的类别看,基本实现对产业链各关键环节的全覆盖。其中,在具有前瞻性、带动性的核心与共性技术方面立项 46 个，投入专项资金 5.47 亿元，占总额的 65.7%；在推广应用方面，先后组织绿色照明示范城市、LED 照明应用示范工程及粤东西北公共照明 LED 示范项目等 15 个，投入专项资金 2.35 亿元，占总额的 21.4%，共有 19 个地市、5 个省直单位和国家在粤机构获得资助；在产业基地、标准化体系、公共服务平台、检测体系等产业发展环境建设方面立项项目 9 个，投入专项资金 1.55 亿元，占总额的 12.9%，为实现产业健康可持续发展提供了有力的支撑。如图 15 所示为第二、第三批 LED 专项资金覆盖全产业链分布情况。

```
芯片技术                封装材料与技术          半导体照明技术          标准研究
项目数量：7              项目数量：14            项目数量：10            项目数量：2
项目金额：7600元         项目金额：18200万元     项目金额：10000万元     项目金额：4120元
金额占比：8.1%           金额占比：19.4%         金额占比：10.7%         金额占比：4.4%

                        MOCVD等设备技术国产化    LED显示技术             公共服务平台            绿色照明示范
                        项目数量：8              项目数量：4             项目数量：5             项目数量：15
                        项目金额：11800万元      项目金额：4100元        项目金额：9180元        项目金额：23500万元
                        金额占比：12.6%          金额占比：4.4%          金额占比：9.8%          金额占比：25.1%

                        LED驱动电源              LED背光技术             产业基地建设
                        项目数量：2              项目数量：1             项目数量：2
                        项目金额：2000元         项目金额：1000元        项目金额：2200元
                        金额占比：2.1%           金额占比：1.1%          金额占比：2.3%
```

图 15　第二、第三批 LED 专项资金覆盖全产业链分布情况

2. 科学布局分层推进，平衡各地市场需求与产业发展

本次评价涉及的两批专项资金，在投入重点上各有侧重。其中，第二批基于新技术路线条件下的上游技术攻关、MOCVD 重大装备突破和珠三角地区的绿色照明示范城市，第三批主要用于 LED 产业关键技术集成创新，重点突出新应用、高品质和新工艺产品研究以及粤东西北部分地市的照明示范工程。两批均有部分项目用于支持 LED 质量标准体系构建、标准光组件的产业化和支撑服务平台建设等。同时，考虑到全省 LED 产业主要集聚在珠三角，在专项资金安排时，分别从技术、平台、应用等不同层面设置专题内容，力求统筹兼顾各地市的发展需求。2011—2012 年，珠三角各市共获得立项 57 个，共 7.338 亿元，占总额度的 78.58%；其他地市主要以推广应用和示范类项目为主，获得立项 13 个，共 2 亿元，占总额度的 21.42%（见图 16）。

2011—2012年项目立项情况图

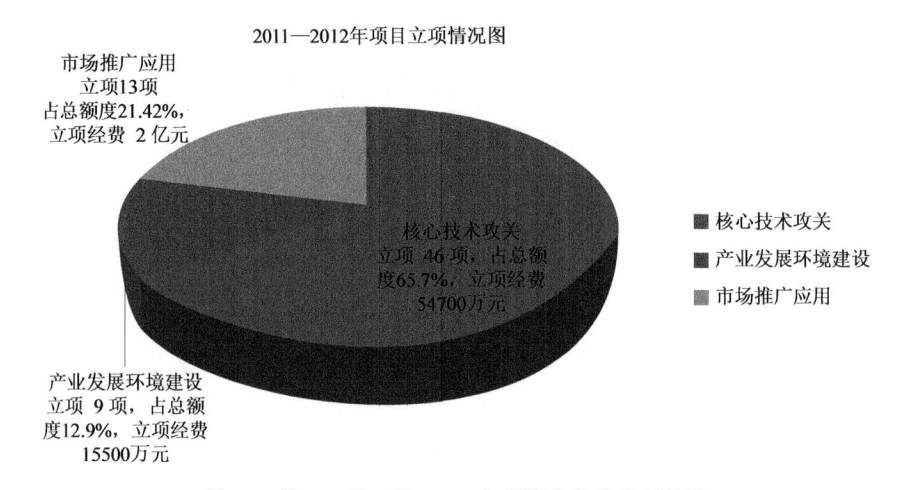

市场推广应用
立项13项
占总额度21.42%,
立项经费 2亿元

核心技术攻关
立项 46项,占总额
度65.7%,立项经费
54700万元

产业发展环境建设
立项 9项,占总额
度12.9%,立项经费
15500万元

■ 核心技术攻关
■ 产业发展环境建设
■ 市场推广应用

图16　第二、第三批 LED 专项资金总体布局情况

3.健全资金分配与监管规程，完善相关工作机制

根据资金管理要求，省科技厅认真履行主管部门职责，健全有关工作机制、完善监管流程，包括编制或配合制定了《广东省 LED 产业发展"十二五"规划》和《广东省推广使用 LED 照明产品实施方案》，对产业发展及示范应用的总体目标、实施步骤及保障机制等提出明确设计；先后制定了各批次《LED 产业项目申报指南》《省级科技计划项目管理有关工作规程》《关于省科技计划项目合同书管理的实施细则（试行）》《关于省科技计划项目结题管理的实施细则（试行）》等专项资金管理工作制度，对资金的使用范围、扶持对象、职能部门权限、资助标准、审批流程、监督检查等方面内容作了具体规定，并通过发布指导意见、组织专家评审、现场考察等方式建立项目管理的统筹协调和信息共享机制，尽量保证专项资金规范使用和效益实现；结合项目特点制定了《广东省战略性新兴产业专项资金 LED 项目中期情况报表》《专家意见表》《中期检查反馈意见表》等，规范项目监管的工作流程。同时，省财政厅作为资金监督部门，亦从自身职责出发，配合科技部门制发了《广东省战略性新兴产业发展专项资金管理办法》并在此后完成修订，按规定及时下拨扶持资金，加强资金使用监督，开展绩效评价，以及按照省政府要求调整资助方式（设立扶持基金），创新项目运营管理机制（如股权投资、产业基金等）。

4. 着力跟踪指导，加强项目实施监管与目标考核

省科技厅监督审计处及各业务处室配合开展了项目中期检查和有关督导工作，包括：一是项目启动前做好资金规范使用的说明和指导，通过开会、培训、调研等，对项目单位提出专款专用、合理制定资金支出规划、提升资金使用效率等要求；二是推进"科技综合业务信息管理平台"建设，通过信息化手段，结合已有的专项资金管理办法，对项目实施情况进行动态监管；三是完善中期检查的工作机制，要求各项目单位在年度报告的基础上报送中期执行情况，并开展不定期抽查，发现问题及时督促整改；四是根据不同类别项目进行专门督导，如针对2011年立项的示范应用项目运营模式调整问题，及时印发了《关于调整省绿色照明示范城市项目经费使用管理的通知》，要求各地明确本辖区内专项资金的使用规程，确保在规范使用资金的前提下完成工作任务；五是加大项目验收的把关力度，严格按照《关于省科技计划项目结题管理的实施细则（试行）》规定执行，对违规使用的资金坚决予以追回；六是制定《广东省推广使用LED照明产品工作考核办法》，对各地市以上政府落实任务情况进行考核并追究问责。

5. 建立LED综合标准化示范区，重视行业规范体系建设与核心技术研发

2012年，广东省质监局在有关部门及单位的配合下向国家标准委申请了建立"国家高新技术产业标准化示范区——半导体照明综合标准化示范区"的任务，已于2013年获得批复。该示范区建设期为3年，系以探索建立能覆盖LED照明全产业链的综合标准体系为主要内容，以创新标准化工作机制、增强广东乃至我国LED产业在全球的话语权为目的，将有助于推动LED照明整体产业的持续健康有序发展。事实上，在省第二、第三批专项资金的资助下，省科技厅通过竞争性评审委托广东省标准化研究院开展"LED照明产业标准化公共平台建设"、委托佛山南海区联合广东新光源产业创新中心开展"LED照明标准光组件的研究与实施"、委托广东省中科宏微半导体设备有限公司开展"国产MOCVD装备工艺创新"及委托广东昭信企业集团有限公司开展"高产能智能MOCVD设备的研制及产业化"等系列重点项目，目前相关研究都已取得突破性进展，在推动LED行业规范化发展（标准体系建立）及关键设备国产化方面发挥了重要作用。

（二）主要成绩

1. 产业规模迅速扩大，行业集聚优势初步显现

在财政专项资金扶持和有关部门、单位及企业的共同努力下，广东省LED产业到2013年实现2810亿元总产值（比上年增长29.52%），近5年内完成了两次千亿级跨越，连续3年位居全国第一，已成为我国乃至全球重要的LED产品生产基地（国际市场占有率超过70%）。据不完全统计，70个项目共获得省财政投入9.37亿元，引导企业自筹资金和社会投入超过200亿元，投入资金放大18.5倍。同时，项目实施过程不断提升了企业的整体创新实力，又为企业新增税后利润、提高销售收入、新增就业岗位创造了条件。目前，全省共有LED研发和生产企业14406家，其中规模以上4000余家，带动相关就业近300万人，其中上市企业达25家，占全国LED上市公司总数的六成，总市值近1000亿元。在我省首批战略性新兴产业发展专项资金涉及的八大领域中，LED产业带动投资最多，产业化效益最为显著，已初步形成了以深圳国家级LED产业基地为龙头，以广州、惠州、东莞、江门、佛山5个省级LED产业基地及珠海、中山等地市为产业集聚带的"一核一带"产业发展格局。基本形成了从衬底材料、外延片、芯片、封装到应用的较完整的产业链，成为我国LED产业技术创新、标准制定和应用的主导力量（见图17）。

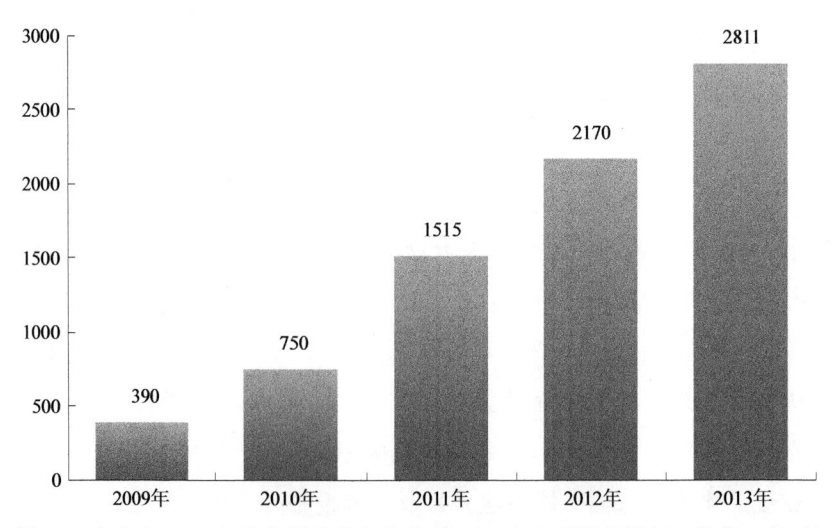

图17 广东省LED行业产值及其上市公司2013年主要财务指标（单位：亿元）

图 17 （续）

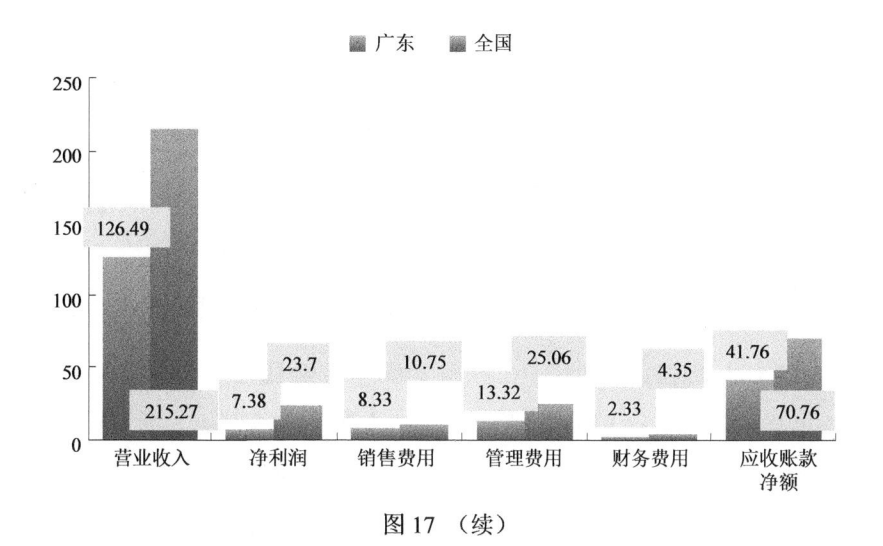

2. 核心技术研发取得一定进展，关键设备与工艺国产化程度有所提高

通过支持企业开展核心技术研发，突破制约广东省LED产业发展的关键和共性技术，打造了一批具有较强技术创新能力的龙头企业。如广东昭信企业集团有限公司"高产能智能MOCVD设备的研制及产业化"项目、广东省中科宏微半导体设备有限公司"国产MOVCD装备工艺创新"项目的实施，有力推动了LED照明产业链关键装备MOCVD的国产开发进程。特别是针对MOCVD设备研制的气源运输和尾气处理系统、加热和冷却系统、反应腔体、检测和控制系统四个部分：昭信集团通过具有自主知识产权的新型缓冲分布式喷淋反应腔体（BDS）设计，在一定程度上避开了国外专利限制，同时采用脉冲式反应气体运输技术精确控制反应气体的摩尔量，提高了气运的精确度和灵活性，采用自主研制的片式加热电炉，实现更加节能，并在设计工艺和操作控制方面进行了系列有益创新，使整体设备性能达到具有国际同类产品先进水平，实现国产化；类似地，中科宏微公司所研制产品也在反应室和气路装置（如扇形进气喷头结构等）等方面取得重要突破，设备国产化率较高。2013年，两家公司的MOCVD母机已实现开机试生产，目前正准备进入产业化阶段，成本比进口设备节约近50%。此举打破了国外企业20年的垄断，对于增强广东省产业核心竞争力具有重大战略意义。同时，晶科电子（广州）有限公司"大规模集成电路的新型高效大功率

LED 芯片技术开发及其应用产品产业化"项目、惠州元晖光电股份有限公司"集成芯片式无电容电源的 LED 模组研制及产业化"项目、广东先导稀材股份有限公司"LED 外延原材料高纯金属有机化合物（MO 源）的研究与开发"等一批核心技术与原材料的研发，不仅具备冲击国际一流水平的实力，且目前都已取得重要进展。

3. 公共照明示范应用已达较大规模，节能减排效果较为显著

2012 年 5 月，省政府印发了《广东省推广使用 LED 照明产品实施方案》，提出"三年全面普及道路 LED 照明，五年基本普及室内照明"的工作目标。为完成此任务，省科技厅科学部署，妥善组织，遵循"择优择强""引导投资"的原则，充分发挥专项资金的杠杆作用。通过实施绿色照明示范城市、LED 照明应用示范工程和粤东西北公共照明 LED 示范等系列项目，以及动员一批大型企业或集团单位开展 LED 灯具改造。自 2008 年在全国率先启动 LED 照明示范工程建设以来，广东省累计推广应用 LED 路灯近 150 万盏，室内 LED 照明产品超过 400 万盏，示范路段超过 3 万公里，总体节能率达到 55%，累计节约用电超过 10 亿千瓦时，示范规模和减排效益均在全国名列前茅。

4. 行业标准体系建设进展较快，企业营商环境整体改善

通过广东省工研院半导体照明产业技术研究院建设、省半导体照明产业联合创新中心的行业标准体系建设、标准光组件的产业化应用等项目实施，高效整合了全产业链优势资源，营造了产业发展的良好平台，使我省成为全国唯一的半导体照明标准化示范区。截至目前，LED 行业规范化建设已取得重大进展；包括：一是建立了"广东省 LED 照明标准技术联盟"与"广东省 LED 照明标准光组件研发及应用联盟"，成员单位数量达到 160 余家，使有关产品和技术标准在联盟范围内率先得到运用（形成"事实标准"）；二是搭建了 LED 照明产业标准化公共平台，已完成 106 项关键技术标准研制（其中 12 项已发布，11 项进入地方标准报批程序），推动了行业关键技术标准从"事实标准"向"法定标准"的转变；三是制订和发布了标准光组件的若干技术规范文件，组织约 10 家省内上市公司与龙头企业参与标准光组件认定，并实现产品贴标销售（其中封装器件贴

标销售累计达 1.85 亿件，照明模块贴标销售达 88 万件，总销售额 5050 万元）；四是建成了"广东省 LED 照明产品评价标杆体系"，在前几年 LED 产业标准整体缺失的情况下，通过"标杆"的引导推动企业生产自觉向"最优质性"看齐，同时企业经过认证成为"标杆"的产品作为示范应用工程中可获政府补贴的灯具，有力促进了行业产品质量的整体提升；五是完成了"LED 照明标准化专家数据库""LED 标准数字化动态挖掘数据库"和"LED 照明标准与专利知识挖掘平台"建设。借此，我省 LED 产业已逐步改变标准体系缺失与世界大厂抱团"围城"的情况，开始由要素驱动向创新驱动转变、产品竞争向品牌竞争转变、产业链价值链低端向中高端转变，企业整体营商环境和产业生态都日益趋向完好，形成政府、企业、社会"三赢"的局面。

5. 创新科技项目融资管理模式，试点运用并积累有益经验

2013 年，为引入市场机制深化财政专项资金管理改革，经省级有关部门研究，整合原战略性新兴产业发展切块资金剩余部分及其他关联资金设立了省级战略性新兴产业发展扶持基金，并要求采用股权投资和直接补贴、兼顾产业基金和偿债基金等方式落实支出。为此，省财政联合有关部门制发了《广东省战略性新兴产业发展扶持基金管理暂行办法》，并在全省范围内开展股权投资试点。截至评价时，已动员超过 10 家关联企业（集中在珠三角）洽谈合作意向，最终确定签约 4 家。在具体项目管理层面，示范应用项目主要采取合同能源管理（EMC）模式，并基于各地实际与企业特点，结合采用科技信用质押、产业风险基金等多种融资渠道，形成了一定的试验范围，积累了有益的经验。

6. 部分项目优质完成，技术成果数量与社会经济效益较为可观

从评价结果看，涉及 70 个项目中已全部完成的有 10 个，按计划进度实施的有 27 个。鉴于科技研发及产业化项目普遍周期较长，这一数据表明其总体实施进度较好，特别是部分项目完成情况较优：比如中山欧普照明电器有限公司、东莞勤上光电股份有限公司、广东金源照明科技有限公司等可作为技术研发及产业化类优质项目（其中欧普照明堪称企业规范化管理样板），佛山市南海区联合广东新光源产业创新中心的"LED 照明标准光组件的研究与实施"作为公共平

台类实施较好的代表。这些单位所承担项目不仅按计划进度完成，达到预期技术经济指标，且形成了较为丰富的专利等成果，其公共属性及行业引导示范作用明显。另外，借助专项资金实施，据有关统计截止到 2014 年 6 月 30 日，广东省 LED 相关领域专利授权量累计达 62540 件，占全国授权量的 28.96%，占同期广东省全部专利授权量的 5.74%，为全国第一；从申请结构上看，LED 发明专利授权 3327 件，占专利授权总量的 5.32%，实用新型专利授权 29305 件，占专利授权总量的 46.86%，外观设计专利授权 29908 件，占专利授权总量的 47.82%。

五、存在的问题及原因

在肯定成绩的同时，评价也发现，广东省战略性新兴产业发展专项资金 LED 项目在立项论证、资金分配、使用监管等方面亦存在不同程度的问题。这些问题部分在所有被评单位中具有共性，部分则表现出个性特点。考虑到本报告的整体性，我们从宏观、中观和微观三个层面，分别对应评价的重点内容，对其进行归纳和阐述。

（一）存在的问题

1. 宏观层面

（1）资金管理办法对财政部门与主管部门在专项资金管理中的职责界定不清晰，且未形成相应的监督机制

基于我国财政体制及其法治化进程，《资金管理办法》几乎成为财政专项资金管理的"最高纲领"，从理论上讲，其理想的内容体系应是对专项资金的绩效目标、扶持范围、扶持方式、管理权责、管理流程和监督机制等进行明确。事实上，《广东省促进战略性新兴产业发展领导小组主要职责及各成员单位工作职责》对省科技厅和省财政厅在 LED 专项资金管理中的职责规定为：省科技厅负责牵头推进 LED 行业技术突破和产业发展工作，省财政厅负责牵头研究制订相应的资金管理办法，加强对省战略性新兴产业发展专项资金使用的监督。然而对监督具体环节中的分工及责任关系却未涉及。进一步地，在《广东省战略性新兴产业

发展专项资金管理办法（试行）》中规定：LED专项资金由省财政厅会同省科技厅共同管理，其中省财政厅负责专项资金预算管理，"配合"省科技厅组织项目申报、竞争性评审，审核、下达专项资金项目计划，负责办理专项资金拨付手续，对专项资金使用情况进行监督检查和开展绩效评价工作；省科技厅则按分工负责完成上述工作，配合省财政厅开展绩效评价；在监督检查与绩效管理环节更是由省科技厅、省财政厅"共同负责"对专项资金使用情况开展监督检查。2013年省财政厅根据有关文件精神对该《办法》作了修订，修订版将省财政厅负责专项资金"预算"管理改为负责专项资金"管理"，"联合"省科技厅下达项目计划、按规定拨付专项资金、对专项资金使用情况进行监督管理和开展绩效评价等，省科技厅按分工负责组织项目申报、竞争性评审、下达项目计划、对项目实施情况进行监督检查、组织项目验收，并配合省财政厅开展绩效评价，也由二者"共同负责"对专项资金使用情况开展监督检查。可以看出，修订版的《资金管理办法》虽是对财政和科技部门在资金管理上的职责内容作了一定区分，但仍没有解决监督检查环节"共同负责"的二者如何进行具体分工及其权责厘清等关键问题，特别是从文字表达来讲，这实际是将财政部门的管理权限作了更宽的界定。2014年专项资金管理改革后出台的《广东省战略性新兴产业发展扶持基金管理暂行办法》基本也沿此套路，规定财政"会同"主管部门进行各资金环节管理。那么转到实践领域，作为"最高纲领"的《资金管理办法》存在"模糊"，即造成了财政与科技部门对于监管具体事务中哪些"该管不该管""可管可不管"及"谁为主谁配合"等问题缺乏统一的标准，结合各级各地情况的差异，更是形成专项资金统筹管理的较大障碍。比如：对两个部门"联合负责"的项目计划确定（背后是竞争性评审）、过程监督检查、项目验收组织、资金支付审核、违规责任追究等方面，其参与程度及谁负主责等，究竟该如何分解尚无定论。本次评价发现：目前项目实施的计划、评审、检查、验收各环节基本都由主管部门组织完成，必要时报财政审核，财政部门实际参与了资金流的管理，但二者（特别在基层）难免因具体事务争议形成"扯皮"，影响资金使用效率。在此之外，目前对于两个部门职责履行的情况并未建立其相应的监督机制，实际是未对财政专项资金的管理绩效和监督绩效进行评价，故难以对之进行有效约束。

（2）资金管理办法未就专项资金设立提出明确的绩效目标，现有资助方式与资助重点跟产业发展迫切需要形成距离

理论上讲，绩效目标应作为《资金管理办法》的法定内容之一，落定成为财政专项资金设立和管理的重要依据。然而现实情况是，多数专项资金的管理办法并未对此做出实质性规定。取而代之的，在产业扶持类专项资金中一般通过对应的《发展规划》或《实施方案》进行目标的有关阐述。这一做法从严格意义上讲，没能有效理解和区分产业自然发展所取得的成绩与公共政策（财政资金）扶持的绩效，从而导致有关成绩陈述的时候虽然"可圈可点"，但难免有些"穿凿附会"。针对LED专项资金，《广东省战略性新兴产业发展专项资金管理办法》的试行和修订两个版本虽然对资助项目类别做了规定，但并未设置明确的绩效目标。《广东省LED产业发展"十二五"规划》与《广东省推广使用LED照明产品实施方案》中有关于产业发展总体目标的论述，也仍未解决前述问题，特别是没有对应产业发展的不同阶段、产业链的不同环节提出明确的发展要求或政府资助目的。与之相应的结果，一方面因为绩效目标不明确，其本质是对何为"战略性新兴产业"及政府扶持所要解决的"关键问题"没有足够深刻的认识，故就专项资金资助的重点、资助方式的选择等不仅与产业发展现实需要形成距离，且在实际操作上仍有值得商榷的地方。具体而言，LED作为战略性新兴产业已导入快速增长期，但核心技术仍受制于国外；基于历史和国际经验，政府在这一条件下应着力于产业基础性原材料与关键技术装备研发，可采用重点资助专项攻关的扶持方式；显然，目前投向"全产业链"的资助模式在某种程度上"有悖常理"，也难以取得重大突破。针对目前所立各项目资助标准及依据，省科技厅在书面答辩时指出其严格按照资金管理办法要求统一安排资金，其中单个企业为主体项目支持金额在1000万～5000万元，产业集群项目支持金额在3000万～8000万元，根据各项目总投资额的一定比例确定。无疑，这一解释也未触到问题的根本，一是在于支持金额普遍不大无法完成重大技术攻关，二是具体每个项目资助多少缺乏清晰透明的原则（可能存在人为操作空间）。另一方面，公共经济学理论及世界产业发展表明，政府应针对作为公共产品、知识性与风险性的技术领域进行投资，至于产业化则应交给市场和企业，现实条件下这种"分散支持"且"导向不明"的资

助方式，使受助企业的"理性"选择倾向于将财政补贴用于一些"边角技术"的改进和扩大生产规模，目的在降低成本提升个体市场竞争力，这便与财政专项资金的公共属性及政府扶持战略性新兴产业发展初衷产生了背离。

（3）财政部门与主管部门对使用省财政资金是否需要招投标以及具体项目的资金筹集、管理模式、验收付款条件等未做明确要求

国家招投标法规定，使用国有资金的公共项目必须进行招投标。但事实上，针对LED专项资助项目，一方面省财政补贴仅占项目总投资的小部分，另一方面若严格履行政府招标流程将耗时较长，难免耽误项目按期实施甚至企业正常经营生产（特别是对急需使用的研发设备与实验耗材）。目前有关管理文件上未对此项内容做出明确要求（其背后是对财政直补给企业的资金是否仍定性为国有资金），故评价涉及相当部分（超过60%）项目均未执行公开招标程序，或由企业自行组织。对于示范应用项目，《广东省推广使用LED照明产品实施方案》鼓励各地采用合同能源管理（EMC）模式组织开展，但也可根据实际采用政府投资、能源托管等其他方式，而省科技厅第二、第三批项目申报指南都要求采用EMC模式。这在规则层面形成一定矛盾，各地具体操作时则模式更多情况复杂，特别粤东西北地区多数并不具备EMC条件，省级财政与主管部门又未明确采用其他方式实施的项目具体验收标准及资金支付条件，导致各地在使用专项资金时存在困难。实际各地项目资金多在当地主管部门验收的基础上由财政部门复核后支付，而因为具体规则不明，出于谨慎原则，已完成项目多数仍未验收付款，导致省财政资金总体支出率不高。

（4）企业对股权投资、产业基金等新的政府扶持方式存有顾虑，目前大力推广运用的条件尚不成熟

《广东省战略性新兴产业发展扶持基金管理暂行办法》规定：对2013—2014年省战略性新兴产业发展专项资金、2013—2015年省战略性新兴产业核心技术攻关专项资金，明确主要采取股权投资支持方式。2014年4月25日省财政厅报省人大《关于提供战略性新兴产业发展专项资金支出绩效评价情况及资金安排情况的函》也对此确认。而就目前实施结果看，企业普遍对股权投资方式存在一定顾虑而暂时不愿采用，其理由：一是在不同时期、不同条件下对企业总资产的估

值存在弹性,因此财政投资入股所占的比例可能难以准确,或带来侵占国有资产的风险;二是企业经营的盈亏本身存在风险,而个别地区财政入股的合同要求保证一定收益率,可能难以做到;三是担心企业自主经营决策受到牵制。借此,目前这一方式仅在少数地区的少数企业得到应用。而对于产业基金和偿债基金等其他方式,更因为有关市场机制不成熟、难以保障可持续性更多停留在纸面。其背后的问题:作为战略性新兴产业,无论是企业经营发展还是核心技术攻关都具有不确定性,特别是在短期内难以保证成果及收益;而公共财政若要以市场方式给予扶持和资助,自需遵守市场与行业自身发展规律,切不可以行政的思维和手段强行规避风险。

(5) 行业基础性原材料与关键技术装备仍多被国外垄断,现有平均支持企业的方式难以取得重大突破

经过近年发展,目前广东省乃至全国 LED 行业已取得一定规模(总产值接近 3000 亿元,国际市场占有率约 70%),然而支撑整体产业链的基础性材料(如蓝宝石、芯片、外延片、衬底等)及关键技术设备(如 MOCVD 等)仍受制于国外。例如,MOCVD 是高亮度 LED 芯片生产过程中最关键的设备,因设备技术难度高、开发周期长等原因,全球 90% 以上的市场被德国 AIXTRON 和美国 Veeco 两家公司所掌握;我国 MOCVD 产业化起步晚,目前企业仍靠大量进口国外设备支持生产,不仅价格较高,且核心部件需受生产商控制。在战略性新兴产业 LED 专项资金的资助下,广东省中科宏微与佛山昭信集团两家企业分别进行国产 MOCVD 设备的开发已进入试产阶段,其部分性能可与进口设备媲美;然而就现场核查所掌握的情况看,一方面两家公司的产品都有待于进一步优化和验证,尚未形成产业化规模,另一方面虽然整体设备系自主研发,但其中的部分模块(如气源运输与控制系统等)未能实现全部国产化。此外,作为基础性材料的蓝宝石生产、图形化衬底工艺等,其关键技术仍受国外专利垄断,或是国产性能水平仍有较大差距;虽然在专项资金的资助下企业纷纷投入研发,但从结果看,多数只是服务于企业降低生产成本(占领市场优势以增加利润)的生产工艺改进,不能算是核心基础的重大突破。其背后的原因:一是现有资金分配方式以 1000 万元～5000 万元不等金额资助企业,显得相对零散,难以集中力量攻克关

键技术或原材料；二是生产环节更多依靠于企业自筹资金，而企业往往因融资能力有限或短期市场需求不足等不愿大量投入，故产业化阶段多数实未真正启动。

（6）产品质量"标杆体系"不能完全适应行业发展现实，而完整的产业标准体系尚未真正建立起来

专项资金设立之初，鉴于广东省LED产业发展尚处于起步阶段、市场上产品质量参差不齐而产业标准体系缺失的状况，为推动行业健康规范发展，由省科技厅牵头建立"LED室内照明标杆体系"，其内容为挑选同类产品中相对优质的若干品牌作为标杆，进入推荐使用的产品名录，并逐步形成检测认证的技术体系。应该说，这一体系运行若干年以来，在打造示范性市场"标杆"、引导全省LED产品质量改善方面的确发挥了有效作用。时至今日，LED行业已发生了翻天覆地的变化，无论是产业规模、共性技术和普遍质量都有了很大的进步，在此基础上"标杆体系"则出现一些实际操作上的矛盾。比如：省科技厅每年发布的标杆名录产品类别与数量毕竟较少（虽系自行送检，但限于知情、意愿、地区和规模等因素企业未必积极），而《广东省推广使用LED照明产品实施方案》和各批次《项目申报指南》都要求所有示范应用项目的采购灯具必须为"标杆产品"（否则不予补贴）；那么据各地业主反映，一方面"标杆产品"类别不能完全满足各地需要，另一方面市场上生产同款产品（经业主自行检测达到质量要求）的可供选择企业较多，且标杆产品往往"优质优价"增加了改造成本，特别是生产"标杆产品"的企业多数位于珠三角，给粤东西北地区项目的后期维护带来困难。按照产业宏观质量管理的国际经验，一般是在完善产品和技术质量"标准体系"的基础上，由市场机制自行调节"优胜劣汰"。然而另一种现实是，由省标准化研究院和联合广东新光源创新中心牵头建立全行业的产品及技术标准体系尚不健全，多数停留在"联盟标准"，即事实标准层面，地方及国家标准通过仅10余项。因此，广东省乃至全国LED行业规范化发展所面临的其实是一个"标杆体系"不完全适用和"标准体系"仍未建立所共同造成的困境。一者"标杆体系"（实为较高的标准）不能放弃，否则难以确认市场产品的质量优劣（即使采用第三方检测，目前具备检测资质的单位亦不多，服务范围有限）；另者符合国际规范的"标准体系"（较低的标准）建立还需经历较长的时期。

（7）培养力度与政策环境不佳，缺少支撑产业升级发展的高端人才，先进技术转化为生产力的效率有待提高

受制于研发力量分散且倾向提升产品"边角技术"的逐利思维，目前以企业为主的创新格局难以有效推进产业高端人才培养；而企业与高校、科研院所合作的力度尚有不足，或因缺少规范的指引而显得松散随意；产学研相结合的机制未能真正建立起来，难以快速实现先进研究成果的生产力转化。整体上讲，推动广东省乃至我国 LED 行业进一步发展的尖端人才较为匮乏，不能为产业升级提供有力支持与保障。现场核查发现，多数企业其实并未掌握足够的研发人员，或因无法支付足够的工资福利、教育医疗居住等环境不佳不能留住优秀人才。国外政府在扶持产业发展方面的一个重点即是改善软环境，包括修建信息网络高速公路、补贴科研人员及相关培训教育、优化人才生活条件等。目前省内相关政策的配套与落实执行还远未到位，实际效果并不明显，而广东工科教育相对于北京、上海等地而言亦无明显优势，使其总体科研实力相对薄弱，不利于我省 LED 行业从传统的强项往芯片外延及关键装备等领域延伸。

2. 中观层面

（1）资金管理办法、实施方案、项目申报指南等对具体项目实施要求不明或存在出入

一方面《广东省战略性新兴产业发展专项资金管理办法》明确扶持项目单位应为省内注册的企事业单位（或联合体），且自筹资金不低于总投资50%，但省科技厅LED《项目申报指南》提出示范应用项目承担单位为各地市政府（职能部门），此类项目共有 15 个。另一方面《资金管理办法》与《实施方案》都指出各地示范应用项目可根据实际采用政府投资、能源托管等其他方式实施，而省科技厅第二、第三批项目申报指南都要求采用 EMC 模式。其背后涉及的问题：一是市县财政需面临配套资金的较大压力；二是如果采用非 EMC 模式，则最后将出现省财政资金用于填补市县财政已投入部分的情形，偏离资助企业的初衷；三是部分粤东西北地区选择 EMC 模式的条件并不成熟，而采用其他方式的验收标准与付款条件又不明确，导致各地在使用专项资金时存在困难。

（2）项目申报指南对 EMC 模式实施的节能服务公司选定要求在一定程度上脱离各地实际，给项目实施及后期维护带来麻烦

省科技厅鼓励各地示范应用项目采用 EMC 模式开展，并在申报指南中要求中标的节能服务公司需具备官方认可资质、注册资本 3000 万元、银行授信额度 2 亿元、社会融资能力 3 亿元以上等条件，实际行业内满足以上条件的企业并不多（广东省仅 10 家）。其结果：一是推高了节能服务产品的单价或改造成本，因为所选服务公司的产品一般为行业最好，优质优价；二是给非珠三角地区改造后的灯具维护造成困难，因为合同期内灯具由服务公司负责维护，但其维护的网络资源或覆盖范围有限，特别对偏远地区往往难以做到及时（实际只能外包给当地企业或有关单位负责）。

（3）项目申报时对"自筹资金占比"及验收付款对"标杆产品"的要求致使获得省财政资助的单位集中于若干行内大型企业

一方面《资金管理办法》和《项目申报指南》都要求项目总投资不低于 2000 万元且自筹比例不低于 50%，企业为达到申报条件（降低单个企业自筹压力）一般采用"强强联合"的策略，共同分担自筹资金，同时共享省财政补贴；另一方面（示范应用类）项目验收要求确定的节能服务公司及所采购灯具必须为标杆产品，则又集中于若干技术领先、产品质量较高的龙头企业。由此带来的结果，已拨付的几批专项资金（LED 项目）基本分配于（最终流向）少数企业/单位（如技术研发及产业化集中在佛山国星光电、东莞勤上光电等企业，公共平台集中在广东省生产力促进中心、省标准化研究院、佛山南海联合广东新光源产业创新中心等单位），产生"俱乐部效应"，并在一定程度上造成非公平竞争，违背市场规则。这一问题的背后，涉及目前对广东省乃至全国 LED 产业发展的定位以及相应政府政策重点的不明确——如将产业定位在初级阶段，则应放开市场准入鼓励充分竞争；而定位在已经具备一定规模成长阶段，则应引导行业规范与健康发展。但无论如何，政府资助应尽量避免给企业/市场公平竞争带来较大的负面影响。

（4）专项资金整体支出率有待提高

从自评审核结果看，本次评价涉及的第二、第三批省战略性新兴产业发展

专项资金 LED 项目共投入 9.37 亿元，总支出额约 5.67 亿元，支出率 60.5%；从现场核查结果看，本次评价 LED 行业共抽取现场核查项目 25 个，涉及省财政金额 4.0 亿元，总支出额 2.40 亿元，支出率 60%，可见省级专项资金总体支出率并不高。分项目类别来看（基于自评审核数据），重大生产或产业集群类资助项目较少，技术研发及产业化项目资金支出及完成情况相对较好（支出率为 75.4%，多数已完成技术研发部分，产业化部分有待进一步落实）；公共平台（43.2%）与示范应用（34.2%）项目资金支出率总体偏低。其主要原因：一是其牵头或承担单位为政府职能部门或事业单位，资金支付受严格程序约束；二是项目具体开展模式差异较大，资金支付条件无明文规定。

（5）主管部门未针对各项目提出明确的验收时点和验收要求

评价发现，部分已完成项目未及时验收（70 个资助产业项目中已完成 11 个，已验收 0 个）。一方面由于项目单位申请验收的积极性不足，另一方面截至第三批资助项目启动时，主管部门也未按照合同书上明确的实施期确定验收时点，并提出具体的验收方式和验收要求。核查表明多数项目已申请延期半年到一年，项目总体完成进度有待改善。

3. 微观层面

（1）部分项目未将省财政资金与单位自筹资金分账核算

评价发现，如东莞福地电子材料有限公司、惠州比亚迪有限公司、广东国晟投资有限公司等若干单位均未对省财政资金建立专账核算，而是将之混入企业日常开支甚至用于报销其他项目，深圳洲明科技（作为佛山南海联合广东新光源产业创新中心项目的合作单位）、惠州比亚迪实业等单位更是提供的专项资金支出总额超过所获得资助金额。另外部分企业提供的资金支出明细资料未能真实反映专项支出情况，如将采购原材料环节（含大金额采购）的支出作为项目支出，而非研发环节真实领用的材料（其背后问题是企业生产车间或实验室管理制度不完备及执行不力，几乎没有企业提供规范的实验室或仓库领料记录表），导致无法核实所采购的原材料真正耗用情况；如作为广东志成冠军集团研发项目的 3 家合作单位均利用已有设备资源共同承担，但相关成本分摊不合理，其中志成华科公司的自筹和专项资金都没有"设备购置及使用"支出，却出现182.29万元的原材料费，并且整体项目"其他支出"达52.15万元，大部分为差旅费。

（2）部分企业专项资金支出流程未按企业相关管理制度执行

如中山木林森公司《技术创新投入管理制度》中规定，研发及固定资产投资超过10万元的需要理事会和技术委员会审批，实际核查过程中发现项目购置固定资产超过10万元审批流程只有项目负责人签名，所暴露的是企业在专项资金用款审批环节规范性仍有待提高。

（3）部分项目资金超范围支出

现场核查过程中发现部分企业专项资金和自筹资金未按合同预算类别支出，甚至用于其他项目支出。如东莞福地电子公司部分本专项资金用于报销其他项目支出，累计约90.75万元；广东国晟投资有限公司支出明细表列支主要包括LED灯具购买与检测、差旅等专用业务费（据现场核查解释灯具为自行安装），但佐证材料中又包含聘请第三方安装灯具的相关费用27.8万元。

（4）部分项目财务原始凭证不完整或欠规范

如：广东省生产力促进中心部分费用报销无审批签字、使用未加盖发票专用章的发票入账；广东国晟投资有限公司支付给合作高校的委托研发费用无发票入账；佛山南海联合广东新光源产业创新中心将收入类和支出类业务在同一张记账凭证内记账，及2012年12月报销凭证中附有填写日期为2013年1月的报销申请单，等等。

（5）部分项目提交的技术成果佐证材料（如专利证明）授予时间不在项目期内或与项目内容关联性不大

从递交的自评材料看，多数项目单位都在申报书中承诺完成若干技术成果，主要包括一定数量的发明专利、实用新型、外观设计、论文专著和软件版权等。然而，相当部分项目所附的佐证材料却将实施期以前的专利证书等作为依据，或提供与项目内容关联不大的论文著作。现场核查时对此予以确认。较为典型的，如广东国晟投资有限公司（后更名为广晟光电科技有限公司）提交的部分专利授予日为2010年（项目仍未开始）；东莞福地电子公司项目开始时间是2011年5月，有专利申请日期是 2011 年 7—8 月（尚在准备阶段）；广东赛翡科技公司的蓝宝石研发与生产项目主要是应用于 LED 组件及灯具，但其研发成果却以应用于手机芯片为主，等等。

（6）相当部分项目未能按计划进度实施或未完成预期绩效目标

自评审核表明：70 个资助产业项目中已完成 11 个（占 15.7%，其中已验收 0 个），按计划进度实施 27 个（占 38.5%）。现场核查 25 个项目中，已完成 6 个（占 14%），按计划进度实施 10 个（占 40%）。总体而言，项目实施进度有待提高。另一方面，已完成或按进度实施项目中，也有部分在当前阶段未达到预期绩效目标，如相关技术经济指标未达到申报承诺。其原因各异，主要有：一是承诺的自筹资金不能及时到位；二是规划审批等手续未能及时办妥；三是履行招投标程序耗时过长；四是合作单位之间存在争议或所承担任务未能按期完成；五是技术研发遭遇设想之外困难；六是产业化阶段市场需求不足；七是未能达到验收及付款条件，等等。

（二）原因分析

对存在问题的原因分析是提高财政专项资金绩效的重要前提。应该说，在现行体制下，影响财政资金绩效的因素源自多个方面与层次。除上述已提到资金管理办法（宏观）层面的若干矛盾之外，以下内容或可进一步提供解释。

一是省级部门协同不够，资源与信息分割，引导产业发展合力不足。目前专项资金管理以部门为单位形成条状分割，各省级主管部门均按现有行政体制逐级往下布置并组织实施，纵向涉及三级政府职能部门，横向涉及主管部门与财政部门之间，构成一个矩阵关系，这样的格局容易导致"各自为政"，协同不足（如附件 1 湛江城市综合管理局所反映的现实）。具体表现为：数据信息无法共享（如财政部门掌握资金出入的信息、科技部门掌握资助企业的信息、统计部门掌握产业发展的信息等）；最终受益者因为资源分割而助力不足（如对同一企业的同类项目分成若干专项资金进行资助无法混用）；多方监管反而责任耗散导致缺位等。无论是组织机构与保障机制都没能发挥较好的统筹整合作用，使得现有产业扶持的资源难以形成有效合力。同样地，这类问题亦源自战略层面的"顶层设计"。

二是市、县级政府职能部门定位与权职不清，责任主体缺失。首先，从纵向来看，绝大多数专项资金管理办法未能对市县级有关政府部门在专项资金落实中所扮的角色进行清晰界定，只是笼统做一些原则限制，更没有可操作的问责机制和办法；从横向来看，有关职能部门往往以"资金由国库直接划账"为由，甚至不承认本身是责任主体，也就不可能有作为。同时，部分地区大部制改革后，上下级隶属关系中产生"一对多"或"多对一"情况，授权与制约关系错位，表面上每个部门均管，实际上没一个部门真管。或者说，涉及有部门利益（如工作经费，部门有形或无形权力及影响力等）则管，无利益的则推。

三是服务意识薄弱，监管手段和方式落后。提供基本公共产品、引导市场与产业发展是现代政府存在的基本职责之一，但我国服务型政府建设仍在进行中，部分市县级主管部门在潜意识里将专项资金及服务视为对受助企业或公众的一种"恩惠"，甚至等同部门及个人权力，服务意识薄弱，主动精神不足。主要表现在：主管部门对部分项目申报审批环节多，流程长，对项目前期准备协助不到位，相关职能部门之间相互推诿（如资金到位或支付不及时，基层主管部门归因于财政部门，财政部门归因于主管部门手续不完整），甚至设置障碍，如基建项目需依次取得规划、国土、建设、环保、财政等部门许可，但往往手续复杂，协调困难而延误进程。同时，信息公开不足，即使公开不少也是流于形式。另外执法装备跟不上、监管力度不足等，亦为影响资金绩效的重要因素。

四是"重申请轻管理"，绩效意识不强。部分项目单位缺失财政资金绩效观念和绩效意识，千方百计争取资金，但忽视资金使用管理。主要表现在：（1）立项申请积极，但使用或监管薄弱，比如竞争性分配资金，相关单位往往在文书制作与公关答辩上花费较多精力，批复资助后却因各方面准备不足而调整延期，或是实际进度与所列计划相去甚远；（2）财务管理不合规，特别是目前受资助的企业普遍将财政资金与自筹资金混合使用，不仅未建立起规范的成本核算体系，各类支出占比随意性较大，而且个别地区对报销凭证的形式合法认识不当，导致以不规范票据入账较多的现象。

五是实际业务特点与制度规范要求间存在出入。现有资金管理办法和财务制度针对所有单位提出一般性要求，不仅难以兼顾各类实际情况，也存在可操作性不强等问题。如本专项资助多数为科技研发类项目，实际资金支出可能以购买原材料或设备为主（甚至100%用于购买设备）；而对公共平台（如标准体系建设）项目，则可能多数是人员劳务费支出（占比可能超过80%）。现有资金管理要求针对所有项目建立预算约束，即按申报时提出的预算类别及比例进行监管，超过一定幅度即需申请调整。评价发现因支出比例跟预算不符而申请调整的项目占总数的1/3以上。其背后涉及对资助科研类资金是否应建立预算监管及监管程度的问题，需要深刻反思。

六、对策建议

财政专项资金绩效评价的目的具有多层次性，其直接的目的在于提升资金绩效，即经济性、效率性、效果性和公平性，并在宏观层面提高公共财政的执行力，进而提高其公信力。从方法论的角度看，广东省战略性新兴产业发展专项资金涉及复杂的关系，包括不同层级的资金关联主体，使用绩效、管理绩效与监督绩效，财政理念、技术体系、体制机制、文化惯性，等等。按照我们的理解，在现行体制下财政专项资金绩效及其评价的核心问题：一是资金过程控制与结果导向的关系，理论上，过程服务于结果，表现为正相关关系，但预设了利益一致性条件，如果环境条件改变，则过程对结果的贡献可能为负，并且付出社会成本；二是资金使用绩效与管理绩效的关系，换言之，即是不同层级财政部门、主管部门与资金使用者的权责关系，背后指向财政体制及部门利益。

广东虽然财政收入总量大，但按常住人口计算的人均水平较低，如果剔除深圳，实际人均财力排在全国后列。应该说，近几年来，省委省政府对战略性新兴产业发展的重视及投入是前所未有的，但仍与发达国家的相关产业扶持政策乃至市场经济规律存在一定距离。在2014年7月省人大专题座谈会上，有关领导强调，财政政策要进一步体现公平性，要加强人大对重要财政专项资金绩效的监督，包括挑选人民群众最关注的专项资金，通过引入第三方专业机构提供客观的绩效评估信息，促进政府决策的科学化与民主化。毫无疑问，这一举措的背后即涉及现行财政体制下对不同利益主体复杂关系的理顺和廓清。事实上，省人大首次挑选战略性新兴产业发展专项资金委托第三方进行评价，将资金主管部门、监督部门与用款单位同时纳入被评,并向社会公布结果,这本身即是一项改革与革命,因为在相当程度上,财政专项资金绩效主要是管理与监督绩效。

从现实情况看,提升财政专项资金绩效需面对一系列相互制约的因素及复杂的体制关系:一是公共财政资助产业的必要性与边界,理论上,公共财政不应直接支持市场主体或企业,但基于我国战略性新兴产业的发展现实,政府加以引导、扶持和规制却必不可少,这样即面临相关产业政策与财政支持方式的选择问题;二是宏观与微观、使用绩效与管理绩效关系,某种程度上,专项资金的立项及分配机制就决定了资金绩效,因为管理绩效构成专项资金绩效的核心;三是资金主管和监督部门的角色定位与权责关系;四是资金的过程控制与结果导向关系;五是资金管理办法统一性与差异性的关系。对这些问题的充分认识并尝试理清,是解决财政专项绩效管理中面临的现实难题、进一步提升资金绩效的必由之路。

(一)境外经验与启示

发达国家和地区政府对战略性新兴产业发展的支持由来已久,当中产生了系列先进的经验与做法可成为我们的重要参考。以美国、韩国和中国台湾为例,我们梳理其有关LED产业的扶持政策如下。

1. 美国:立足国家战略,推动核心技术研发与成果转化

美国是LED技术和产业的全球领导者,利用高端技术、专利垄断和标准体系等抢占了全球制高点,并引领着世界市场发展。比如:Cree公司掌握着LED衬底两大主流技术之一的Sic技术,也是外延芯片的主要生产商;Veeco是MOCVD设备的全球第二大销售商。归纳起来,美国LED产业的成就其得益于以下几个方面的努力:一是立足国家战略,以周密详细的计划和全面有效政策推动产业发展。美国能源部在2000年推出"固态照明研究与发展计划(SSL)"即"下一代照明计划(NGLI)",总投资共5亿美元,包括发展战略、研发计划、商业化支持计划和管理计划等模块,由国防高级研究计划局和光电产业发展协会负责统筹,共有13个国家重点实验室、公司和大学参与,旨在以国家力量确保企业能在下一代照明技术领域保持全球领先的竞争力。二是建设专利标准体系,注重

研究成果转化为有效专利。作为 SSL 计划的一部分，明确要求政府支持的核心技术研究、产品开发类项目需以专利授权为阶段目标，同时支持标准化发展，美国能源部与电气制造协会、下一代照明行业联盟及其他研究机构共同开发必要的标准。三是形成完善的产品检测平台和示范评估体系。美国能源部 2006 年启动 CALIPER 项目，通过不定期从市场随机抽检 LED 产品并与其标识对照，结果公之于众；同时基于 Gateway 示范项目提供最先进的 LED 产品性能和成本效益数据，用来评价 LED 照明产品在真正商业和住宅应用中的性能表现，帮助政府实施规范化的项目管理。

2. 韩国：通过手机等终端产品带动产业突围

韩国 LED 产业起步较晚，面对欧美企业压力，主要通过集中化战略把目光投向背光应用设备市场，以及发展地方性公共领域如桥梁、公路等的节能照明。韩国模式的特点是善于抓住产业转移机遇，发挥比较优势，保护本国市场和推进产业化。其值得借鉴的有以下几点：一是政府主导下推行大企业战略。通过政府与银行联手为企业提供资金，培育大的企业集团，使之不仅成为生产经营的主体、对外贸易的中坚，而且成为技术开发、引进外资与情报收集的核心力量。二是打造 LED 产业园区，加强产业垂直整合，建立专利资料库。三是以应用拉动市场，利用韩国是全球第三大手机生产国的优势，发挥其手机背光源需求对 LED 应用产品的拉动作用。

3. 中国台湾：引进吸收再创新，彰显产业配套优势

台湾 LED 产业发展已有 40 多年历史，从下游封装开始逐步向中游的芯片和上游的外延片迈进，目前已形成相当完整的产业体系。台湾的 LED 产业在技术上并不占优，但其配套设施完善及价格低廉，这点值得参考。台湾模式主要有以下方面的特色：一是以工研院整合先进技术资源。为联合相对分散的研究单位，台湾工研院自 1973 年成立以来，即在 LED 产业发展中扮演着技术引进带头者、技术研究整合者和技术转移扩散者的角色，并促成了若干大型公司的建立与发展；二是加强自主创新能力，积极参与标准建立。主要通过开发标准化模组与创新应用照明设计，建立材料与设备方面的自主技术，同时积极参与国际 LED 照

明标准和验证平台构建。三是循环培养人才，打造产业智力支撑平台。包括实施高端人才引进和组织本土优秀人才赴外学习两个层面，作为填补关键技术和知识空缺的重要手段。四是加强两岸合作交流，鼓励企业到大陆建厂，通过优势互补提高核心竞争力，共同挺进全球市场。

总体上，发达国家和地区政府扶持战略性新兴产业政策有几个要点：一是要明确产业发展阶段及政府扶持重点，做到"有的放矢"；二是政府着力于行业核心技术与关键设备研发、产业标准体系和公共服务平台建设等方面，基本上采取产学研合作攻关及重点资金支持的方式；三是挖掘比较优势，确定产业发展路径，重视高端人才培养；四是政府与市场合理分工，产业化端交由市场，巧用政策引导。这些无疑给广东省乃至我国政府在战略性新兴产业发展中的角色定位与政策设计提供了重要启示。

（二）若干建议

考虑本报告的整体性与宏观性，基于上述经验梳理，针对评价结果中反映的共性与个性问题，以及对其原因的剖析，我们从以下角度提出战略性新兴产业发展专项资金管理的若干建议。

1. 完善资金管理办法，厘清部门职责与建立问责机制

引导、扶持和规范产业发展是代议制政府存在的合法理由之一，也是公共财政在经济领域的一项重要职能。从评价的结果看，与产业政策关联的政府部门之间权责界定不清或者职能缺位、错位是导致资金绩效不良的原因。为此，我们认为应从以下几个方面进行"顶层设计"：

首先，明确《资金管理办法》的功能定位，正确认识资金使用绩效、管理绩效和监督绩效的关系。从职能实现及绩效评价的角度看，理论上讲，省级财政与主管部门应承担财政专项资金管理的宏观职能，即对资金设立的公共属性、资金分配的合理性、总体目标及实现的科学性、经济性与可行性等负责；市县级财政与主管部门应对资金落实到位和日常监管工作负责；资金使用单位应对其用款的合规性负责。战略性新兴产业发展专项资金的绩效重点指向管理和监督绩效。这些应当成为资金管理办法的法定内容。

其次，界定财政部门与主管部门的责任边界。虽然资金管理办法对财政部门、主管部门的职责均有规定，但大都较为笼统与原则，或者说边界模糊。评价过程中，基层普遍反映财政资金到位或支付"不及时"，一些主管部门甚至认为专项资金由财政集中拨付，与自身关系不大。事实上，主管部门应是资金分配方案的主要制定者，承担组织项目申报与评审、确定扶持项目名单、开展监督检查、进行项目验收等主体工作，并对资金总体目标实现及社会经济效益负责；而财政部门需会同或参与完成上述工作，也应明确并主动承担起自身的监督职能，并主要对资金管理办法的科学性及可行性、资金分配的合理性、资金支付的及时性（支付条件清晰）和违规项目的追责等方面负责。

再次，加强部门间的相互沟通、业务协同与信息共享，建立问责机制。针对项目立项、审批、报建、采购、付款及验收等环节应形成多部门的监管合力，针对项目实施与行业发展的各类信息数据要加强互通共享，针对各部门履职绩效应设定明确的目标，并完善有关问责机制，避免因"各自为政"沟通不畅所造成的监管缺位、错位，从而降低行政成本，提高政府效能。

最后，规范《资金管理办法》的制发流程及内容框架。目前《资金管理办法》一般由专项资金的主管部门联合财政部门共同起草、斟定与实施，缺乏严谨的论证，导致从评价的角度看，《资金管理办法》所规定的资助方式、实施程序等难免与实际产生脱节（缺乏可操作性），或专项资金预设的绩效目标形成背离。为此，建议《资金管理办法》制订要增加有关专家论证的环节，广泛听取各方面意见，尤其对一些社会关注度较高的产业发展、民生保障类专项资金，更应持开放态度，扩大社会参与，如充分考虑人大代表、政协委员、专家学者和公众代表的意见和监督。同时资金管理办法应形成相对统一的范本，包括必须明确的内容（如设置可检验的绩效目标、界定相关部门职责等），甚至建立通用模块。在基本内容框架下，允许根据资金特点与实际情况补充细则。

2. 明确产业发展定位，适当调整和优化资助方式，重点指向行业基础性原材料及关键技术设备研发

我国LED产业经过近几年发展，已步入充分竞争的阶段，市场上企业和产品数量达到可观规模。根据产业发展规律和发达国家经验，目前的主要任务不是继续降低门槛引入竞争，而是一方面加快健全产品和技术标准体系，推动行业规范化发展；另一方面针对基础性材料及关键技术设备国产化程度不高的现状，应重点资助加紧研发，提高产业自主创新能力。为此，有必要：

一是调整和优化现有财政资助模式，重点投向基础性原材料与关键技术设备研发。考虑改变目前省级财政以1000万~3000万元额度大致平均分配给70家企业的模式，通过挑选真正具有市场前景及研发实力、对行业长期发展起关键作用的项目给予重点资助并允许较长项目周期，比如优先突破MOCVD重大装备、蓝宝石芯片外延片及图形化衬底技术等支撑LED产业链的关键环节，大力推进产业原始创新和源头创新，为战略性新兴产业发展提供强大的科技支撑。

二是挖掘市场需求，创造条件支持先进技术成果的产业化应用。强化以企业为主体的自主创新机制，发挥政府部门与相关行业机构的统筹引领作用，帮助企业获取和分析行业动态信息，挖掘潜在市场需求；同时整合有关资源，通过健全融资途径与政府的必要扶持，协助企业把先进技术成果及时转化为现实生产力，特别是在产业化阶段给予必要的政策引导，坚持技术创新驱动和市场需求拉动相结合，引导创新要素向企业聚集、技术创新向产品聚集，抢占新的产业制高点。

三是加快公共服务平台与产业配套体系建设，改善企业整体营商环境。加大对产业配套体系建设方面的投入，以搭建公共服务平台为主，加快科技创新的基础设施建设，通过建立重点实验室、企业技术研发中心等自主创新平台，提高科技研发整体支持能力。同时，着重建设好协同创新平台、科技金融服务平台、政策综合服务平台和统计服务平台等几个关键配套机制，改善LED产业整体营商环境。

3. 考虑基层条件因地制宜，明确各类项目具体规则，提高用款单位自主权

一是发挥政府引导与企业自主经营相结合，确立产业健康发展路径。LED产业发展应坚持以市场化为导向，按照"政府引导、市场运作、企业为主、协同创新"的原则继续实施创新驱动战略，加快政府施政理念和职能履行的转变。具体而言，包括加强统筹协调，深化LED产业发展的组织机制与利益协调机制，建立更为高效协调的管理体制和强有力的统筹机制，促进资源的有效配置与综合

集成；积极推动新商业模式和新业态的发展；构建战略性新兴产业自主创新的文化环境，特别是创业环境、政策环境等，建立鼓励创新的氛围和体制，营造具有创新、宽容失败特点的社会文化氛围。

二是合理设定各类项目具体实施规则，加强立项监督与绩效评价。在现有财政体制下，针对资金使用环节，应对照不同项目类别（包括示范应用项目的BT模式、政府采购模式等）制定明确的实施规则（资金支付条件），比如完成采购、达到预期进度、通过验收等，界定主管部门与财政部门在支付审批中的职责，避免因规则不明、责任不清带来财政资金"使用难"（支付率低）。同时，应加强立项环节的监督，特别是针对弹性较大的科研项目，可在确定总预算的前提下提供若干支出类别与支付原则（但不宜规定过于刚性的比例）。正确处理过程与结果的关系，通过强化项目绩效评价，确保财政资金真正"花得有效"，达到预期目标。

三是在实施过程中提高用款单位自主权，避免对科技研发类补贴资金"管得过细"。针对目前财政补贴企业资金定性不明、造成企业在用款时（特别在是否招投标等环节上）遭遇障碍的问题，应适当调整现有财政资金监管的思路，改变"面面俱到""管得过细"的格局，比如明确财政直补资金作为对企业的无偿资助，应由企业根据经营发展和项目需要自行安排用途、自行选择支付方式，而不是硬性规定各类支出所占比例及必须招投标等，应在确保用款规范和取得效益的前提下提高资金使用单位的自主权。

4. 理顺"标杆"与"标准"关系，加快行业标准体系建设，推动产业规范健康发展

一是加快产品和技术标准体系建设，构筑产业发展新优势。针对我省LED产业标准体系不完善的现实，应尽快确立行业关键技术和重要产品技术标准，加紧研制、验证和报批步伐，可以"标准光组件"为突破口加快广东LED产品标准体系在兄弟省份的应用推广，推动"联盟标准"上升为地方标准和国家标准、事实标准上升为法定标准，通过标准化战略快速确立我国LED企业的世界话语权和影响力，重塑全球LED产业价值链的分配格局。

二是理顺"标杆"与"标准"关系，强化政府对产业标准化引导。从规范的层级关系讲,"标准体系"规定的是技术与产品进入市场流通所需满足的最低标准(包含互换/通用性),而"标杆体系"代表的是行业技术与产品所能达到的最优质性水平。在LED产业整体规模较小(标准缺失)的若干年前,通过建立"标杆体系"引导企业生产向最优者看齐,不失为引导行业走向规范化的一种有效方式;而在产业进入充分竞争的现阶段,更应通过健全"标准体系"保障行业流通产品和通用技术的基本质量,至于究竟选择"优质优价"还是"物美价廉",交由消费者和市场自行决断。作为政府主管部门首先应形成对"标杆"和"标准"关系的科学认识,然后根据行业发展的不同阶段加以引导和支持(比如调整目前示范应用项目政府采购补贴灯具对"标杆"产品的要求,给予各地更多自主选择的空间并降低改造成本),通过适当方式推动LED产业健康发展。

三是以建设"半导体照明综合标准化示范区"为契机,促进产业持续健康有序发展。包括:探索形成长效、动态的LED产业战略和标准化的组织管理机制,使标准化工作与产业发展阶段、发展需求相适应;逐步建立覆盖全产业链的综合标准化体系,力争在外延、芯片、封装、产品、系统开发和工程应用等领域打造若干项关键技术的国家标准,为产业链整体结构优化、标准研制机制、工程应用与实施验证等提供技术支持;选择若干重点企业和产业集聚区开展相关标准的信息反馈工作,建立能够实现系统管理、资源共享、统一标准研制的信息化管理平台;不断完善半导体照明标准化人才培育和引进机制,加强不同层次人员的标准化应用能力,建立半导体照明标准化专家库。

5. 梳理项目申报、资金使用与结题验收等环节管理要求,修正其中矛盾及加强落实执行

针对目前资金管理办法、实施方案与其他管理文件具体内容存在出入或与现实情况不相符的问题,应由主管部门和财政部门共同组织进行梳理,包括进行必要的专家及社会论证,以完善纰漏、纠正偏离和加强落实。具体而言,一是在项目申报环节,对各类项目所应采用的实施方式不宜作统一规定,可进行建议但由各地根据实际需要自行选择,同时对申报条件、评审规则等应考虑现实条件适当进行调整,以避免对单位资质要求过高,同时对申报承诺及其可行性论证要严格把关;二是在资金使用环节,除了进一步细化各类项目资金支付条件与支付程序外，还应对其合理支出、规范记账及违规处罚等给予充分指导；三是在结题验收环节，作为主管部门应根据每个/每批项目合同书承诺的实施周期（如有申报调整则按调整后结果）提出明确的验收时点，确定验收组织方式与验收条件，及时完成验收；四是根据统一梳理完善后资金管理要求，应督促各地严格落实执行，并加强监管。

6. 加强企业财务合规、管理规范与项目实施进度监督，针对违规情况及时处理

一方面要规范企业运营管理，加强财务合规性监督。要求受资助单位针对财政资金收支建立专账核算，或将专项资金与企业日常开支分账管理，尽可能对每个年度每笔专项资金的出入账记录清晰，并保存合法有效的报销凭证；要按照项目内容使用资金，合理控制各项支出比例，采用正确科目、规范名称建立账目，避免采用项目无关或不规范票据报账；同时完善企业仓库或实验室管理规程，对原材料、实验耗材及有关设备的领用/使用建立详细记录，实现有据可查。

另一方面要创新项目管理手段，强化项目进度督查与违规问责机制。各级主管部门应细化监管工作措施，切实履行项目调整报批、完成验收等手续，强化项目日常实施情况的监督管理、跟踪检查与业务指导，及时发现并解决各类问题，确保项目按计划进度和预期目标顺利完成。通过创新项目管理手段，包括建立项目立项、管理的信息化平台等，实现项目全过程管理的网络化、互动化与实时化；同时积极引入竞争机制，对"差评"项目应完善问责，给予必要惩戒。

7. 根据项目特点选择资助模式，对照弱势指标着力提高资金绩效

一是根据各地实际和项目特点灵活选择资助方式，避免"一刀切"。基于LED产业在广东省内不同区域间发展不平衡的现实，在确定资助项目及资助方式时应有所侧重。比如对公共平台项目，可由省级主管部门牵头、行业协会或有关单位承担、行业内若干龙头企业协助的模式开展，省财政给予必要支持并引导推广应用；对核心技术攻关项目，应在产业基础较好的珠三角地区，选择若干实力较强又有意愿的企业或科研机构联合承担，财政给予重点资助；而对示范应用类项目，则应根据各地产业发展现状和实际需求，灵活选择适当的项目组织模式

（如政府采购、BT 方式、PPP 方式等），不应统一要求采用 EMC 方式，避免给各地带来成本较高、维护困难等问题。

二是加强资金与项目绩效评价，针对"短项"指标重点提高绩效。各项目单位要牢固树立项目绩效观念与管理责任意识，杜绝"重申请轻管理"的思想。从立项开始，在项目实施的各环节自觉执行专项资金管理各项制度要求，包括在申报时认真分析和研究项目实施可能遇到的各种困难，科学设定绩效目标；建立健全领导机构与组织机制并使之真正发挥作用，完善有针对性的项目管理办法，严格遵照执行；做好日常检查记录及项目材料整理汇编，采取有效措施加强项目预算（成本）控制，抓紧未完成项目实施进度，确保项目按预期目标顺利完成，切实提高项目实施的社会经济效益和可持续发展水平。针对评价结果中得分率低的"短项"指标（如本次评价中资金支付、项目监管和社会经济效益得分率较低），要深入查找原因，并有针对性地加以改善，从根源上促进财政资金绩效的整体提升。

8. 加大人才培养和引进力度，完善政策扶持，规范产学研合作机制

一是要整合现有人才引进政策，加大高端人才培养和引进力度，对企业引进具有产业管理经验和专业技术的中高级人才加强政策支持，为推进 LED 产业的升级发展提供智力支撑；二是发挥省内及国内高校、科研院所力量，引导其进行 LED 前沿及基础性技术研究，建立和规范产学研合作机制，支持企业、高校与科研院所通过技术研发合作、联合建设研发中心或实验室等方式，形成专利技术以授权或转让途径尽快投入产业化运作，提升企业的核心技术竞争能力，助推龙头企业形成；三是以政策为引导、以企业为主体、以技术为核心，通过完善多元化投融资体系、发挥财政资金引导作用等，加快推进 LED 照明关键技术成果的产业化应用。

七、评价结论

基于相对科学的技术体系与规范的组织流程，评定广东省第二、第三批战略性新兴产业发展专项资金 LED 项目整体绩效为 80.3 分，等级为良，其中自评

工作组织质量为84.8分,资金使用绩效为80.7分,资金管理绩效为78.1分,资金监督绩效为80.1分。总体上各单位资金使用较为规范,省科技厅在资金管理上采取了必要措施,财政部门在资金监督上履行了必要职责,取得一定效果,亦存在改善空间。

评价认为,广东省LED产业已导入快速增长期,但核心技术仍受制于国外。专项资金资助的主要成绩:一是实现产业规模扩大,行业集聚初显;二是核心技术研发取得进展,关键设备及材料国产化程度有所提高;三是公共照明示范应用已达较大规模,节能减排效果明显;四是行业标准体系建设推进较快,企业营商环境得到改善;五是创新科技项目融资管理模式,试点运用并积累有益经验;六是部分项目优质完成,技术成果数量与社会经济效益较为可观。

进一步对照LED产业链各环节发展目标:一是在产值规模与增速上,要求到"十二五"期末全省总产值达到5000亿元,年增长率约10%,目前总产值接近3000亿元、年增长率超过20%,阶段目标已完成;二是在技术研发上,要求突破掌握一批具有自主知识产权的关键技术和标准、自主创新能力和产业技术水平显著提升,目前我省在MOCVD设备的反应室与气路装置、加热控制以及LED外延片的图形化衬底技术等领域研发都取得进展,一定程度避开了国外专利封锁,部分成果已进入产业化准备;三是在示范应用上,要求自2012年起用3年时间完成公共照明领域的产品推广、实现同比口径节能50%以上,目前全省累计推广LED路灯近150万盏、推广LED室内照明产品超过400万盏,覆盖公共照明主要领域,总体节能率达到55%,基本完成目标;四是在产业集聚上,要求形成一批具有国际影响力的大企业和创新力强的中小企业以及3-5个产业链较完整、配套体系较完善、产值超千亿元的新兴产业集群,目前广东省LED产业上市公司有25家(占全国60%),佛山国星光电、东莞勤上光电等为国内同行龙头企业,中科宏微、昭信集团所研制的国产高性能MOCVD设备与晶科电子、元晖光电、先导稀材等进行的国产大功率外延片及其原材料研发都具备冲击国际一流水平的实力,建立了以深圳国家级LED产业基地为龙头,以广州、惠州、东莞、江门、佛山等5个省级LED产业基地及珠海、中山等地市为产业集聚带的"一核一带"产业发展格局,总体目标已完成。当然,必须指出的是,这些成绩一方面得益于专项资助，另一方面也是政府、企业和社会共同努力以及产业自身发展的客观结果；同时在基础原材料、关键技术和重要装备研发等领域，我们目前所取得的进步某种程度上其实并未触及核心，离真正突破发达国家垄断惠及国内全行业发展还存在较大距离。表 12 所示的是 LED 产业链主要环节发展目标实现情况。

表 12 LED 产业链主要环节发展目标实现情况

产业链环节	目标	现状	完成情况
产值与增速	到"十二五"期末全省总产值达到 5000 亿元，年增长率约 10%	总产值接近 3000 亿元、年增长率超过 20%	完成阶段目标
技术研发	突破掌握一批具有自主知识产权的关键技术和标准，自主创新能力和产业技术水平显著提升	MOCVD 设备的反应室与气路装置、加热控制以及 LED 外延片的图形化衬底技术等领域研发都取得进展，一定程度避开了国外专利封锁，部分成果已进入产业化准备	完成部分目标
示范应用	自 2012 年起用 3 年时间完成公共照明领域的产品推广、实现同比口径节能 50% 以上，目前，基本完成目标	全省累计推广 LED 路灯近 150 万盏、推广 LED 室内照明产品超过 400 万盏，覆盖公共照明主要领域，总体节能率达到 55%	基本完成目标
产业集聚	形成一批具有国际影响力的大企业和创新力强的中小企业，以及 3~5 个产业链较完整、配套体系完善、产值超千亿元的新兴产业集群	全省 LED 产业上市公司有 25 家（占全国 60%），佛山国星光电、东莞勤上光电等为国内同行龙头企业，中科宏微、昭信集团所研制的国产高性能 MOCVD 设备与晶科电子、元晖光电、先导稀材等进行的国产大功率外延片及其原材料研发都具备冲击国际一流水平的实力，建立了以深圳国家级 LED 产业基地为龙头，以广州、惠州、东莞、江门、佛山等 5 个省级 LED 产业基地及珠海、中山等地市为产业集聚带的"一核一带"产业发展格局	完成总体目标

评价亦发现，LED 专项资金存在多个层面不同程度的问题。一是在资金设立与立项审批环节，未就专项资助所应达成的绩效目标做出明确设计和科学论证，资助标准确定缺少清晰透明的规则，资助方式与资助重点跟产业发展迫切需要存在距离（如平均资助企业难以突破基础原材料和关键技术装备研发）。二是在资金管理环节，管理办法、实施方案与申报指南等对具体项目实施要求不明，包括事业单位或政府部门承担的项目自筹资金如何解决、示范应用项目实施方式如何选择及验收付款等未有定论，导致各地在使用资金时难以适从，资金支出率不高；对合同能源管理（EMC）模式实施的节能服务公司选定要求在一定程度

上脱离各地实际（要求较高），给项目实施及后期维护带来麻烦；项目申报时对"自筹资金占比"及验收付款对"标杆产品"的要求致使获得省财政资助的单位集中于若干行内大型企业，不利于公平竞争。三是在资金监督环节，财政部门与主管部门职责界定不清，且未形成相应的监督机制；财政部门与主管部门对使用省财政资金是否需要招投标以及具体项目的资金筹集、管理模式、验收付款条件等未做明确要求，导致部分项目不能按进度实施或未完成预期绩效目标。四是在资金使用环节，部分项目未将省财政资金与单位自筹资金分账核算、资金超范围支出、财务原始凭证不完整或欠规范；部分企业专项资金支出流程未按企业相关管理制度执行，所提交的技术成果佐证材料（如专利证明）授予时间不在项目期内或与项目内容关联性不大等。五是在产业扶持方面，企业对股权投资、产业基金等新的政府扶持方式存有顾虑，目前大力推广运用的条件尚不成熟；产品质量"标杆体系"不能完全适应行业发展现实，而完整的产业标准体系尚未真正建立起来；培养力度与政策环境不佳，缺少支撑产业升级发展的高端人才，先进技术转化为生产力的效率有待提高。这些既是全面衡量 LED 专项资金绩效的辩证思维，也是规划 LED 产业未来发展与探讨政府扶持方向所不能不正视的前提。

众所周知，广东省 LED 产业的传统优势在于封装工艺和产品推广方面，那么对该产业未来发展方向的规划无疑决定了政府扶持的方式与重点。我们以为：应通过加强尖端人才培养和关键技术研发，推动我省产业优势从中下游向上游逐步延伸，提升整体产业的技术价值与核心竞争力。基于全球经验事实，政府扶持战略性新兴产业发展不仅必要，而且对推进其引领国家经济社会发展、实现产业结构升级调整和经济增长转型发挥了重要作用。但关键在于，要明确政府扶持的边界与行为方式，确立公共财政资助的绩效目标，厘清政府、市场和企业的角色分工。理论上，政府资金应主要投向具有风险的公共知识生产领域，包括关键共性技术的研发、优秀人才培养、标准体系建设和基础设施配套等，而产业化则交给市场自主选择。

基于这一思路，针对专项资金管理，则应进一步调整和优化现有资助方式，明确资助重点，做到"有所不为"。对应产业链各环节来看，上游的技术研发应作为政府主要着力点，公共财政应重点投入行业基础性原材料、核心技术与关键设备研发，特别是面对 MOCVD 设备的反应室、气路装置、冷热控制系统及 LED 外延片图形化衬底等技术关键部分仍被国外垄断的局面，政府应树立重点扶持、长期投资和宽容失败的原则，整合优势产学研力量加强攻关，走出一条真正自主创新、打破封锁的成功之路。中游的封装工艺已为我国优势，应创造条件引导企业自主探索，本着降低成本、占领市场、争取利润的理性，营造良性竞争氛围，主要通过政策奖励和市场融资的方式，实现优势延续及优中求优。而在下游的产品推广与产业培育方面，政府重在放宽生产准入制度，打破地域性垄断和促进公平竞争，同时综合利用财政补贴、市场融资、税收减免和补贴终端等多种方式，加快公共服务平台与产业配套体系建设，从而改善产业整体发展环境，让市场力量主导产业发展。

后　　记

　　随着改革逐步进入深水区，在国家治理中，"绩效评价""依法治国"成了公共管理、法学学者关注的重要领域。笔者自2013年起，在广东投身于财政支出绩效评价的实践和研究。广东的财政支出绩效评价走在全国前列，是绩效评价领域广东试验的发祥地。在实践中，笔者发现受法制化程度的局限，财政支出绩效评价所包含的各种权利义务关系有待进一步规范，评价结果的应用性有待加强。2014年，党的十八届四中全会做出了全面推进依法治国的重大决定。笔者认为，通过法制化来发挥绩效评价财政支出管理中的重要作用迎来了重要契机，由此，开始了相关研究。

　　本书紧扣我国财政支出绩效评价法制化这一主题，按照立论、理论构建、历史梳理、现状分析、体系结构、经验借鉴和完善建议的逻辑顺序展开论述，共分七章。为紧密联系法制化动态和财政支出绩效评价实践，在正文后加上了党中央、国务院关于财政支出绩效评价的最新政策和财政支出绩效评价的具体实践案例，作为附件。

　　本书的撰写过程中遇到的不少困难，是在师友们的帮助下克服的。华南理工大学郑方辉教授和张洪林教授，在财政支出绩效评价和法制化理论方面给了笔者很多有益的指导。郑方辉教授领导下的广东省政府绩效评价中心还给予了财政支出绩效评价的实践机会，让笔者能理论联系实际，从一个实务者的角度去思考财政支出绩效评价法制化的有关问题。魏红征博士、廖逸儿博士、邱佛梅博士、费睿博士等学友也用不同的方式对本书的完成给予了无私的帮助。本书参考了大量国内外文献，按照有关规范已在文中进行标注列出。同时，本书受广西高校重点人文社会科学重点研究基地"区域社会治理创新研究中心"资助。总之，本书的成稿离不开各方面的支持，特表感谢。

囿于自身学养所限，想来书中还有不少需要进一步完善的地方，欢迎各位读者批评指正。

李波

2018 年 10 月 28 日